KB275039

# 어린이 바둑②
# 돌은 이렇게 잡는다
## 〈바둑 첫걸음〉

프로바둑연구회 편

太乙出版社

# 머리말

　　바둑을 어느 정도 익히게 되면 이제 상대방의 돌을 많이 잡고 싶어서 안달이 나게 됩니다. 돌을 어떻게 잡는 것일까요?

　　이 책은 바둑을 두면서 어떻게 하는 것이 상대방의 돌을 효과적으로 많이 잡을 수 있는가 하는 문제를 체계적으로 다룬 어린이 바둑 첫걸음입니다.

　　바둑의 기본적인 비결은 다른 것이 아닙니다. 상대방의 돌을 많이 잡아서 자기의 땅을 많이 넓히면 자연히 승리를 차지할 수 있게 됩니다. 이 간단한 원리를 익혀서 응용하기까지에는 상당히 많은 노력이 필요합니다.

　　상대방의 돌을 자기의 돌로 에워싸면 상대방의 돌을 잡을 수가 있읍니다. 하지만 상대방도 잡히지 않으려고 반항을 하게 되므로 상대방의 돌을 잡는다는 것은 그리 간단한 문제가 아닙니다. 그래서 바둑을 둘 때에는 하나의 기술과 전략이 필요하게 되고 고도의 두뇌 플레이가 요구되는 것입니다.

　　이 책은 자기의 돌을 이용하여 상대방의 돌을 효과적으로 잡아서 승리로 이끄는 기본적인 비결에 대하여 상세하게 설명했읍니다. 바둑이 무엇인지를 이제 갓 배운 어린이 여러분에게 꼭 필요한 지침서이므로 처음부터 끝까지 꾸준하게 참고하여 보시기 바랍니다.  골똘히 생각하고 연구하는 가운데 자기도 모르게 실력이 부쩍 늘게 될 것입니다.

그럼 어린이 여러분의 현재 그리고  미래에 희망과 행운이 함께 하기를 빕 니다.

지은이 씀

# 차 례

## 제 1 장

# 돌을 잡는다

이 장에서는, 상대의 돌을 '도망쳐 내게 하지 않는 형'으로 하는 기본적인 기술을 배웁니다.

상대의 돌을 따내면 자신의 돌이 연결될 뿐만 아니라, 승패에 직접 관계되는 '집' 면에서도 상당히 이익이 되는 것입니다.

# 1. 따내어 연결

## 넷으로 눈 죽이기

반상의 돌은 서로 이웃이 되어 있는 공점(空点)을 상대에게 전부 막게 하면 따낼 수 있다.

### 1도

백1로 놓여지면 흑돌은 잡혀져 반상에서 빼어집니다.

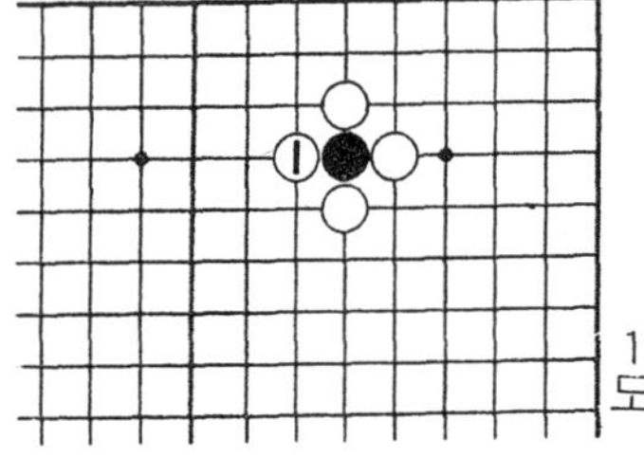

1도

### 2도

변에는 백1로 놓여집니다. 세 개의 돌로 끝나는 것이 반단(般端)의 특징입니다.

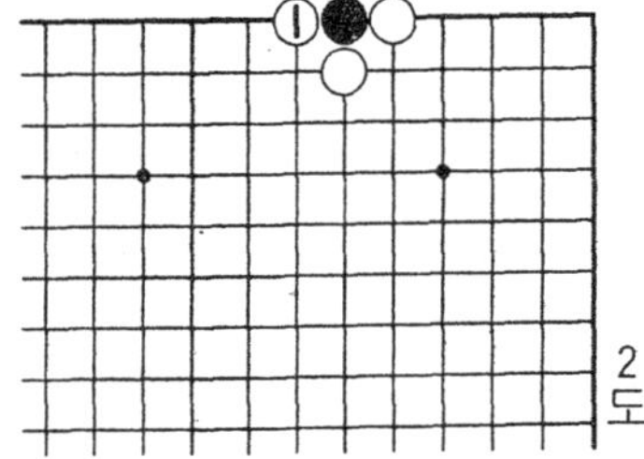

2도

### 2도

반단이 겹쳐져 있는 귀는 두 개의 돌로 끝납니다.

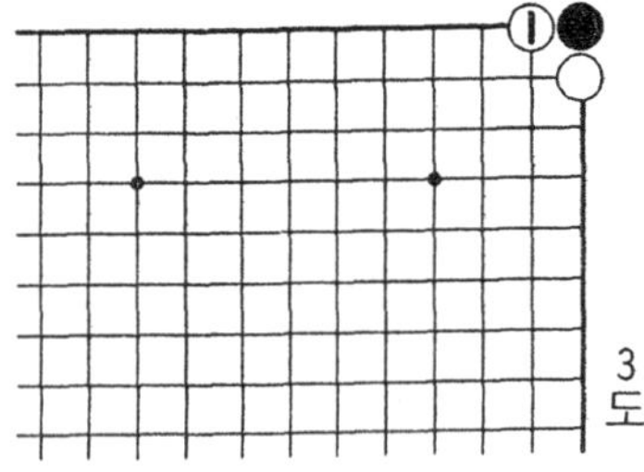

3도

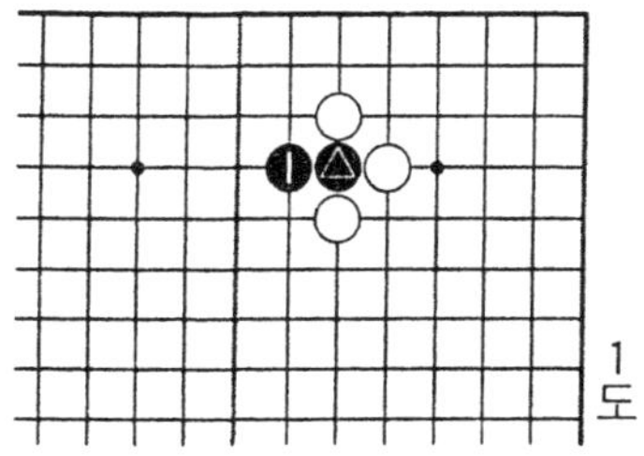

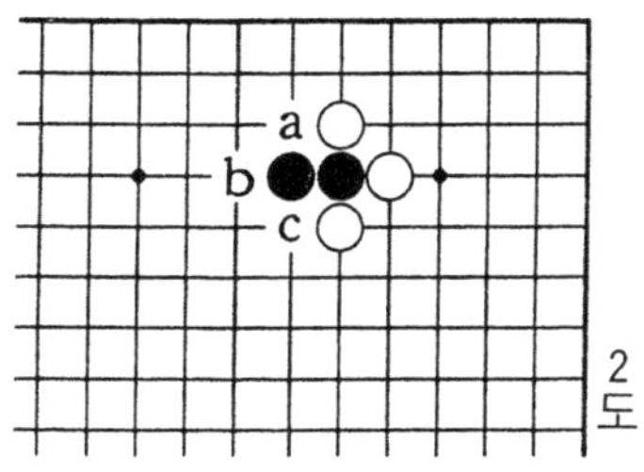

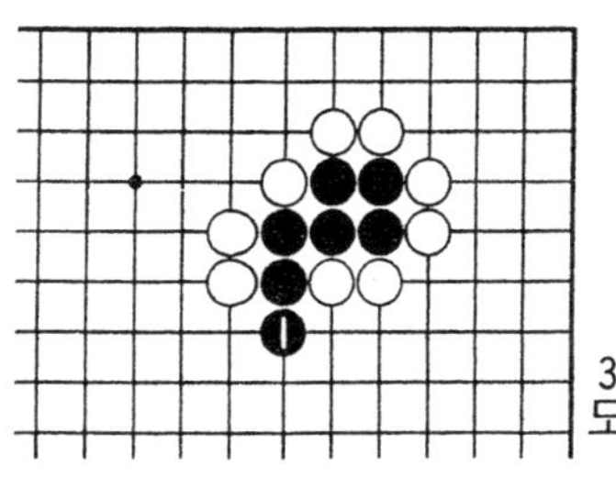

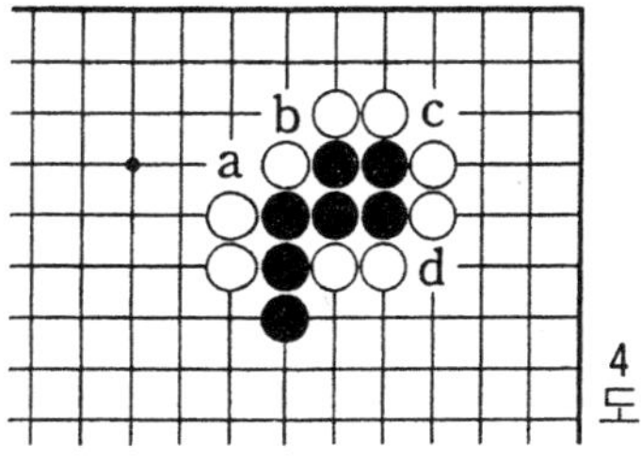

## 돌의 연결

자신의 돌에   이웃해 있는 지점에 놓으면  연결되어 일체가 된다.

### 1도

흑1로 놓으면 ▲의 돌은 잡을 수  없읍니다. 두 개의 돌이 연결되어, 공점이 늘기 때문입니다.

### 2도

늘어난 공점은 a, b, c의 세 점. 이것을 백이 막으려면 3수 필요하여, 한동안 안전해집니다.

### 3도

돌의 덩어리가 커도 마찬가지입니다. 흑1로 단수를 도망치게 하면 잡히지 않습니다.

### 4도

흑이 잡히지 않으면, 반대로  a, b, c, d

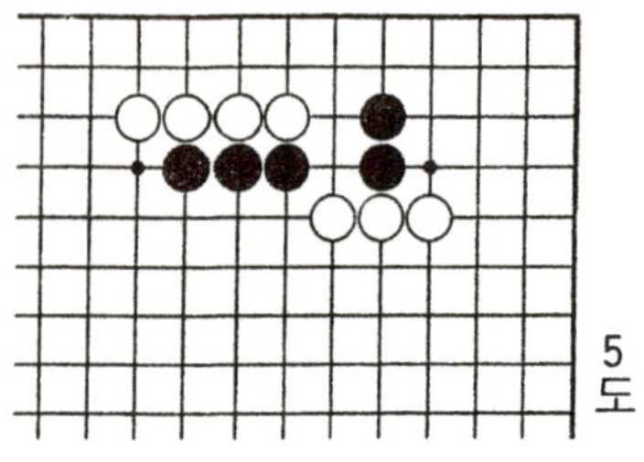

5도

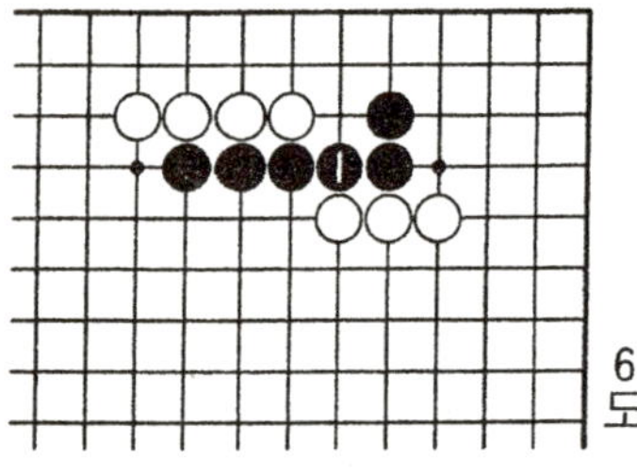

6도

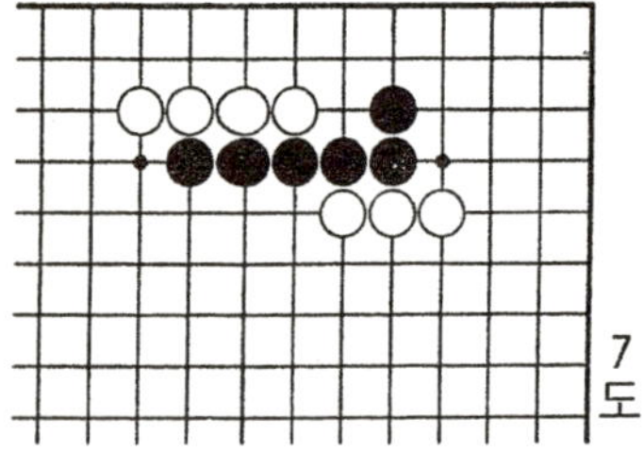

7도

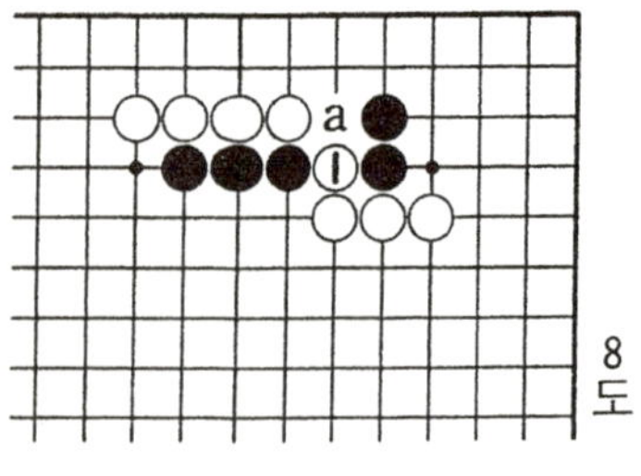

8도

등으로 반격을 겨냥할 수가 있습니다.

**5도**

돌의 연결은 현재 붙잡히는 것을 피할 수 있을 뿐 아니라, 장래의 단수, 장래의 붙잡히기를 피하는 중요한 것입니다. 돌의 덩어리가 커지면, 그만큼 공점도 늘어나므로.

좌우의 흑은 아직 연결되어 있지 않습니다.

**6도**

흑1로 놓는 것으로 완전 연결입니다.

**7도**

단단히 연결되어 잡히기 어려운 돌, 강한 돌이 되었습니다.

**8도**

반대로 백부터 1로 놓으면, 흑은 이미 연결할 수 없는 형입니다.

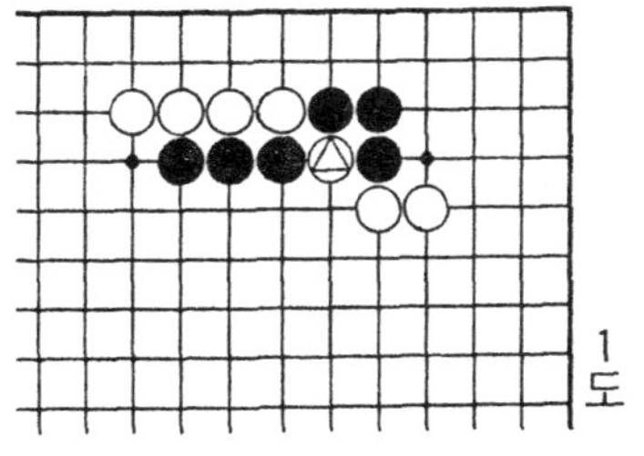

1 도

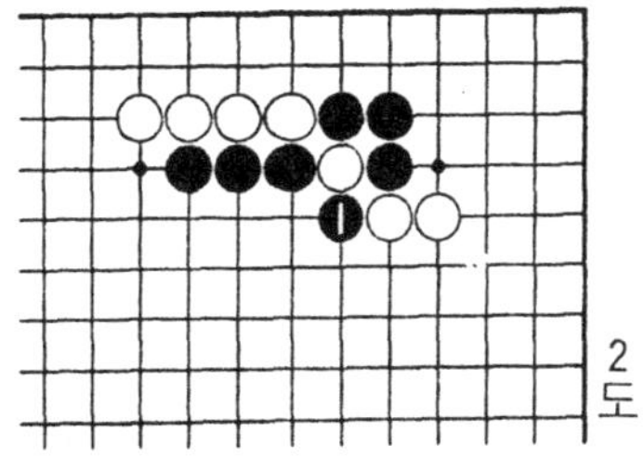

2 도

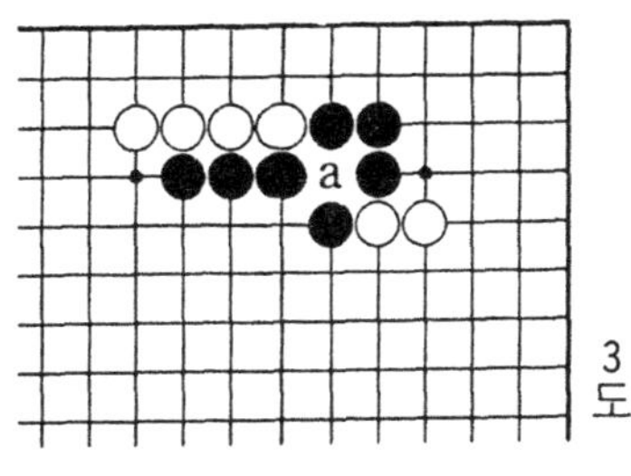

3 도

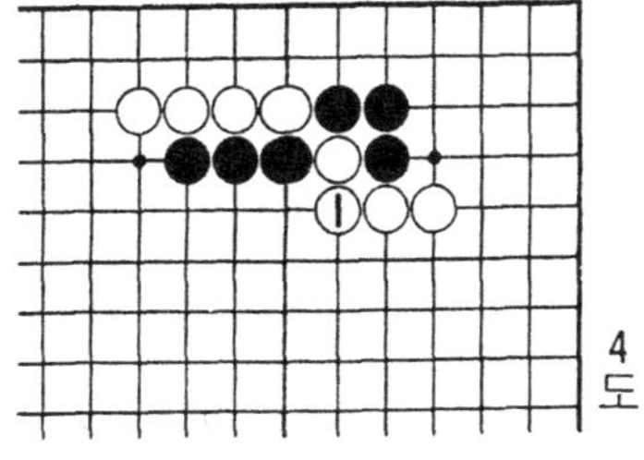

4 도

## 잡으면 연결

연결을 끊는 상대의 돌을 잡으면 연결을 부활시킬 수 있다.

### 1 도

△의 돌이 방해하고 있어, 좌우의 흑은 연결할 수 없읍니다.

### 2 도

그러나 잘 보면, 흑은 1로 놓아 백돌을 잡을 수가 있읍니다. 잡은 뒤의 형을 보십시오.

### 3 도

a의 점에 백은 놓을 수 없어, 이것은 완전 연결과 같은 형입니다.

### 4 도

반대로 백1로 놓여지면, 흑은 연결할 수 없게 됩니다.

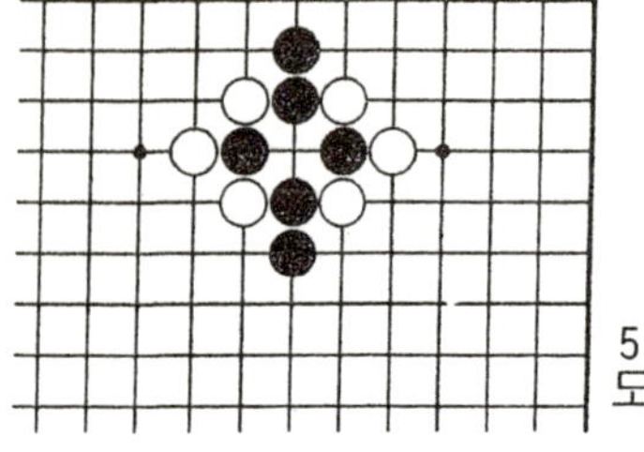

5 도

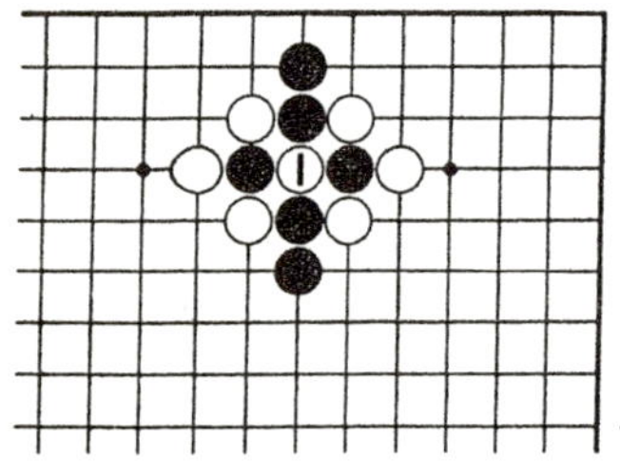

6 도

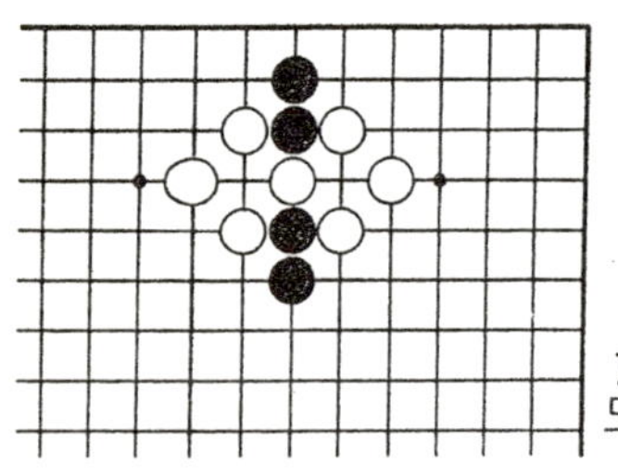

7 도

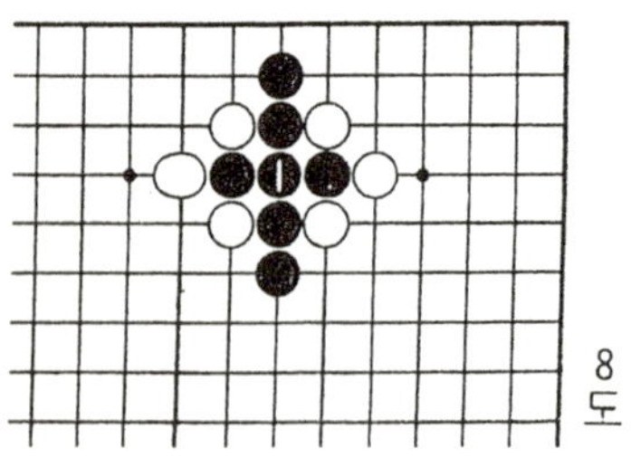

8 도

## 5 도

백부터 놓느냐, 흑부터 놓느냐에 상대의 연결을 끊고, 자신의 연결을 기할 수 있는 중요한 지점이 있읍니다.

## 6 도

백부터 놓는다면 1의 점. 좌우의 흑돌을 한 수로 둘 모두 잡는 것에 주목하기 바랍니다. 일석이조의 효율이 있는 따내기입니다.

## 7 도

뒤의 형이 이것. 아슬아슬한 형으로 백은 연결되어 있고, 흑은 상하로 분단되어 있읍니다.

## 8 도

흑부터 놓아도, 역시 1의 점이 급소입니다.

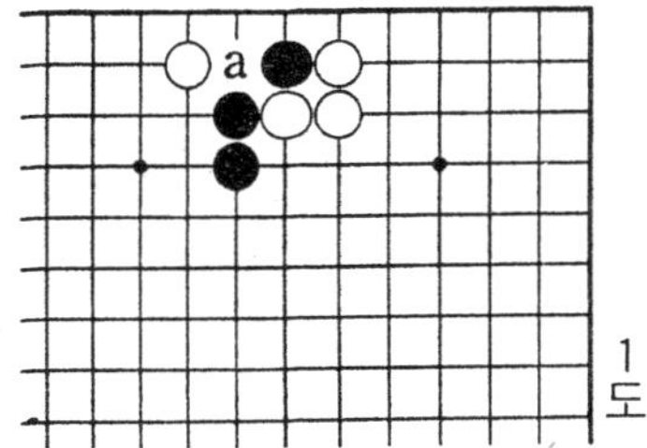

## 언제라도 잡을 수 있다

언제라도 잡을 수 있는 돌은 서둘러 잡을 필요가 없다.

### 1도

흑a로 놓여지면 좌우의 백은 연결할 수 없는 형입니다.

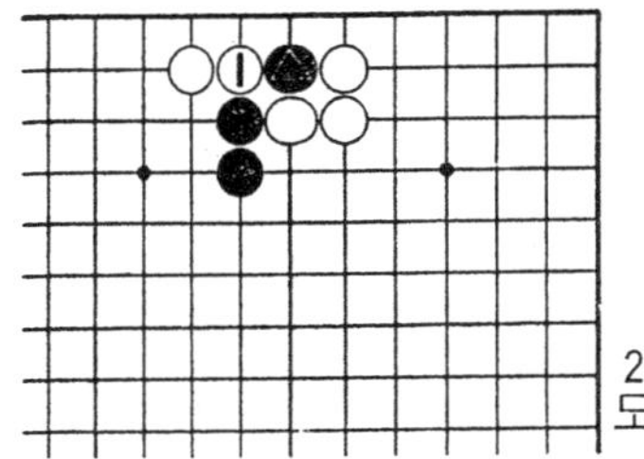

### 2도

백1로 놓으면 좌우 연결. 동시에 ▲으로 본대와의 연결을 방해했읍니다. 연결의 급소는, 보통 겹쳐지는 것입니다.

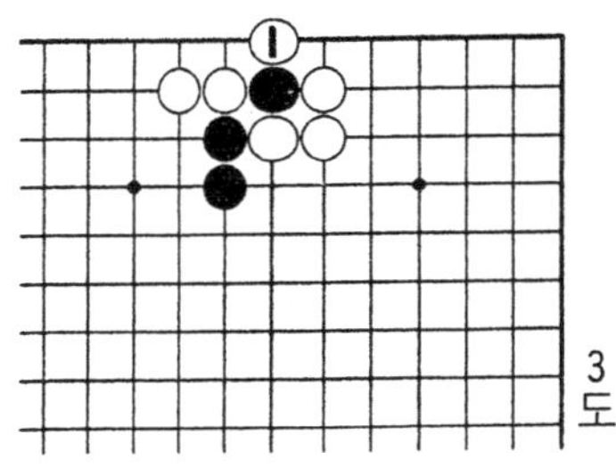

### 3도

언제라도 백1로 잡을 수 있으므로, 연결은 증명되어 있읍니다.

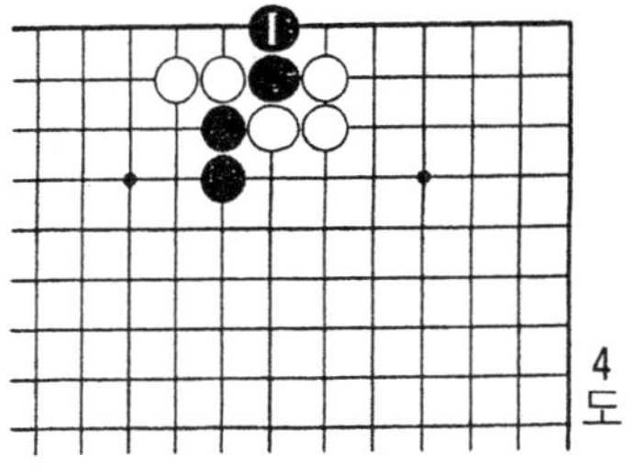

### 4도

흑1로 도망쳐도 소용없으므로.

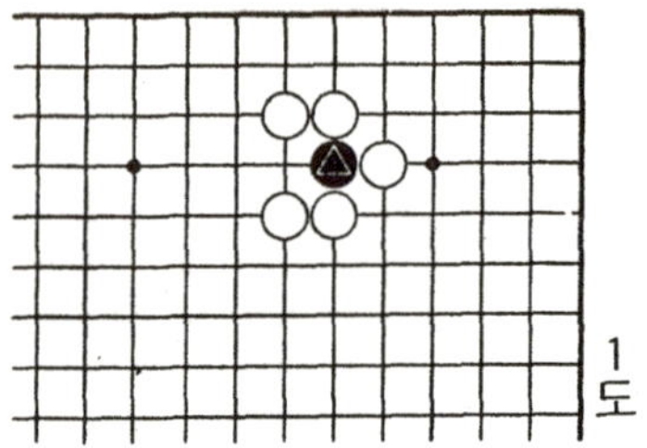

1 도

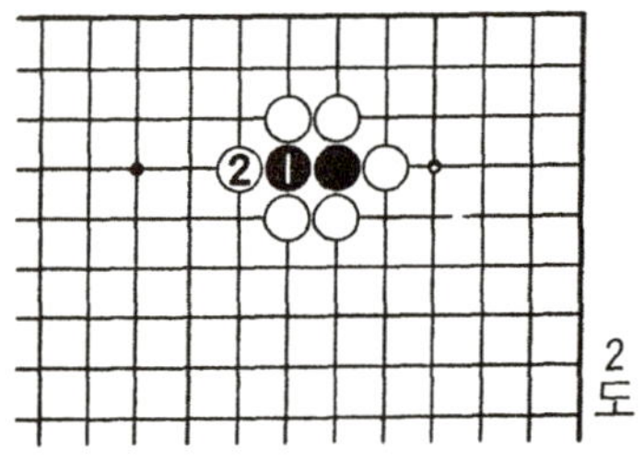

2 도

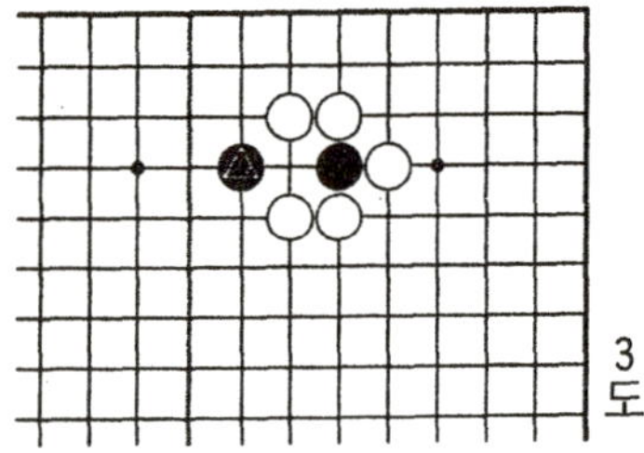

3 도

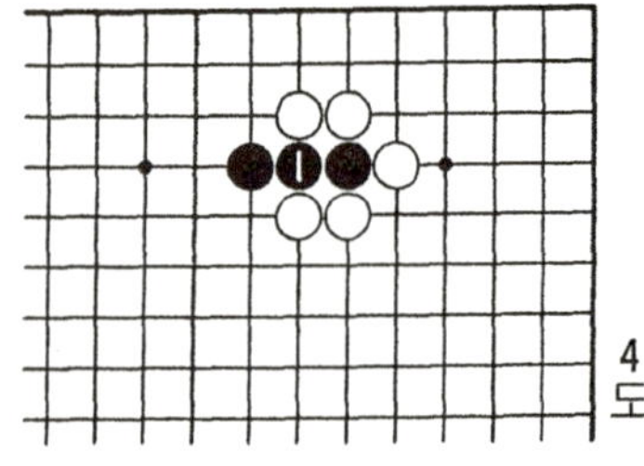

4 도

## 구원대

도망칠 수 없는 돌이 라도 구원대의 작용으로 탈출할 수 있다.

### 1 도

언제라도 잡을 수 있 는 돌이란 도망칠 수 없는 돌입니다. ▲ 등 이 일례였읍니다.

### 2 도

흑1로 움직여 내도 백2로 잡힙니다.

### 3 도

그러나, ▲ 까지 구원 대가 접근하면 희망이 생깁니다.

### 4 도

흑1로 전원 연결. 공점이 셋으로 증가, 잠 시 안전합니다.

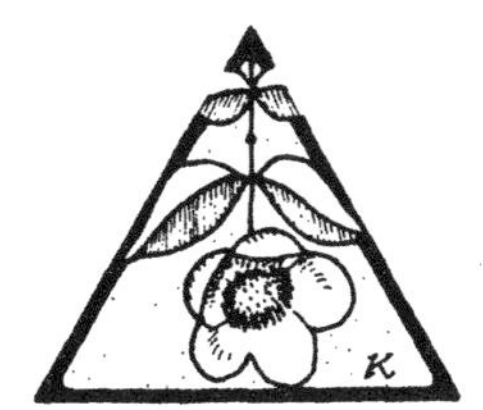

## 2. 반단(盤端)의 작용

### 반단은 곤란

반단은 구원대가 접근하기 어려운 장소 이다. 반단으로 몰아가는 것이 잡는 요령이다.

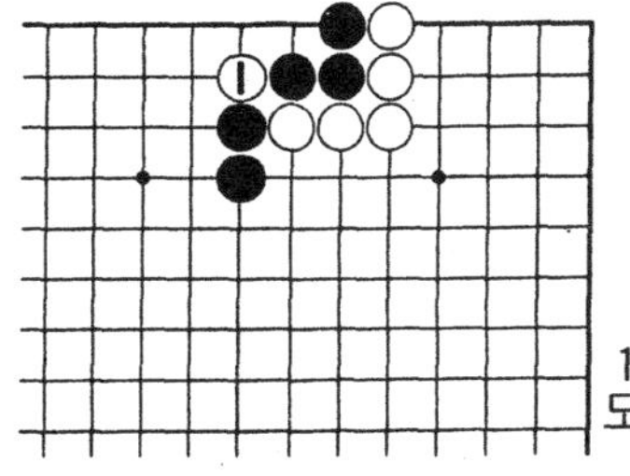

1도

**1도**

백 1 로 놓여져 흑 세 점은 꼼짝 못합니다. 한 수로 세 점이 부자유스럽게 되는 것은, 흑돌이 반단에 꼭 달라붙어 있기 때문입니다.

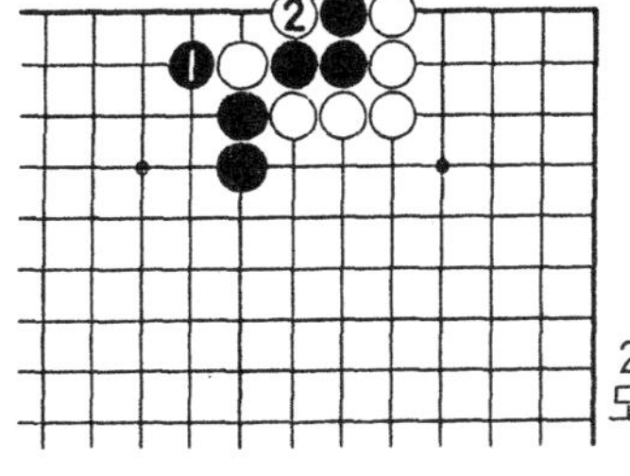

2도

**2도**

흑 1 로 단수를 걸어 되돌리면 백 2 로 뺍니다.

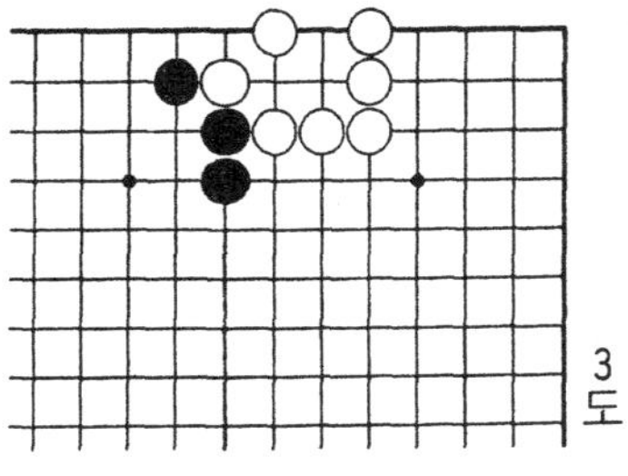

3도

**3도**

흑 세 점이 반상에서 사라졌읍니다.

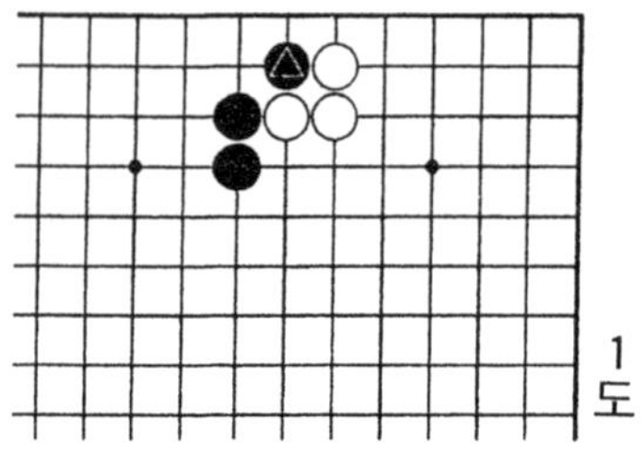

## 반단으로 쫓읍니다

반단이 곤란하다면 반단으로 쫓는 것이 돌을 잡는 요령이 된다.

### 1도

백에서부터 놓아, ●의 돌을 잡으려면 어떻게 해야 할까요?

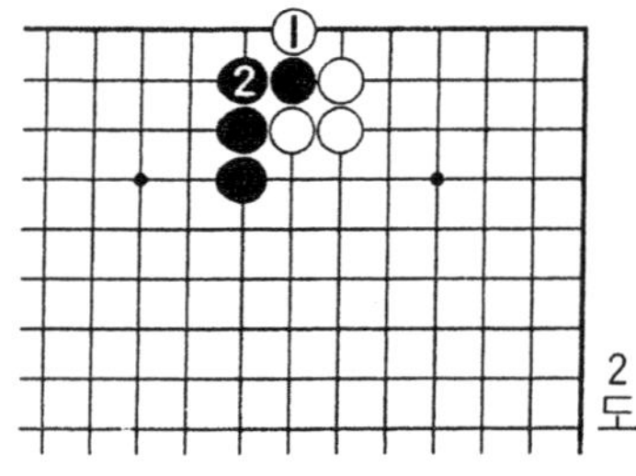

### 2도

백 1 쪽에서 단수를 거는 것은 흑 2 로 연결되어 버립니다.

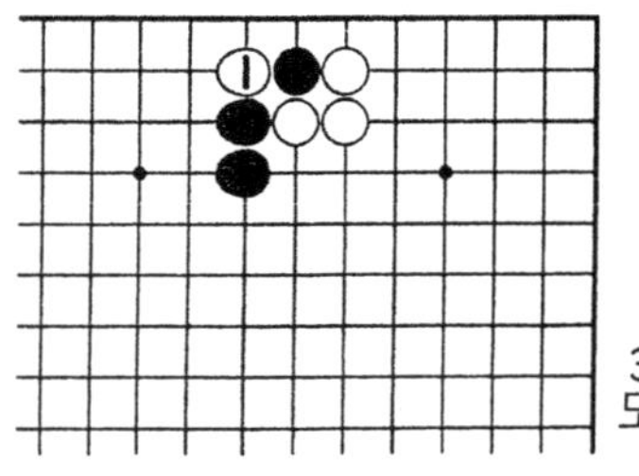

### 3도

백 1 로, 연결을 끊으면서 단수를 거는 것이 바른 수입니다.

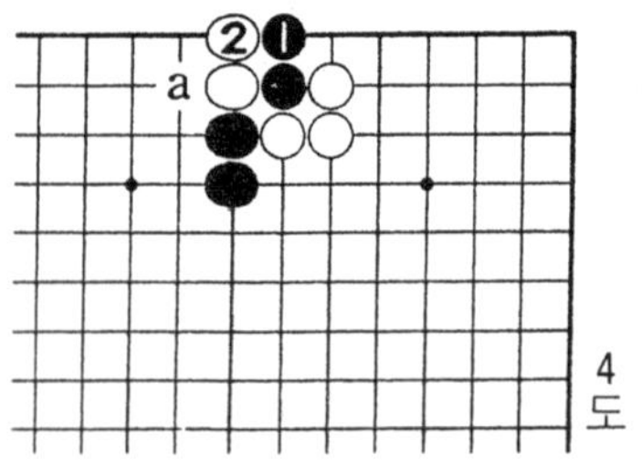

### 4도

이어서 흑 1 로 도망쳐도 백 2 의 단수입니다. 백 2 에서 a로 놓아도 흑이 꼼짝할 수 없다는 것은, 이미 알고 있을 터……

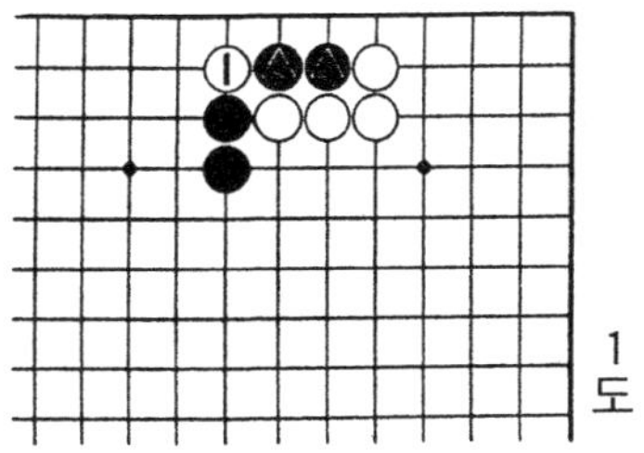

1
도

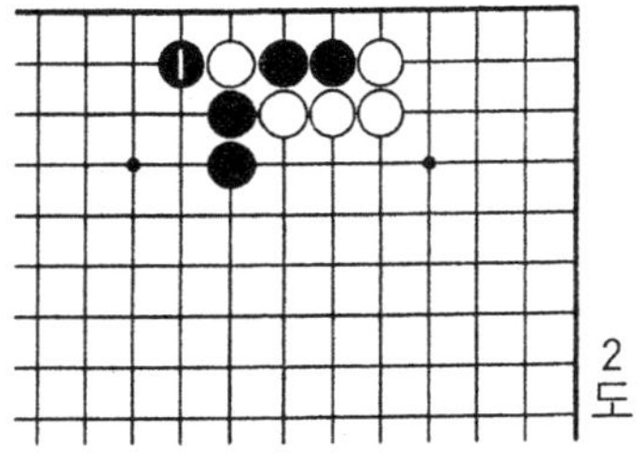

2
도

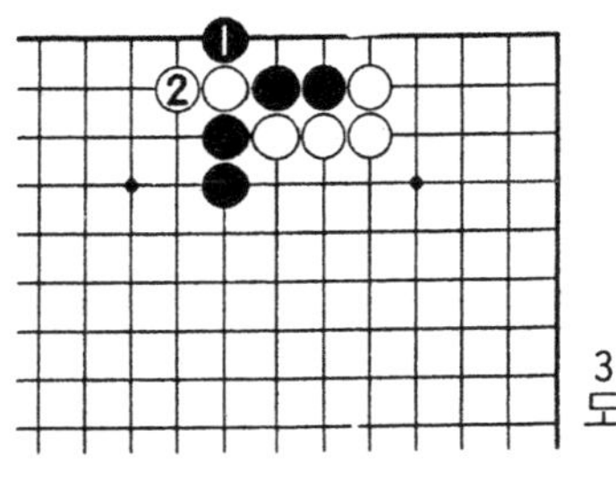

3
도

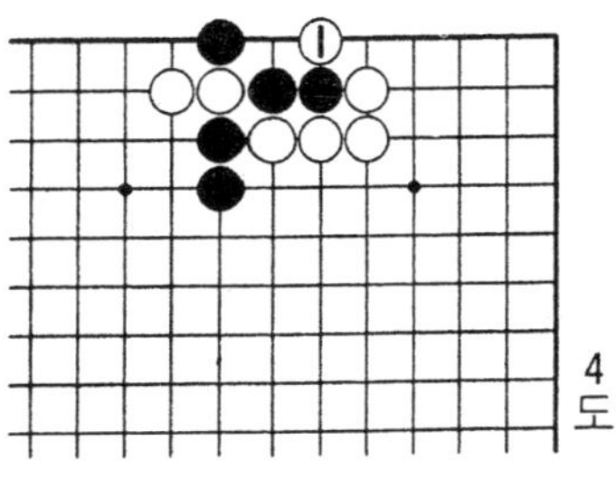

4
도

## 반단의 공방

반단으로 놓으면 자신 부터 공점을 잃는다.

### 1도

백1로 놓여져, ▲두 점과 본대와의 연결이 끊겼읍니다. 흑부터 놓 아 연결시킬 방법이 있 을까요?

### 2도

흑1로 단수를 걸어, 백을 반단으로 몰아갑 니다.

### 3도

흑1쪽에서 단수를 걸면 백2로 도망쳐 냅 니다. 이것은 실패.

### 4도

전도 중, 백은 언제 라도 1로 단수를 걸어, 흑을 잡을 수가 있읍니 다.

### 5도

▲으로 단수를 걸므

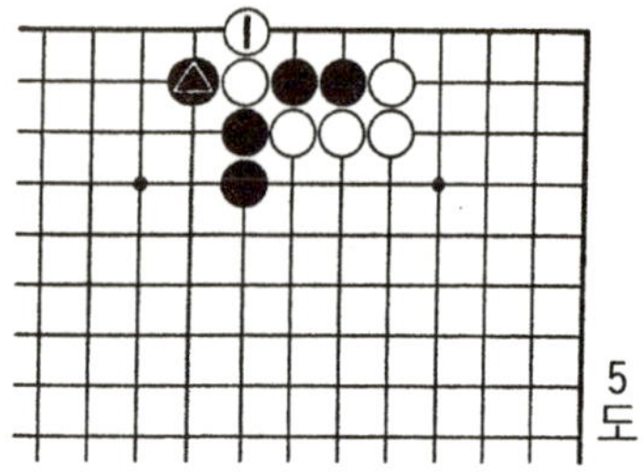

5도

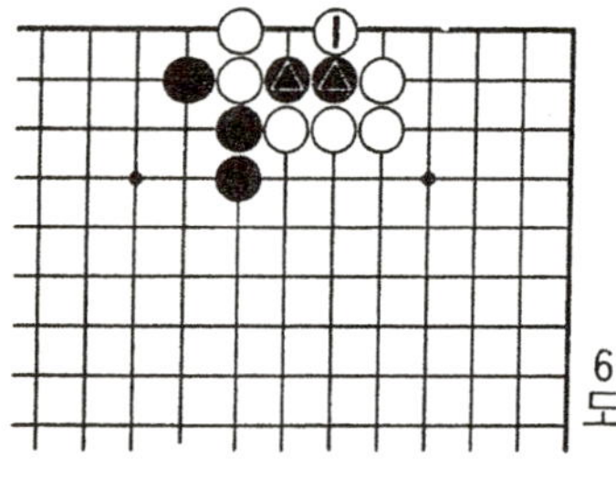

6도

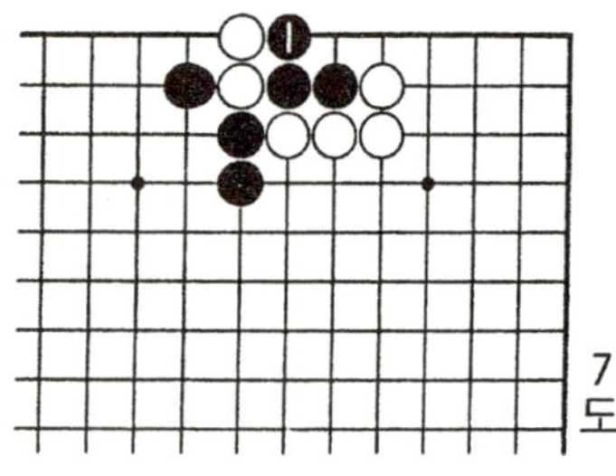

7도

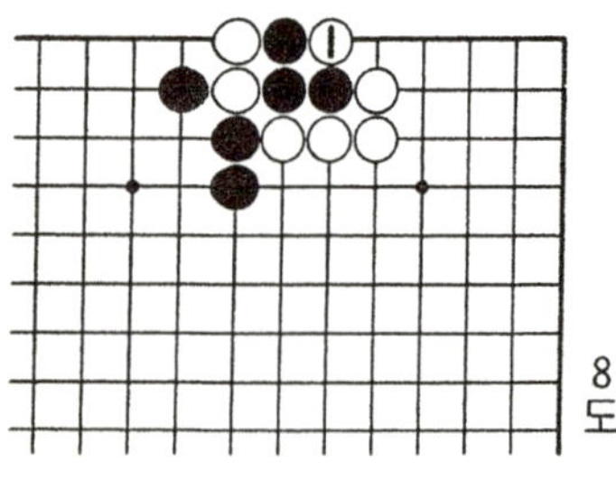

8도

로, 백 1 로 도망쳐 봅니다. 흑은 어떻게 놓으면 백을 잡을 수 있을까요?

**6 도**

손을 빼어 다른 곳에 놓으면 백 1 로 먼저 단수가 걸려, 반대로 ● 두 점을 잡히고 맙니다.

**7 도**

흑 1 쪽에서 단수를 거는 것은 나쁜 수. 자신이 먼저 곤란한 형이 되기 때문입니다. 반단으로 쫓는 것은 상대를 곤란한 형으로 만들기 위해섭니다. 자신이 반단에 놓을 때도 충분히 주의할 필요가 있읍니다.

**8 도**

전도 형에서는 일순 빨리 백 1 로 잡혀 버립니다.

**9 도**

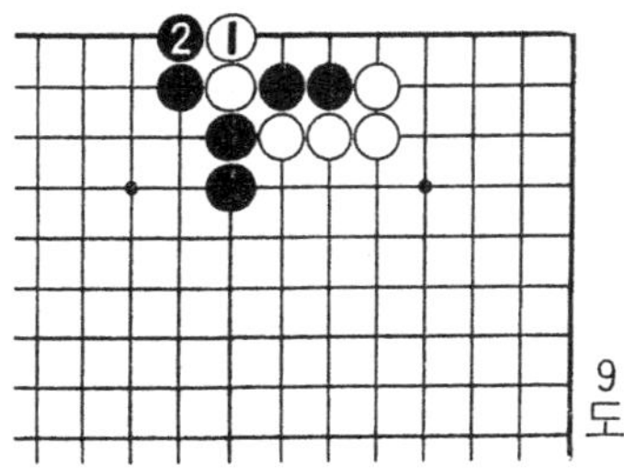

9도

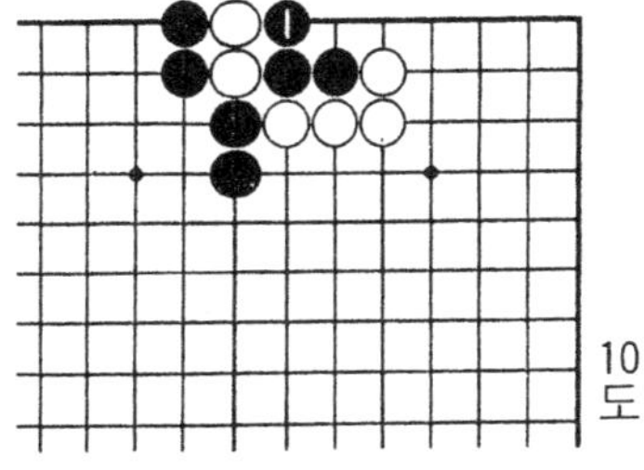

10도

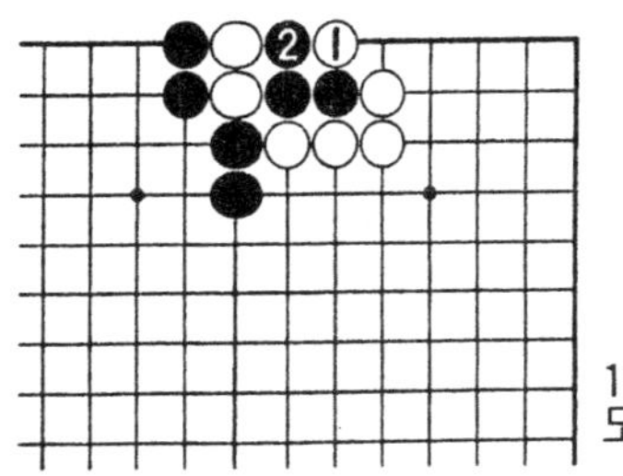

11도

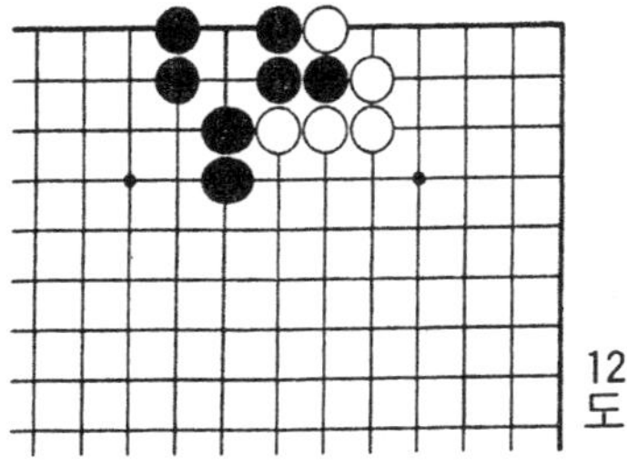

12도

백 1 로 도망쳐 낼 때는 흑 2 로 바깥쪽에서 단수를 걸치면 좋은 것입니다. 이로써 백은 꼼짝할 수 없는 형이 되고, 흑은 언제라도 백 두 점을 잡을 수가 있읍니다.

## 10도

흑 1 로 백 두 점을 반상에서 빼었지만, 서둘러 놓을 필요는 없읍니다.

## 11도

잡을 필요가 있을 때는, 반대로 백 1 로 단수를 걸 때 등. 흑 2 로 일순 재빨리 백 두 점을 잡을 수가 있읍니다.

## 12도

잡은 뒤의 모양입니다.

## 3. 돌을 잡는 기술

## 잡을 수 있는 돌

상대를 꼼짝할 수 없게 하는 것은 잡은 것과 큰 차이가 없는 효과가 있다.

**1도**

백1로 흑돌을 잡습니다.

**2도**

백1의 단수로, 흑은 도망쳐도 허사입니다.

**3도**

백1로 흑은 꼼짝할 수가 없읍니다. 도망쳐도 허사인 돌은 언제라도 잡을 수 있다는 의미로, 역시 '잡힌 돌'인 것입니다. 구별없이 돌을 잡는 기술에 대해 몇 가지 소개해 보겠읍니다.

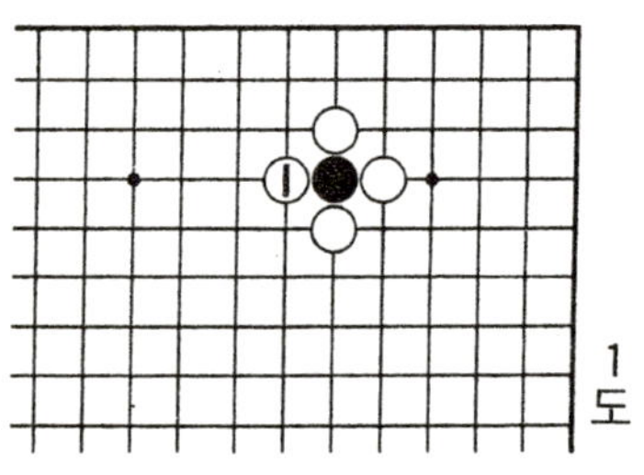

1도

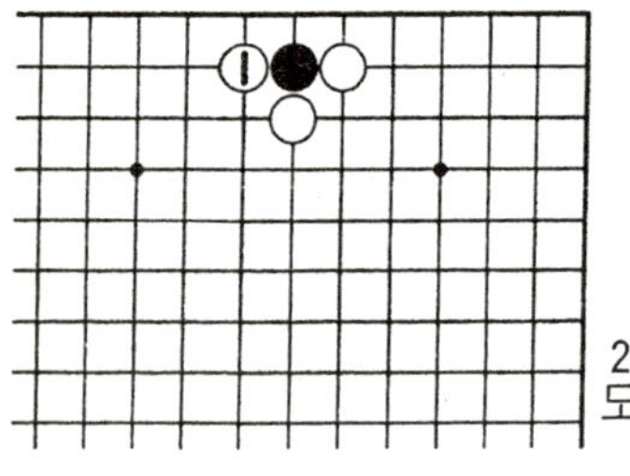

2도

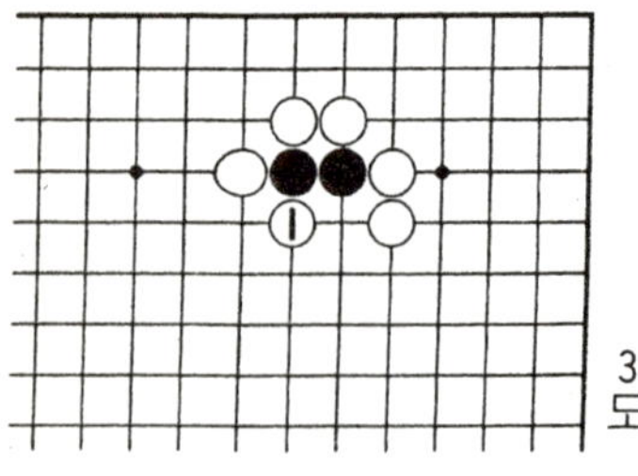

3도

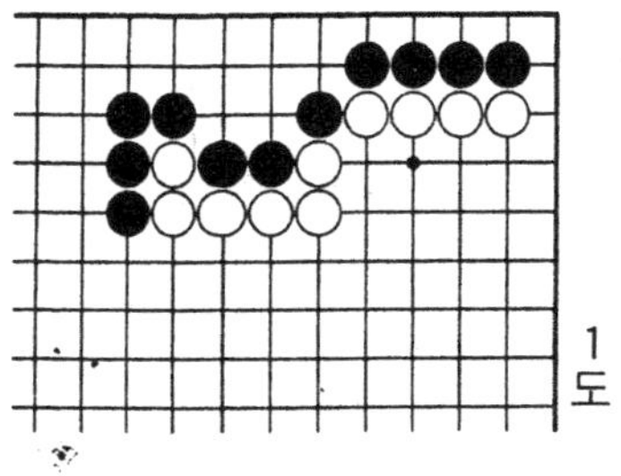

## 양단수

두 덩어리의 돌에, 동시에 단수를 걸면 어느쪽인가 잡을 수 있다.

### 1 도

흑에는 중대한 약점이 있읍니다. 백이 단수를 걸 수 있는 장소는 몇 곳 있고, 바른 수는 그 중 하나입니다.

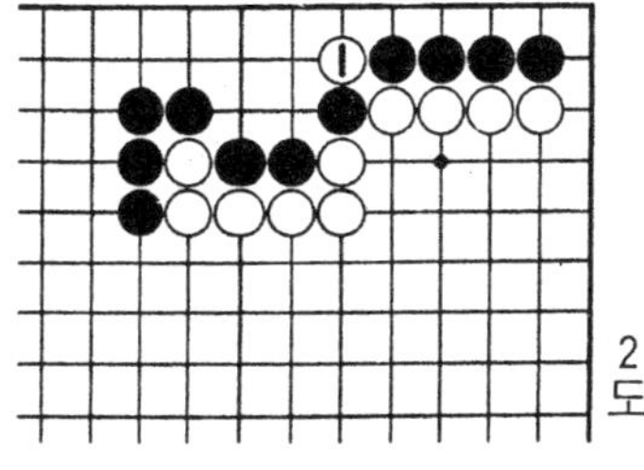

### 2 도

우선, 백 1 에서부터 단수를 걸어 보십시오.

### 3 도

흑이 가만히 있을 리 없고, 1 로 연결합니다.

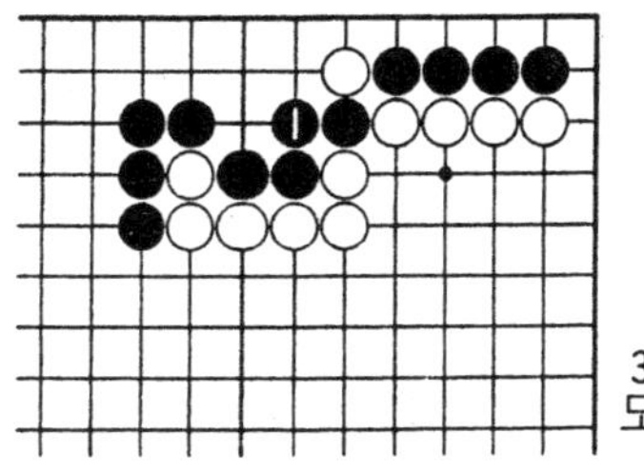

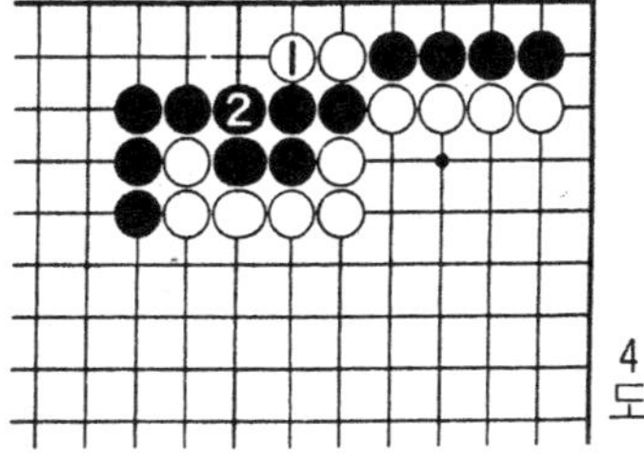

### 4 도

이미 한번 백 1 의 단수는 놓았으나, 흑 2 로 연결되어 숨이 끊어집니다.

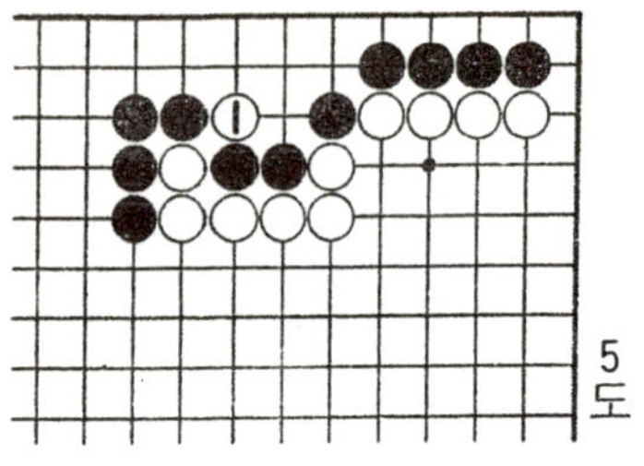

5도

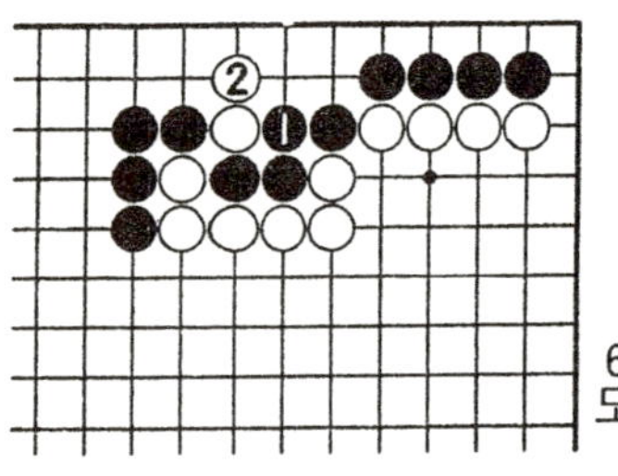

6도

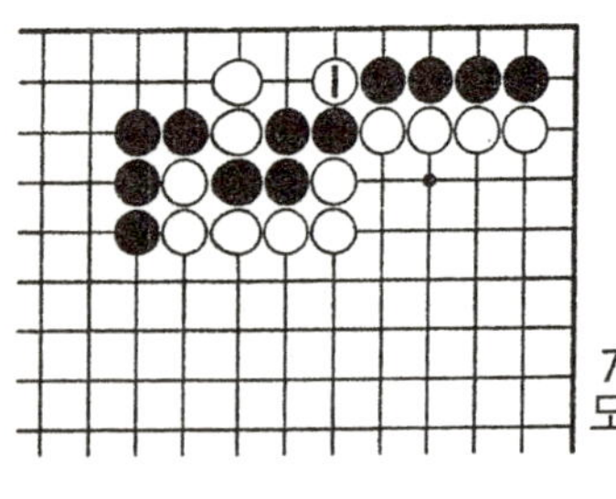

7도

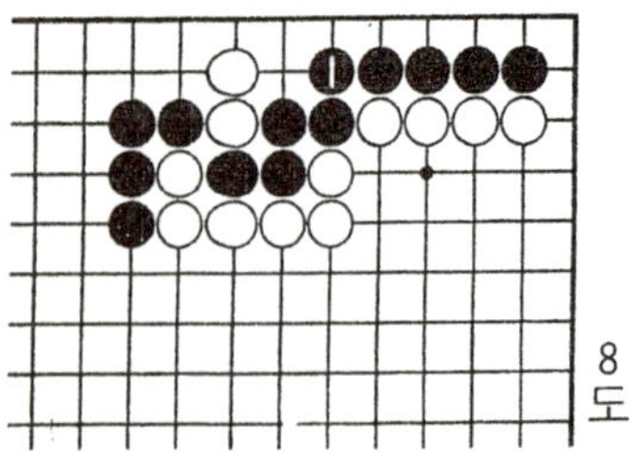

8도

## 5도

그러면, 백 1 부터 단수를 걸어 보십시오.

## 6도

흑은 1로 연결, 반대로 백에 단수를 겁니다. 백이 2로 도망칩니다. 이대로, 흑이 단수가 아니라고 안심하고 있으면 큰 사건이 일어납니다.

## 7도

흑이 손을 빼면 백 1로 놓아 흑 네 점이 '도망갈 수 없는 돌'이 되어 버리기 때문입니다. 피해가 커져 버립니다.

## 8도

따라서 흑은 6도에 이어 1로 지키지 않으면 안됩니다. 그리고 지키면 백 두 점이 반대로 '도망칠 수 없는 돌'이 됩니다.

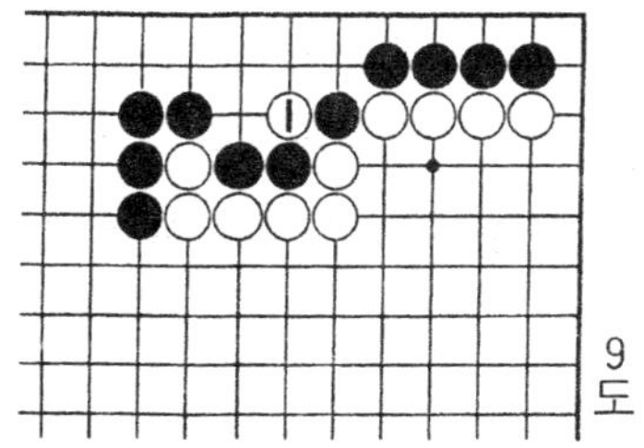

9도



## 9도

백의 바른 수는 1의 '양단수' 입니다. 혹은 어느쪽인가를 잡힐 운명. 양쪽을 동시에 지킬 수는 없읍니다.

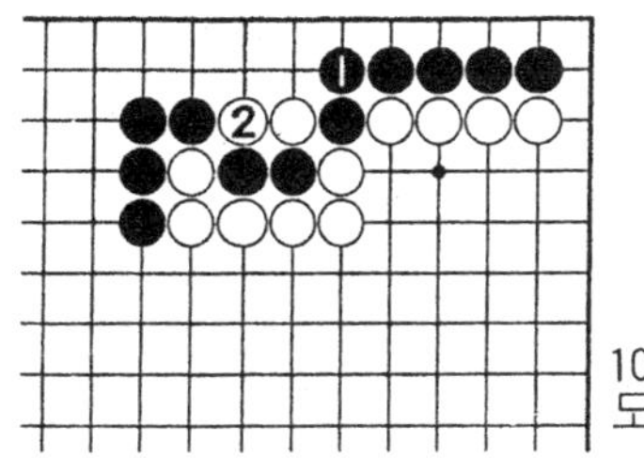



## 10도

흑1로 한 점을 연결하면 백2로 두 점쪽을 잡읍니다.

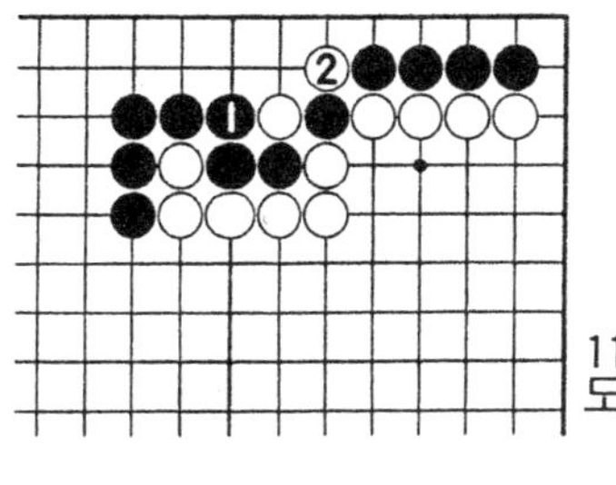



## 11도

흑1로 두 점쪽을 연결하면, 백2로 한 점을 잡읍니다. 이 뒤어떻게 될 것인가는 별문제로 하고, 백은 바른 수를 놓음으로써흑돌을 잡는 이익을 봅니다.

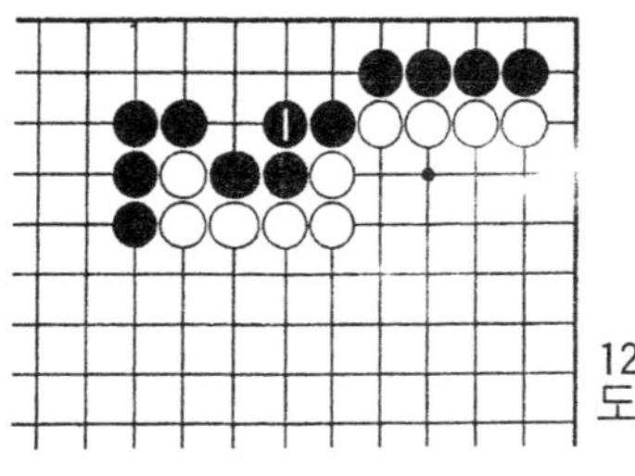



## 12도

양단수를 막기 위해서는, 백에 놓여지면 곤란한 점으로 흑1을 놓는 것이 제일입니다.

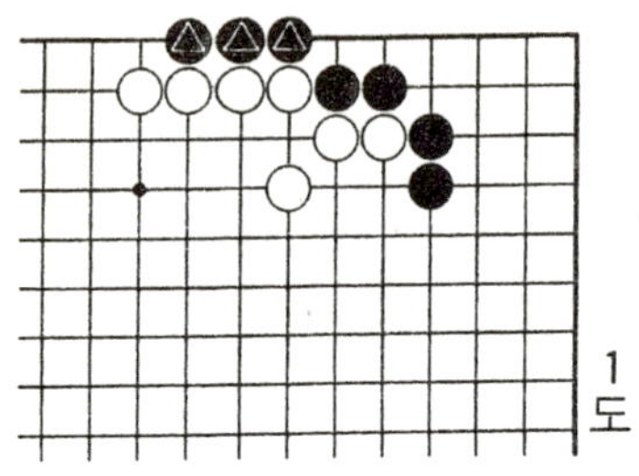

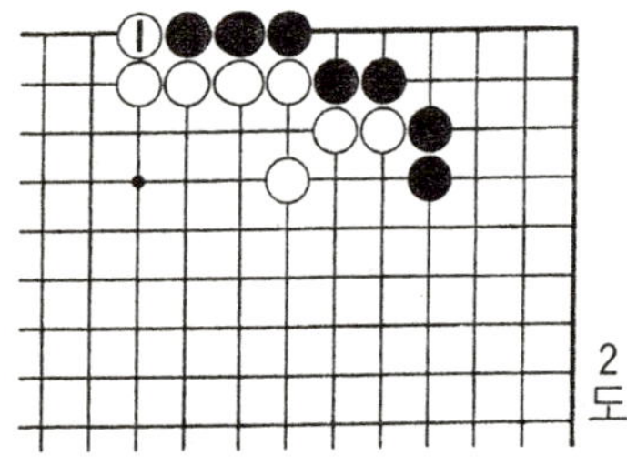

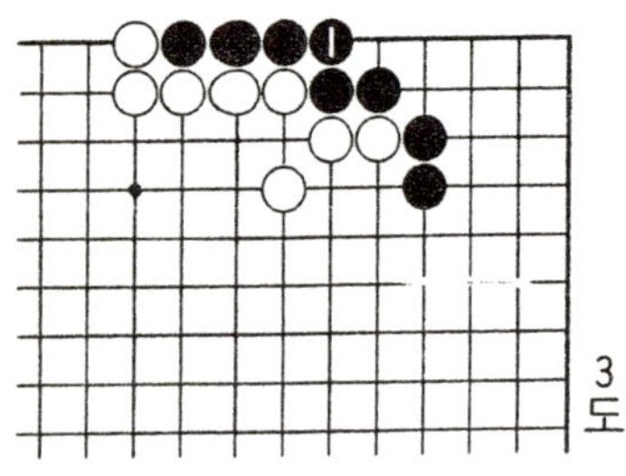

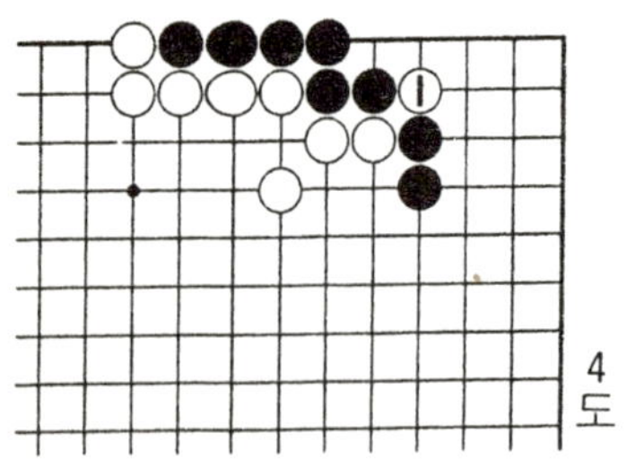

## 빼앗기

단수를 걸어, 상대가 연결되면 더욱 크게 잡는 수.

### 1도

변의 ◬ 세 점을 붙잡는 수가 있읍니다. 어떻게 놓을 것인가요?

### 2도

백1로 바깥쪽에서부터 단수를 겁니다.

### 3도

흑이 세 점을 도우려고 하면, 1의 연결일 것입니다.

### 4도

그러나, 백1로 전체에 단수를 걸어, 이미 흑은 꼼짝할 수가 없읍니다.

흑은 2도의 단계에서 세 점을 포기하지 않으면 안되는 것입니다.

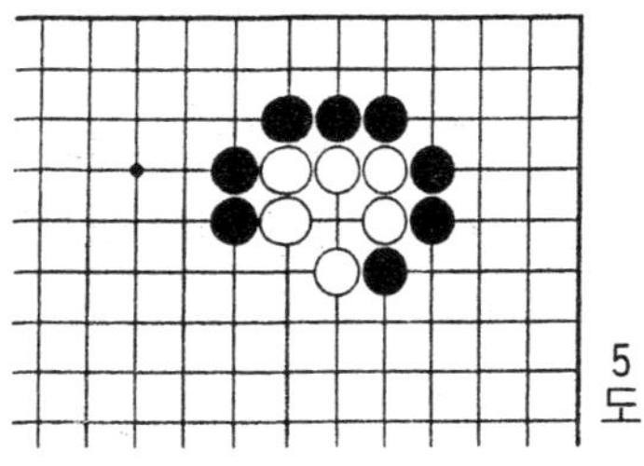

5
도

### 5도

백돌의 태반을 붙잡는 수가 있습니다.

### 6도

혹1로 놓고, 2도와 같은 요령인 '빼앗기'입니다. 혹1로 단수가 되어 있음을 확인하기 바랍니다.

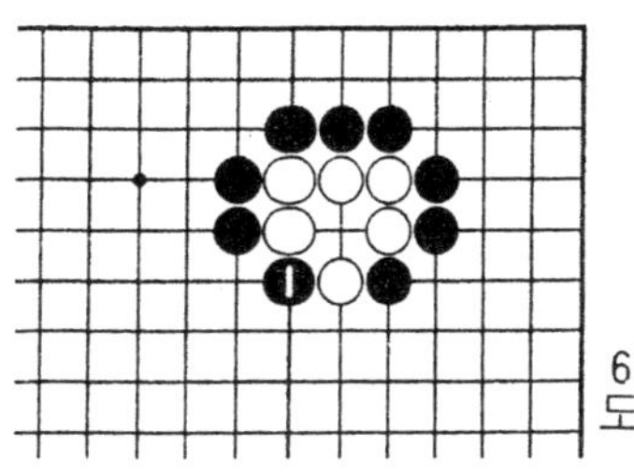

6
도

### 7도

단수를 손 빼기를 하면 잡을 수 있고, 백1로 연결해도 혹2로 크게 붙잡힙니다. 빼앗기에 걸렸을 때는 피해가 적을 때 포기하는 것이 좋은 것입니다.

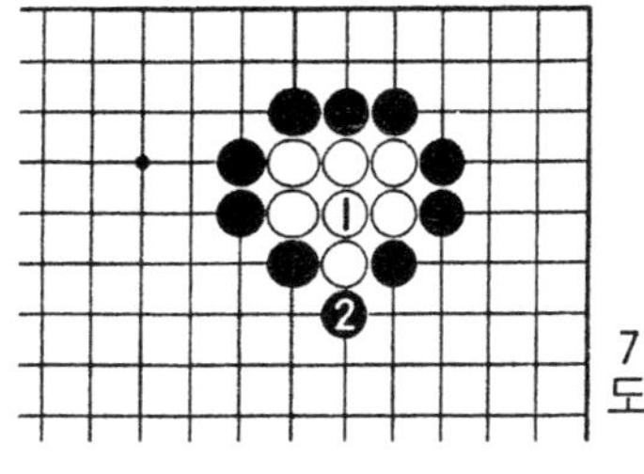

7
도

### 8도

빼앗기를 거는 쪽도, 주위의 상황을 잘 보아 정하지 않으면 안됩니다. 예를 들면 ◬이 있을 때에 혹1로 단수를 걸면 백2로 잡힙니다.

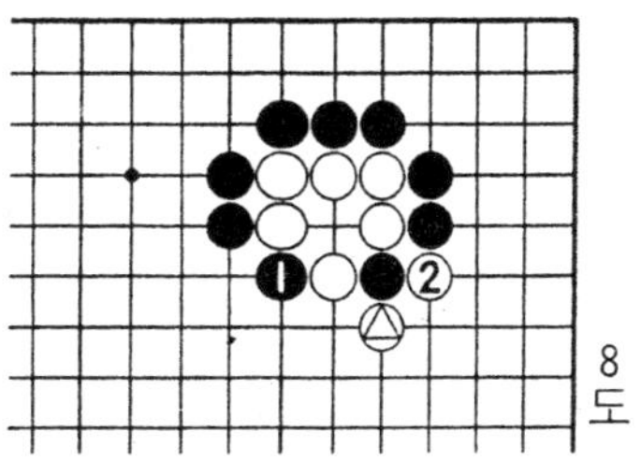

8
도

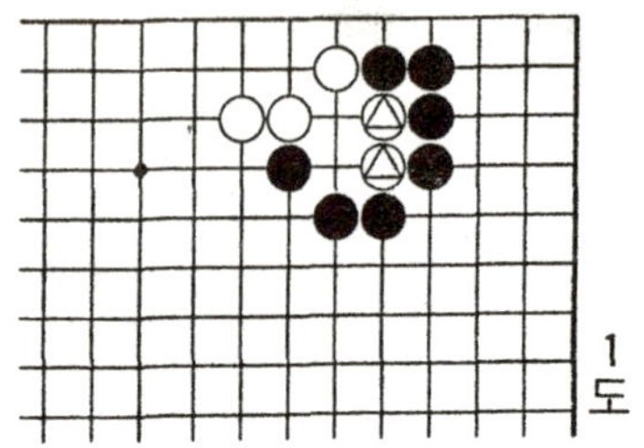

1도

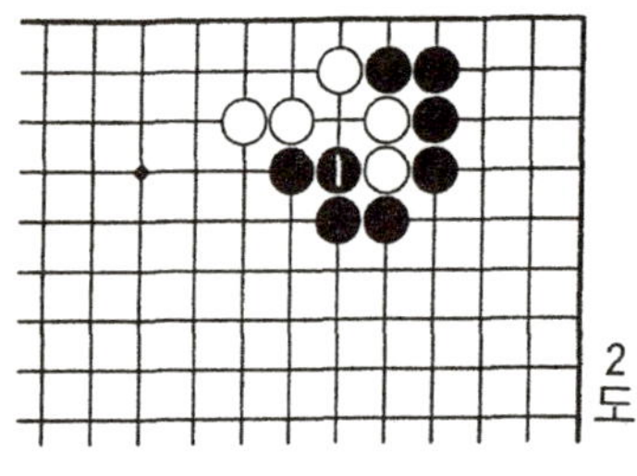

2도

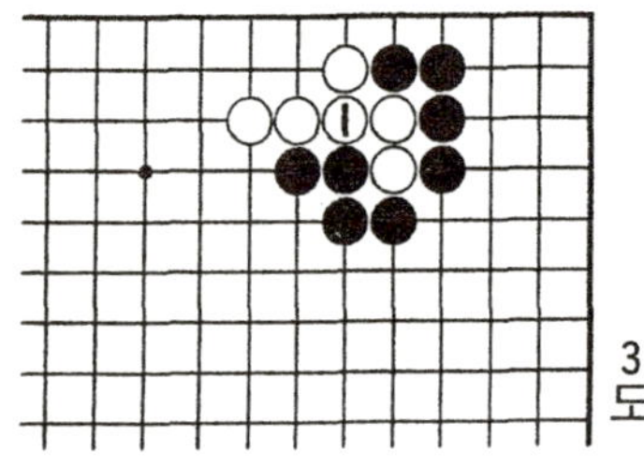

3도

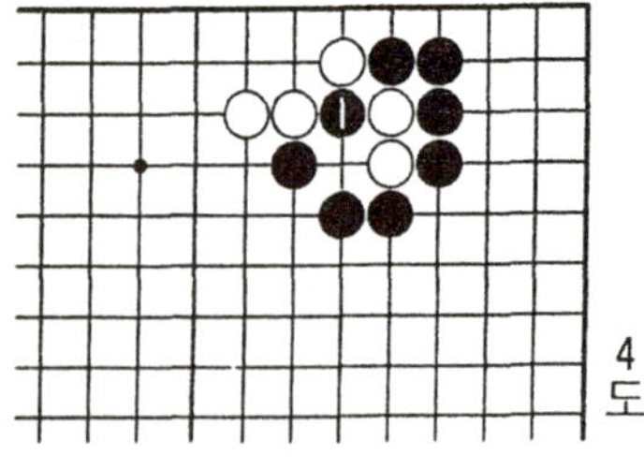

4도

## 되놓기

한 점을 따내게 하고, 다음 순간에 되따내는 기술.

### 1도

흑은 △ 두 점을 따 내고 싶은데 어떤 방 법이 있을까요?

### 2도

흑1로 단수를 거는 것은 백에게 도망칠 길 을 줍니다.

### 3도

백1로 연결되어 백 돌은 하나로 연결되었 읍니다.

### 4도

마음껏, 흑1까지 넣 는 것이 호수입니다. 자 신을 단수로 찔러 넣는 수로, 다소 놓기 어려 운 느낌도 들지만……

### 5도

백1로 한 점이 잡혔

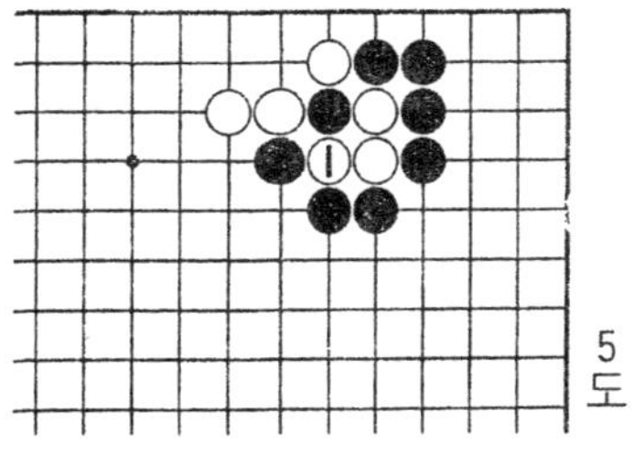

5도

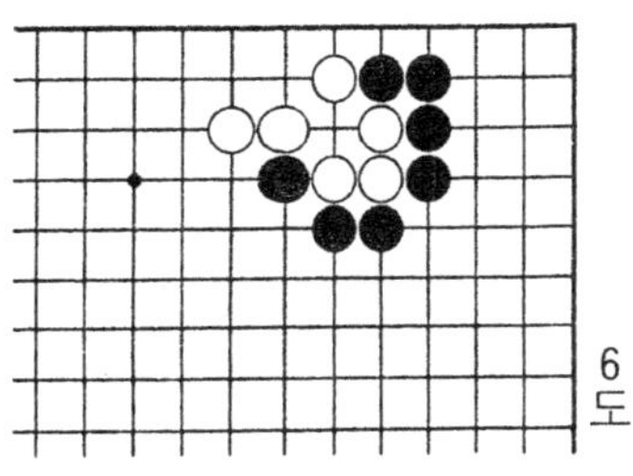

6도

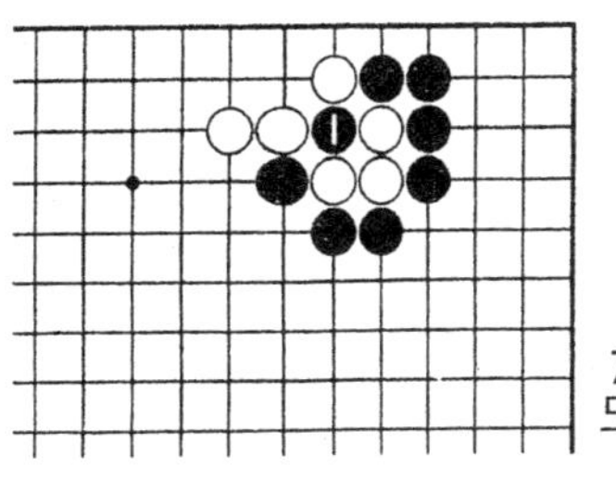

7도

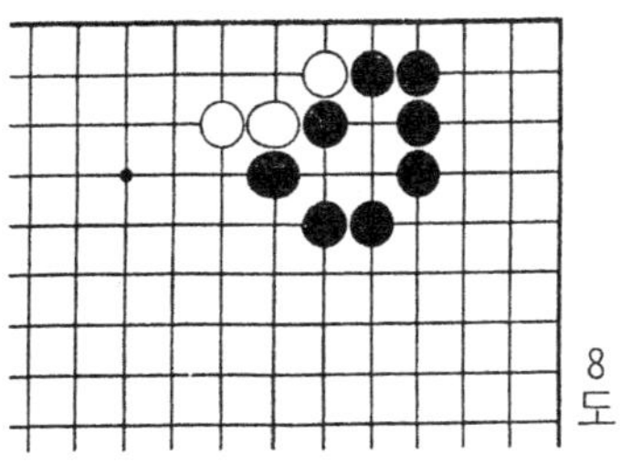

8도

읍니다. 그러나 이것으로 실망해서는 안됩니다.

### 6도

잡힌 다음의 모양을 보면, 다음 한 수가 분명합니다.

### 7도

보통 놓을 수 없는경우에라도 상대가 돌을 잡은 때는 놓을 수 있다는 바둑 룰에 따라서 흑1로 놓아, 백의 세 점을잡을 수 있읍니다.

### 8도

잡은 다음의 형입니다. 결국, 4도 흑1로 잡힌 시점에서, 이미 백이 발버둥쳐도 두 점은 구할 수 없읍니다. 되놓기의 위력입니다.

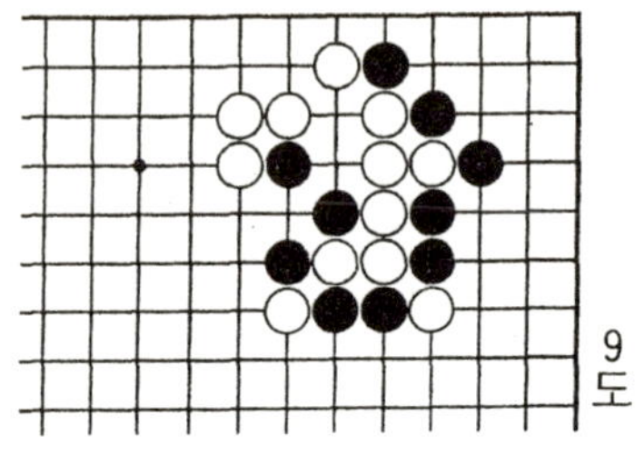

9도

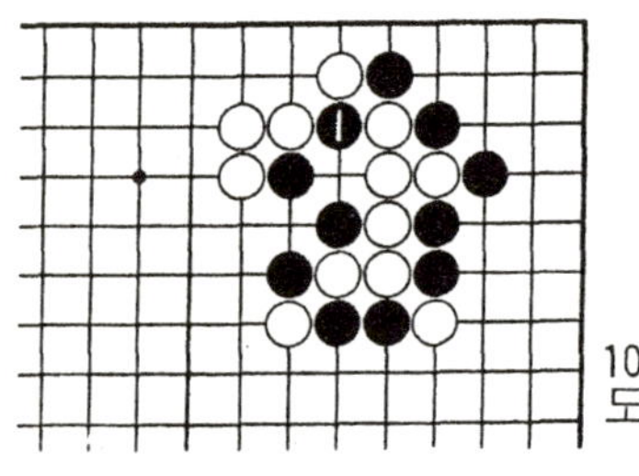

10도

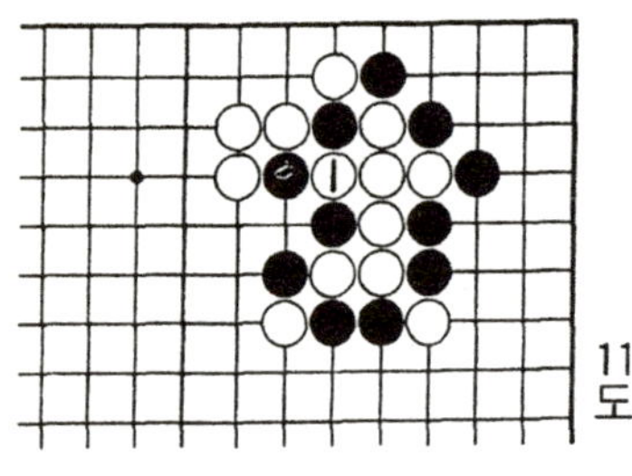

11도

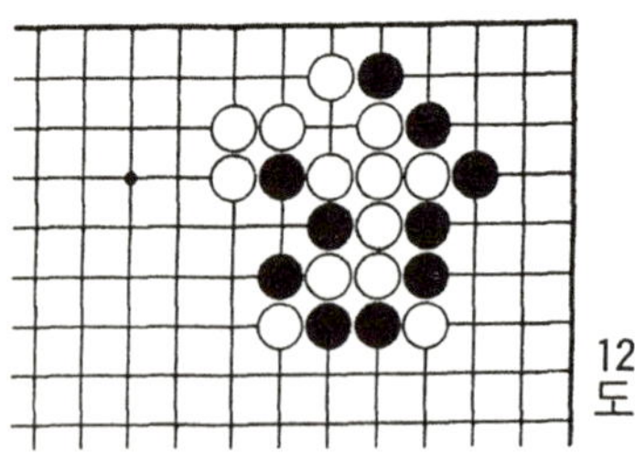

12도

## 9도

흑돌은 뿔뿔이입니다. 이 위기를 구할 수 있는 수가 있을까요?

## 10도

흑1로 되놓습니다. 백돌은 크고, 흑의 형은 약점 투성이라도 이로써 흑은 모든 돌이 연결되어 있는 것입니다. 백은 이미 포기해야 할 상태입니다. 확인해 보십시오.

## 11도

백은 단수가 되어 있으므로, 놓는다면 1로 흑 한 점을 따내는 수밖에 없습니다.

## 12도

따낸 형을 보면, 반대로 단수를 흑에 걸어 역습 성공이 되는가 싶지만, 이번에는 흑이 놓을 차례입니다.

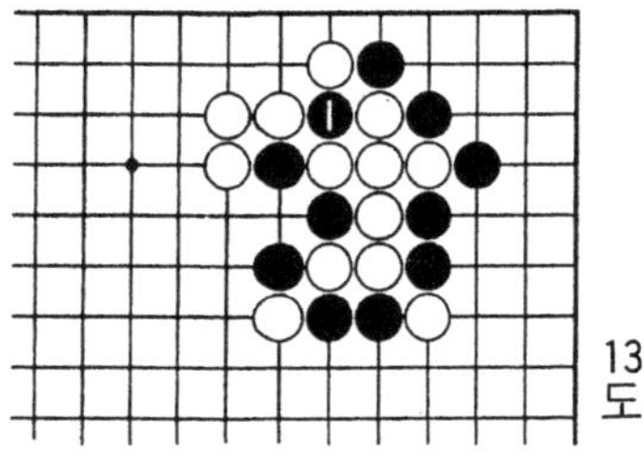

13도

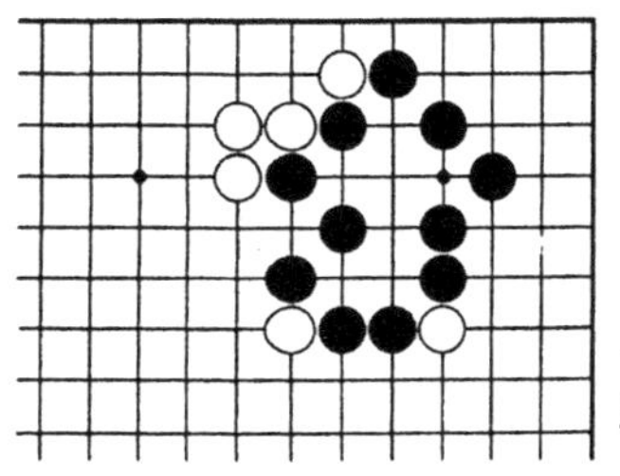

14도

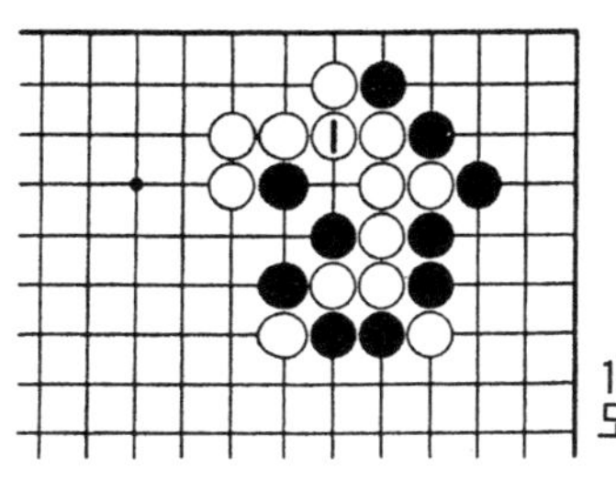

15도

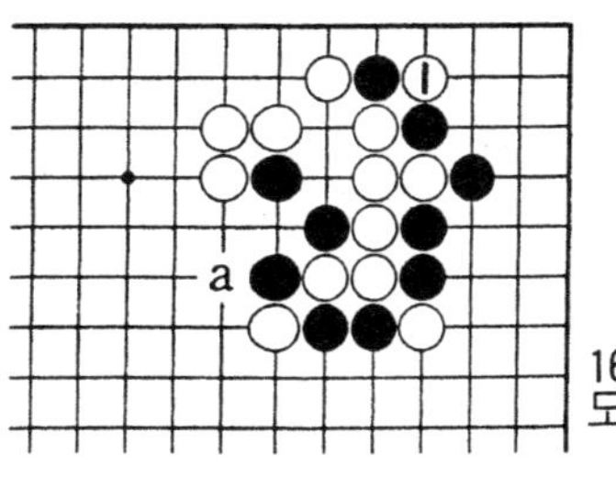

16도

### 13도

놓을 수 없는 장소라도 잡을 때는 놓을 수 있읍니다. 흑1로 대량 백 일곱 점을 잡을 수가 있는 것입니다.

### 14도

잡은 뒤의 형. 뿔뿔이가 되어 있는 흑돌이, 상대 돌을 잡음에 의해 하나로 연결되게 되었읍니다.

### 15도

되놓기를 막기 위해서는 백1로 지키는 것이 제일입니다.

### 16도

그러나, 이 경우는 더 좋은 수가 있읍니다. 백1로 양단수를 건다거나 백a로 단수를 건다거나, 단수를 거는 수로도 되놓기를 막을 수 있는 것입니다.

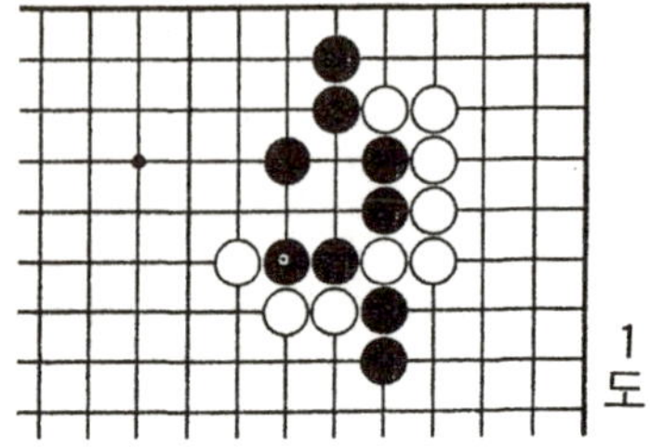

1도

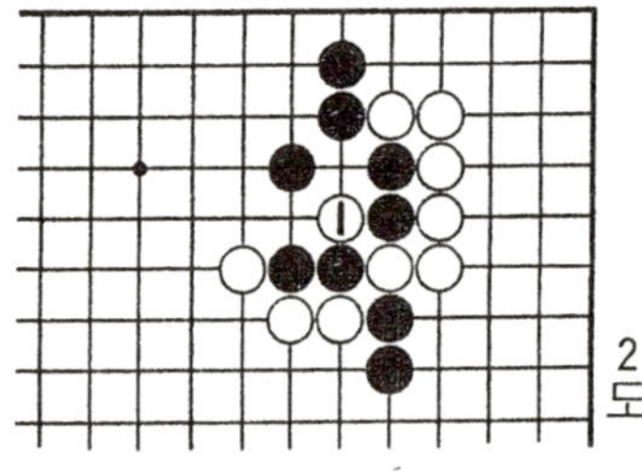

2도

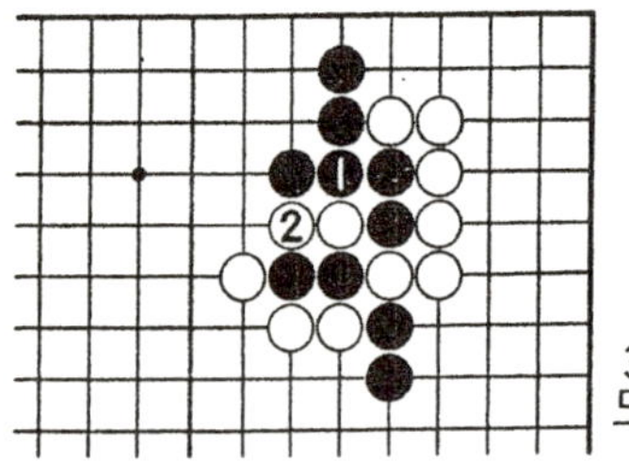

3도

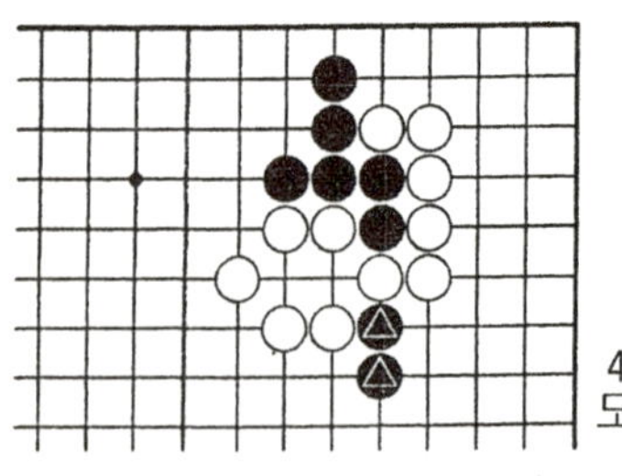

4도

## 기술의 선택

잡는 방법은 한 가지가 아니다. 어떻게 잡을 것인가도 기술 중 하나.

**1도**

흑의 약점을 어떻게 추급할 것인가. 여러 가지 방법이 있습니다.

**2도**

백1은 '양단수'입니다. 어느쪽을 도울 것인가, 흑에 선택의 권리가 있습니다.

**3도**

흑1로 놓으면 백2로 두 점을 잡습니다.

**4도**

이 형은, 중앙의 백이 귀의 백과 연결되어 강해졌읍니다. ▲의 두 점은 극히 그림자가 얇은 상태입니다.

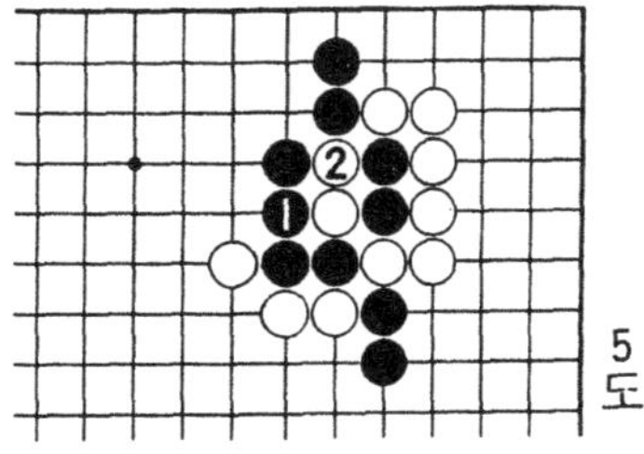

5도

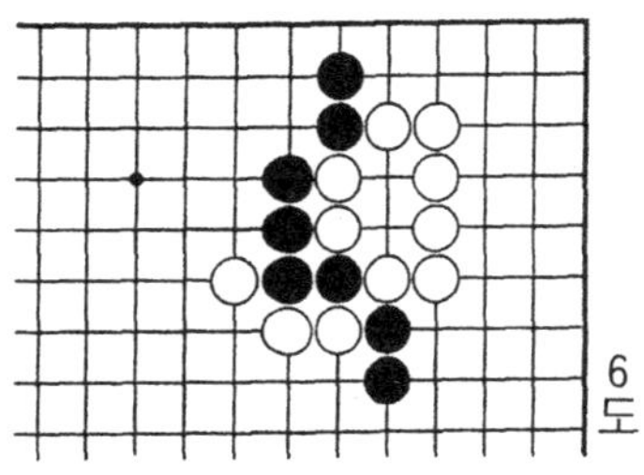

6도

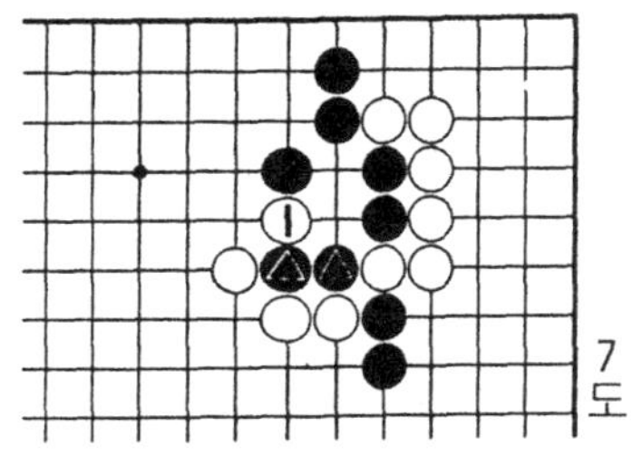

7도

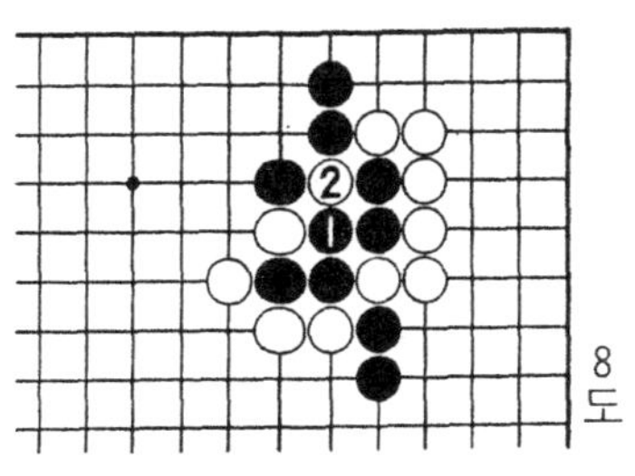

8도

## 5도

흑은 1로 이쪽의 두 점을 도울 것입니다. 백2로 잡은 뒤의 형을 보면 4도보다 낫다는 것을 알 수 있읍니다.

## 6도

중앙의 백은 귀의 백과 연결되지 않습니다 이것은 중앙의 백을 취할 가능성이 흑에게 있다는 뜻입니다.

## 7도

그래서 연구한 것이 백1의 '빼앗기'입니다. 이것은 강제적으로 ▲ 두 점을 잡는 겨냥입니다.

## 8도

흑1로 두 점을 이으면 백2로 정돈하여 잡을 수가 있읍니다. 잡은 형을 상상해 보기 바랍니다.

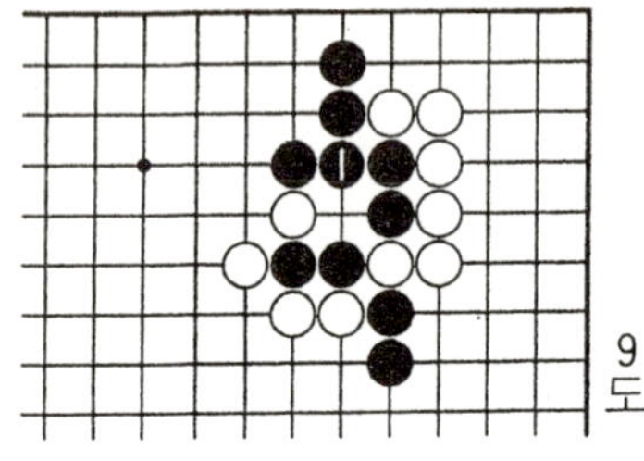

9도

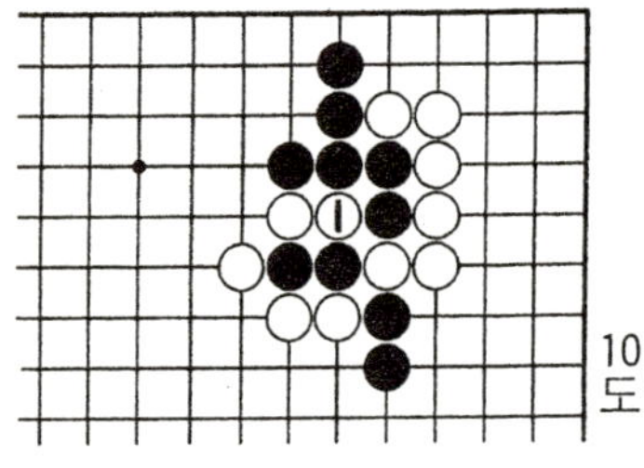

10도

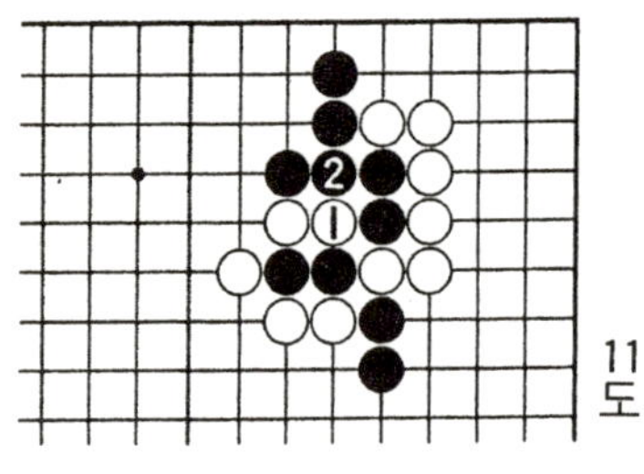

11도

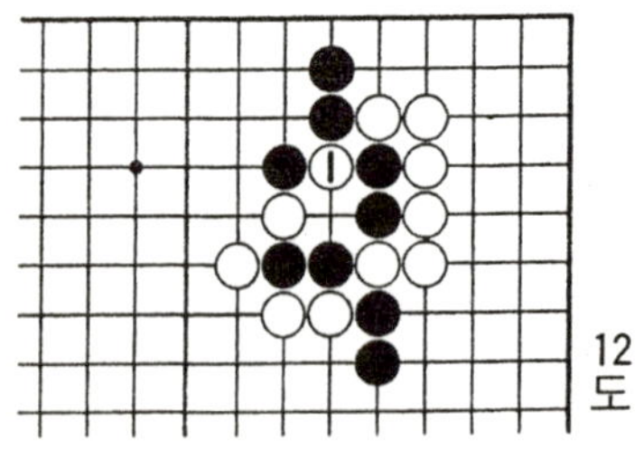

12도

### 9도

흑1로 근본을 묶는 것은 다음의 중앙 두점을 도우려는 수입니다.

### 10도

돕고 싶지 않으면 백1로 잡히게 할 것입니다. 이것으로 백은 바라는 대로 4도의 형으로 전진했읍니다.

왜 흑이 9도에서 1로 이었나, 거기에는 훌륭한 이유가 있읍니다.

### 11도

흑이 손을 빼면 백1로 잡아 흑2로 이을 수가 있읍니다.

### 12도

그러나, 백1로 놓여지면 '되놓기'로, 흑은 네 점 전부를 잡히고 맙니다. 9도 흑1은 이것을 막는 것입니다.

### 13도

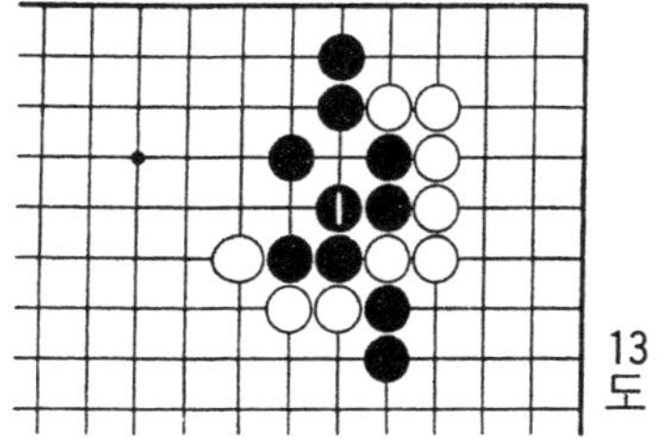

13 도

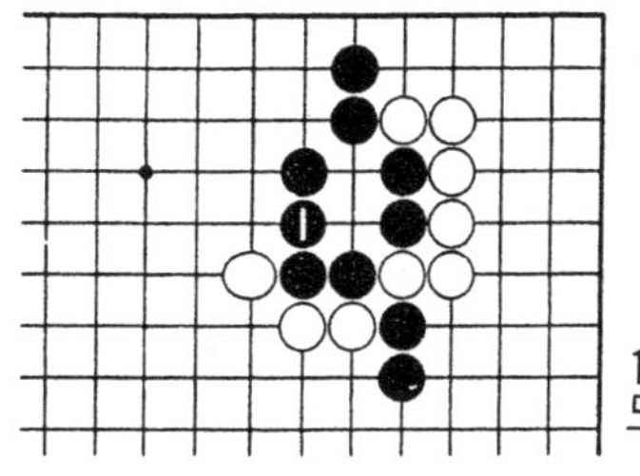

14 도

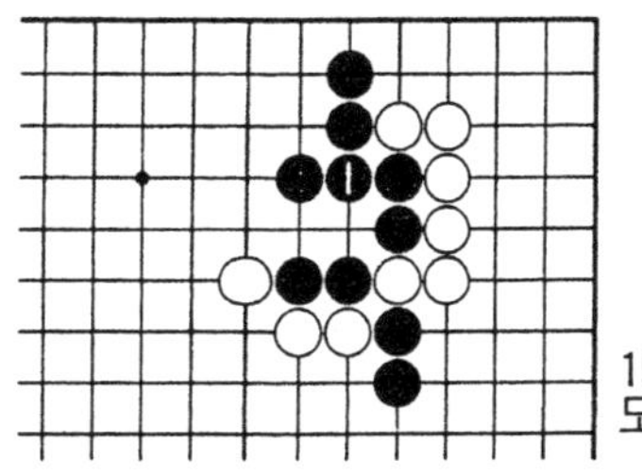

15 도

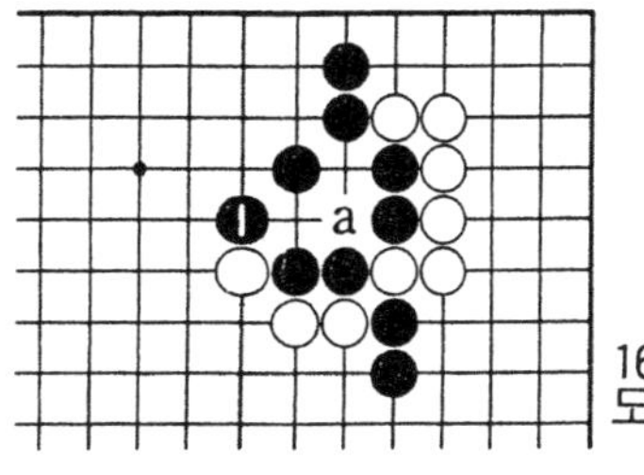

16 도

잡는 방법이 여러 가지 있듯이, 잡히는 것을 막는 방법도 여러 가지 있읍니다. 생각할 수 있는 것은 양단수를 막는 흑1 입니다.

**14 도**

되놓기를 막는 흑1 도 유리합니다.

**15 도**

비틀어 흑1 로 놓아도, 양쪽 두 점을 돕습니다.

**16 도**

단 흑1 은 안됩니다. 백a의 양단수가 남습니다.

이와 같이, 여러 가지 연결 방법이 있읍니다. 어떻게 연결할 것인가는 어떻게 잡을 것이냐와 같은 기술의 문제입니다.

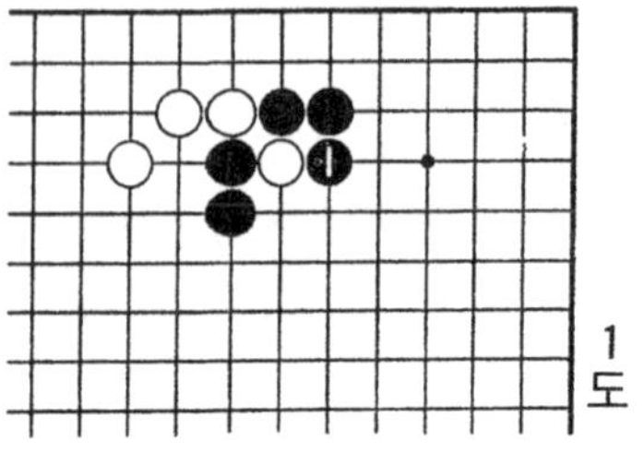

1도

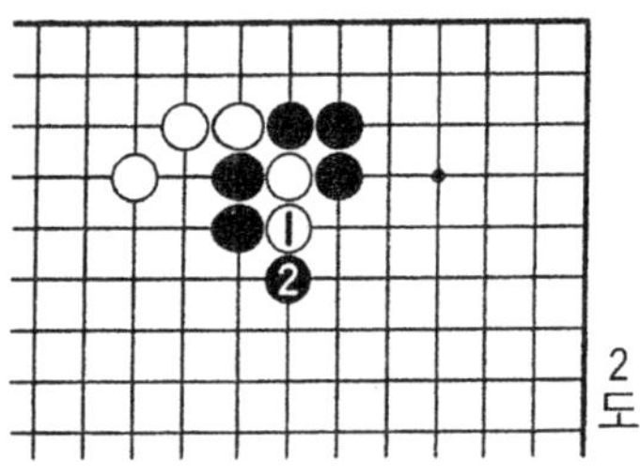

2도

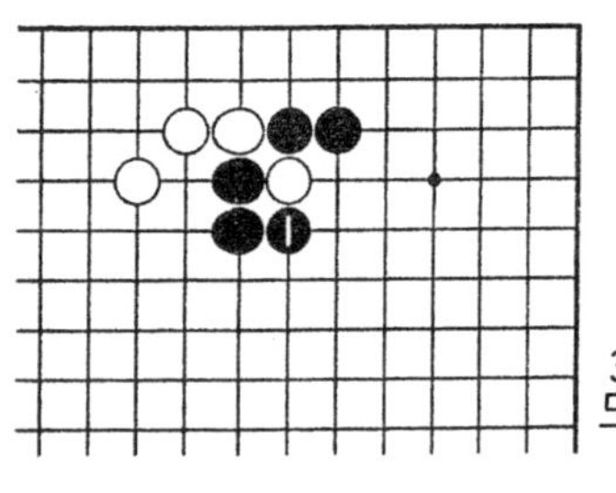

3도

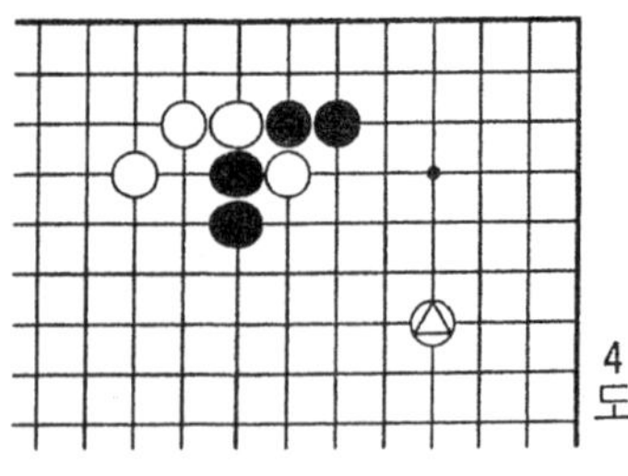

4도

## 장문

상대를 꼼짝 못하게 하는, 돌 취하는 방법 중 고등 기술.

### 1도

흑1로 단수를 걸면 축. 축에서 돌을 잡는 방법은 알고 있겠지요?

### 2도

백1로 도망쳐도 흑2로 단수가 놓여져, 결국은 반단으로 쫓겨 갑니다.

### 3도

흑1쪽에서부터 축으로 쫓을지도 모릅니다. 이것도 백이 도망쳐도 소용없는 형입니다.

### 4도

그러나, 백돌이 △의 점에 있는 경우에, 축으로 잡을 수가 있을까

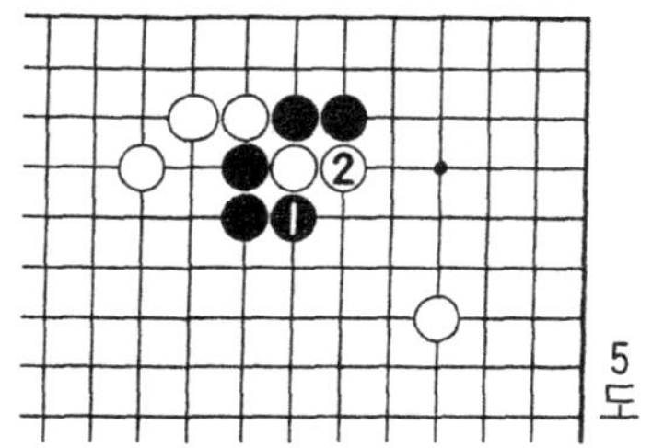

5도

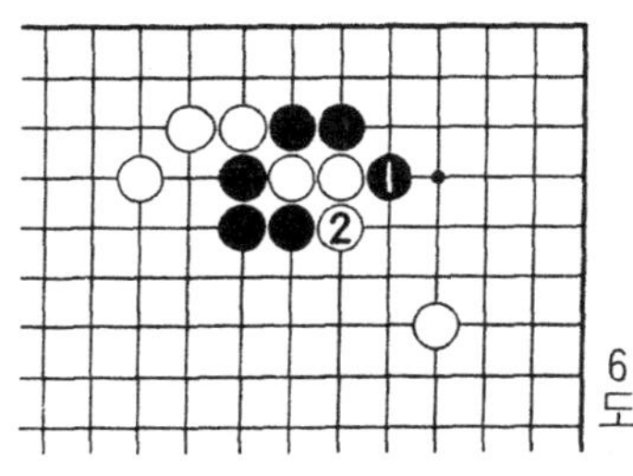

6도

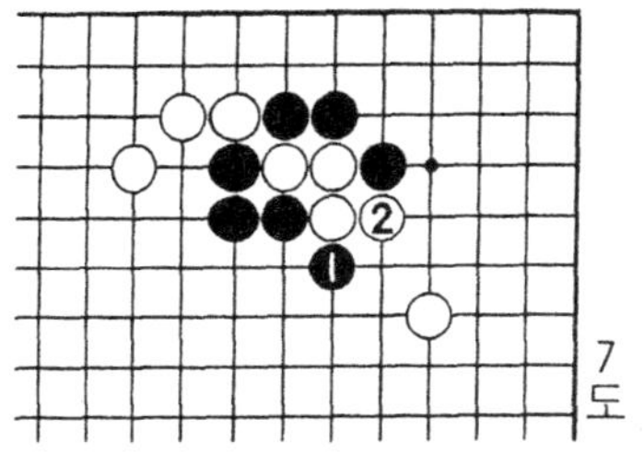

7도

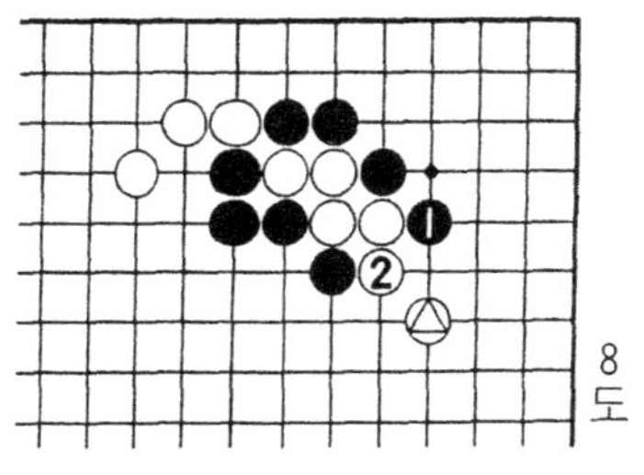

8도

요? 확인해 봅시다.

**5도**

흑 1로 단수를 걸면 백은 2로 도망칩니다.

**6도**

도망쳐 낸 코에 흑 1로 단수를 거는 것이 축의 요령. 백은 또 2로 도망치려 할 것입니다. 크게 되어 잡히면 큰 손해이지만, 백에게는 잡히지 않을 자신이 있을 것 같습니다.

**7도**

더욱 흑 1로 단수를 놓고, 백 2로 도망칩니다.

**8도**

또 한번 흑 1의 단수를 백 2로 도망친 때 결론이 나왔읍니다.

△과 같은 놓음 '축 단수' 라고 합니다.

**9도**

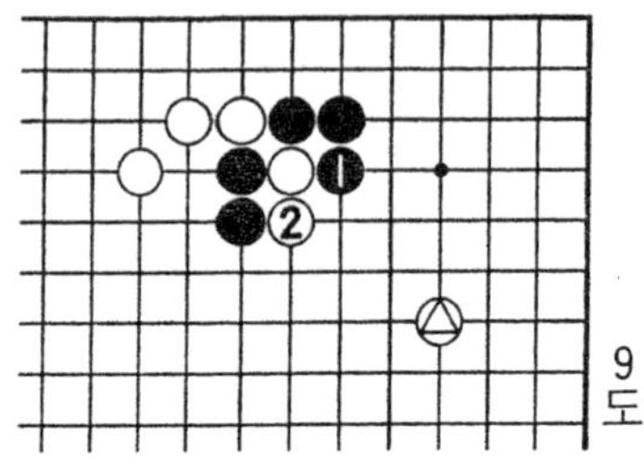

9도

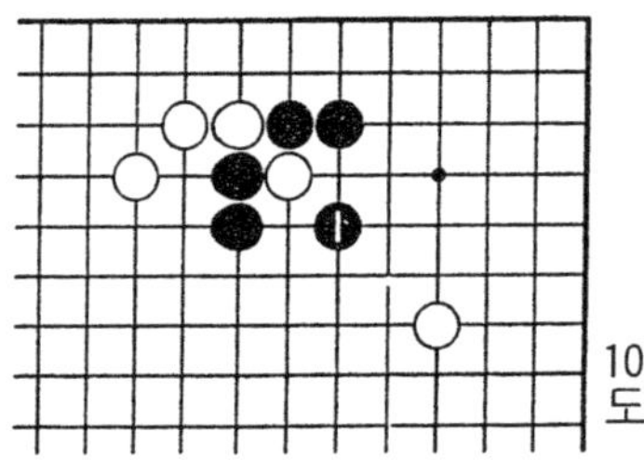

10도

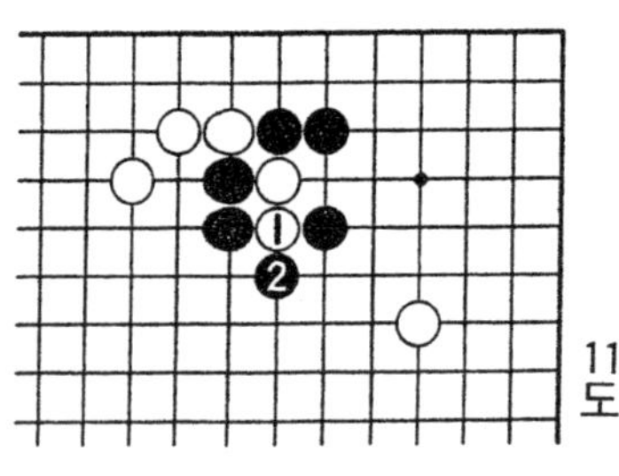

11도

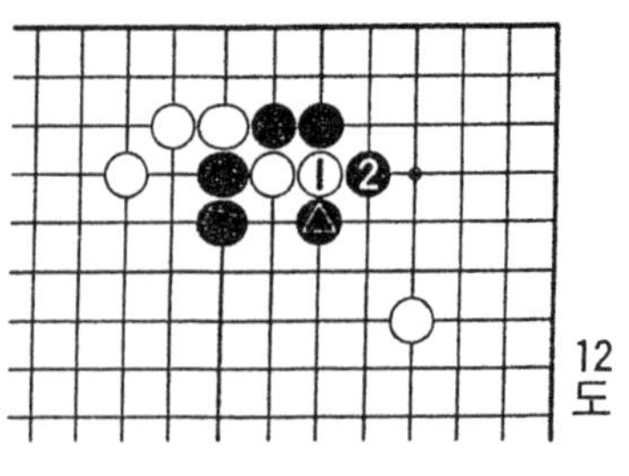

12도

흑1 쪽에서부터 단수를 걸어도 백2로 도망쳐 결국 △으로 연결됩니다.

**10도**

그러면 어떻게 하면 좋을까요. 이 해답이 흑1의 '장문'입니다. 백 한 점은 이미 이로써 꼼짝할 수 없읍니다.

**11도**

백1로 도망치면 흑2로 단수입니다.

**12도**

백1로 도망쳐도 흑2로 단수입니다. 백은 도망치려고 하면 ● 의 돌에 꼭 붙어야 하고, 꼭 붙으면 자신의 공점을 잃어, 반단으로 쫓겨갈 때와 같이 곤란해지는 것입니다. 구원대가 접근하지 않는 한 탈출하지 못합니다.

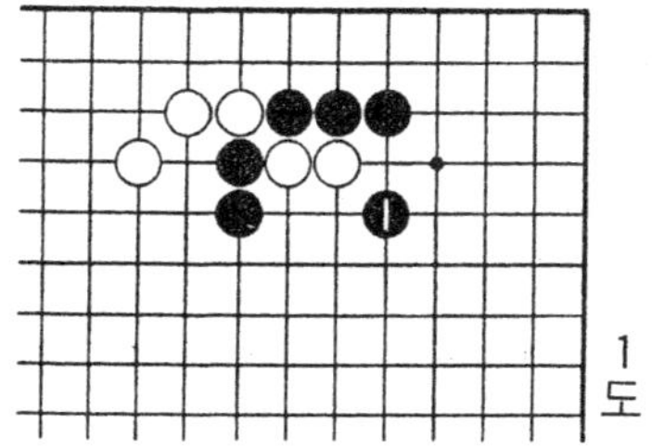

1
도

## 큰 장문

장문의 큰 모양의 형을 이렇게 부르는 일도 있다.

### 1도

어려운 장문의 일례를 나타내어 보겠읍니다. 흑1로 백 두 점은 꼼짝할 수 없게 되어 있읍니다.

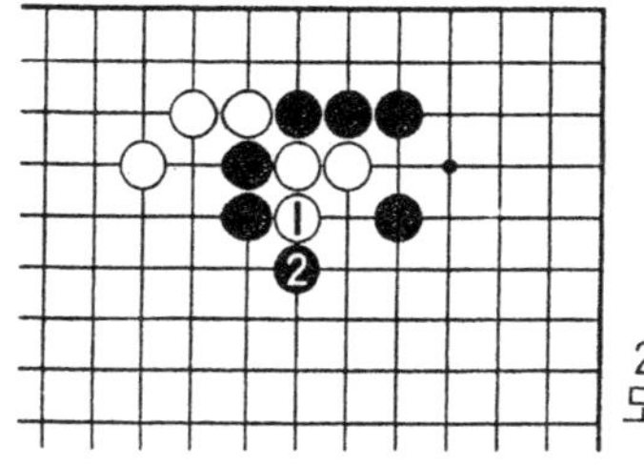

2
도

### 2도

백1로 놓아도, 흑2로 밀어 붙여 탈출할 수 없읍니다.

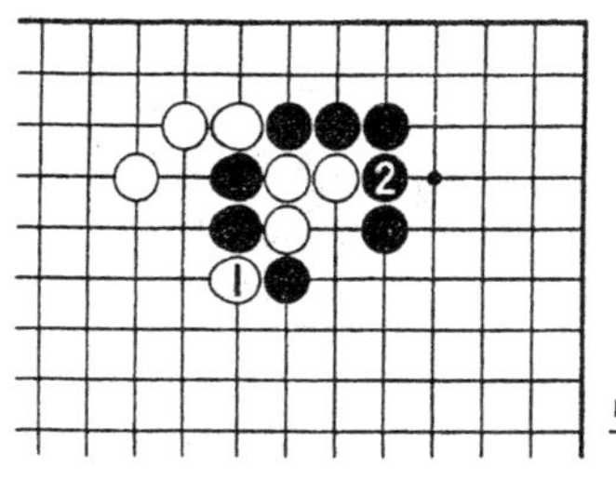

3
도

### 3도

이어서 백1이라면 흑2로 단수를 걸어, 이미 어떻게 놓아도 백을 잡을 수 있읍니다.

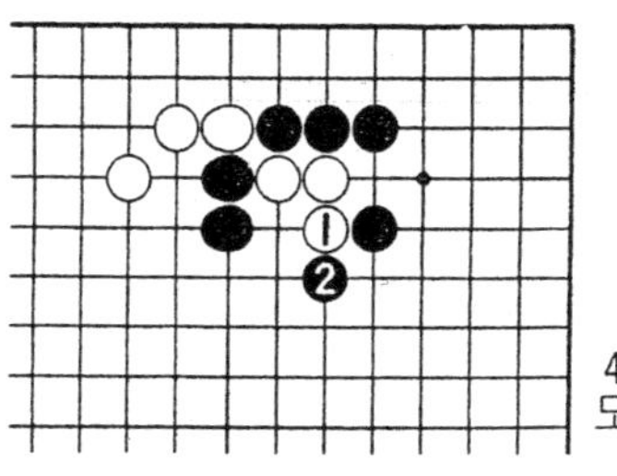

4
도

### 4도

백1이라면 흑2. 그외 어떻게 놓아도 도망칠 수 없다는 것을 확인해 보기 바랍니다.

# 위기의 이상한 변화

## 축의 이상함

**축은 간단해도 축단수에 이상함이 있다.**

축은 이해할 수 있으나, 축단수는 착각을 일으키기 쉬워, 프로도 틀리는 경우가 있읍니다.

축의 전진 방향에 돌이 있으면 좋다라는 것만이 아니고, 그 형에 따라 축이 성립하거나 성립하지 않거나 합니다. 축은 하나하나 정중하게 읽을 필요가 있을 것입니다.

백a가 성립할 것인가 어떨까. 실제로 안아, 혹을 도망쳐 내보내 보십시오(축 성립).

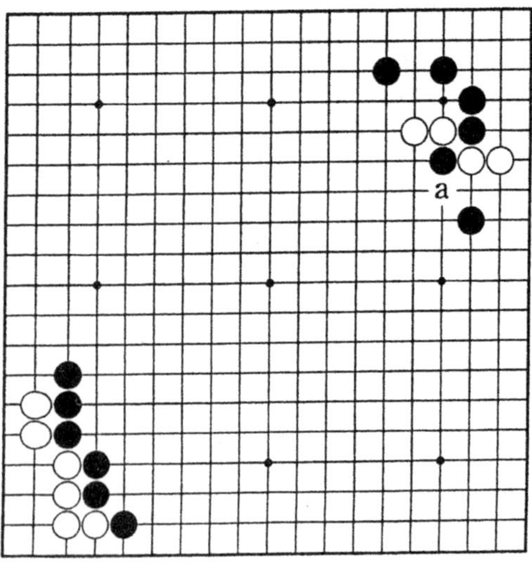

# 제 2 장

# 움직인 연결

돌의 연결은 자신의 돌을 잡히기 어렵게 할 뿐만이 아니고, 상대의 돌을 잡거나 '집'을 만들거나 하는 경우 기반이 됩니다.

반대로 상대의 돌의 연결을 끊으면 이후에 유리한 싸움을 기대할 수 있을 것입니다.

## 1. 연결과 발전
### 연결의 조건

'보다 먼' 발전은 '보다 단단한' 연결에 의해 제한된다.

**1 도**

중앙에서는 마늘모의 연결이 확실합니다.

**2 도**

변 가까운 경우에는 한 칸이라면 확실합니다.

**3 도**

반단이 겹쳐진 귀에서는 날일자의 형으로 연결되어 있다라는 것은 이미 알고 있을 것입니다. 날일자의 연결을, 다시 한번 확인해 두십시오.

**4 도**

백1이라면 흑2로 받습니다. 백1에서 2

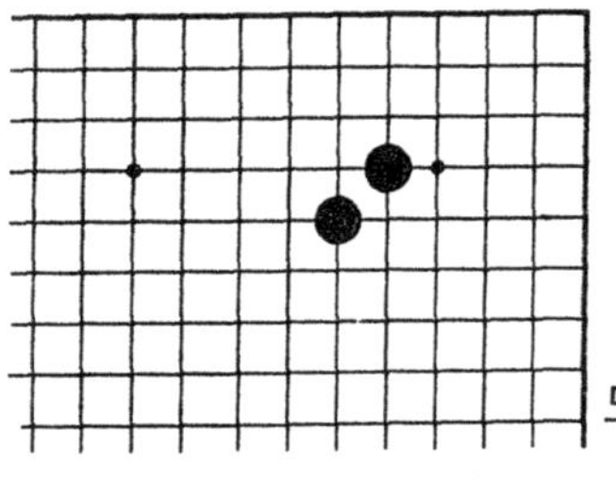

1 도

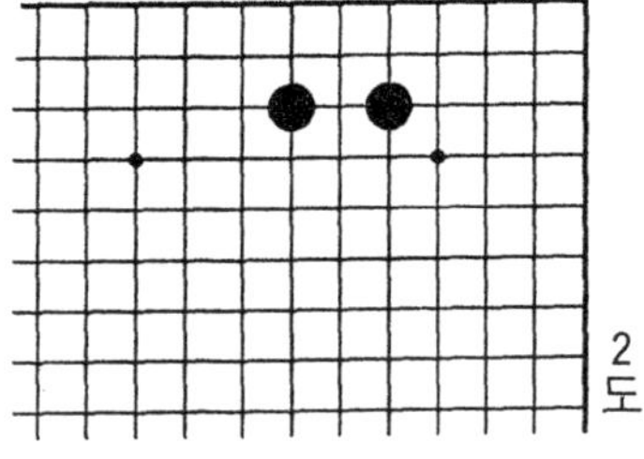

2 도

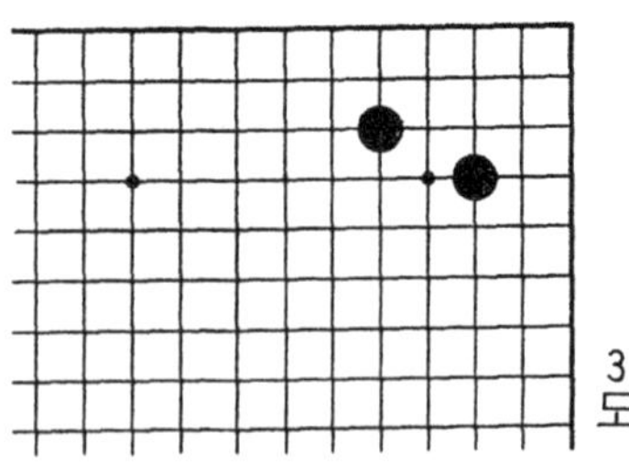

3 도

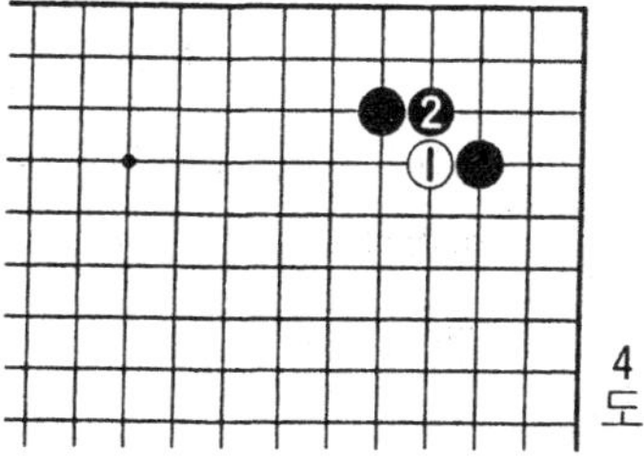

4도

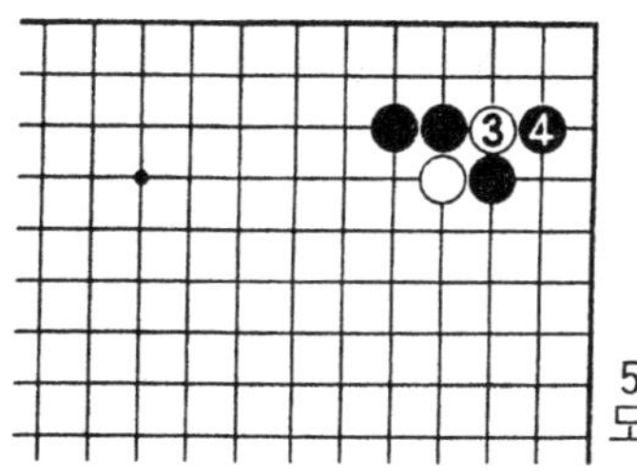

5도

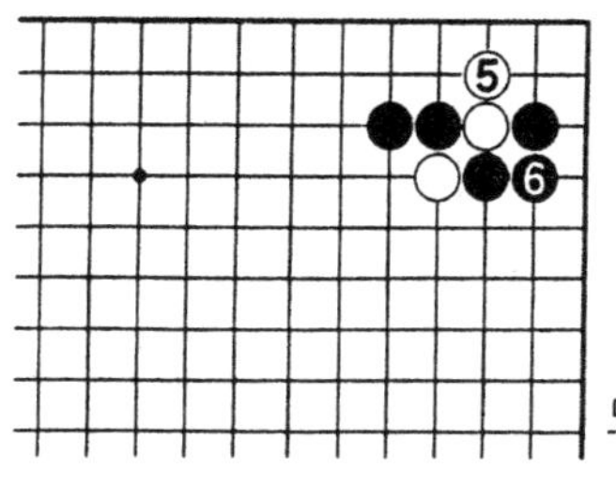

6도

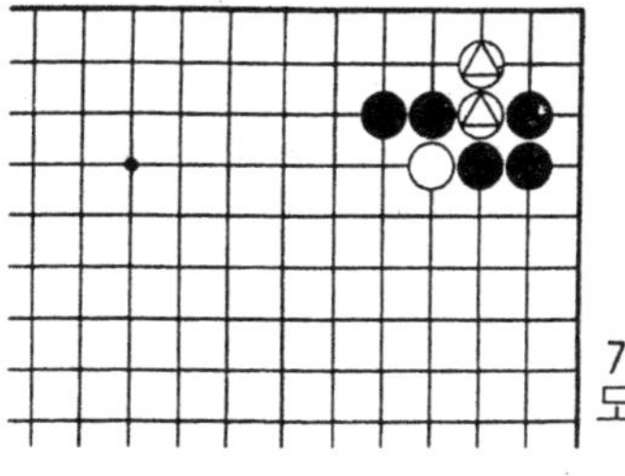

7도

의 쪽부터 놓아도, 흑1
로 결국은 연결한다는
것을 다음 그림으로 추
정하기 바랍니다.

### 5도

흑의 완전 연결을 방
해하기 위해서는 백3
밖에 없지만, 흑4로 단
수를 거는 등이 간단한
연락법일 것입니다.

### 6도

백5로 도망친 때 흑
6으로 약점을 지켜 둡
니다.

### 7도

이 형에서 △ 두 점
은 '도망칠 수 없는 돌'
입니다. 어지간히 주
위의 상황이 변하지않
는 한 '흑이 언제라도
잡을 수 있는 돌'이고,
따라서, 흑은 연결되어
있는 것과 같은 것입니
다.

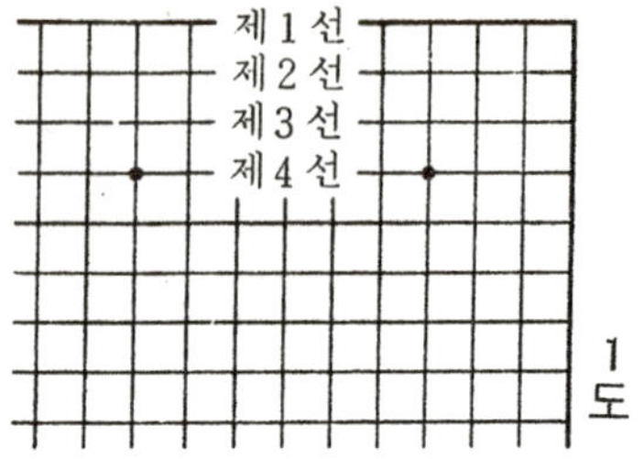



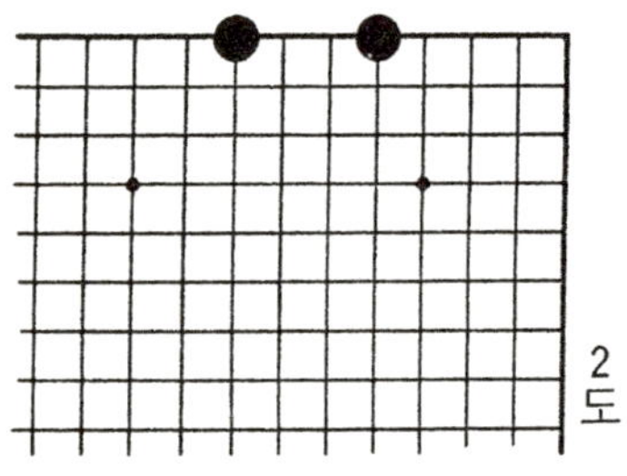



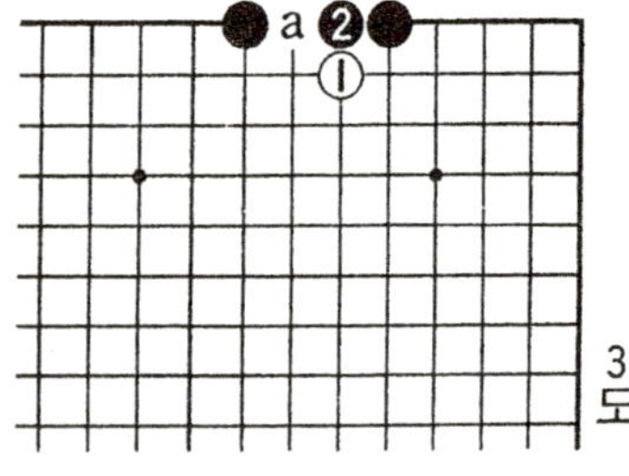



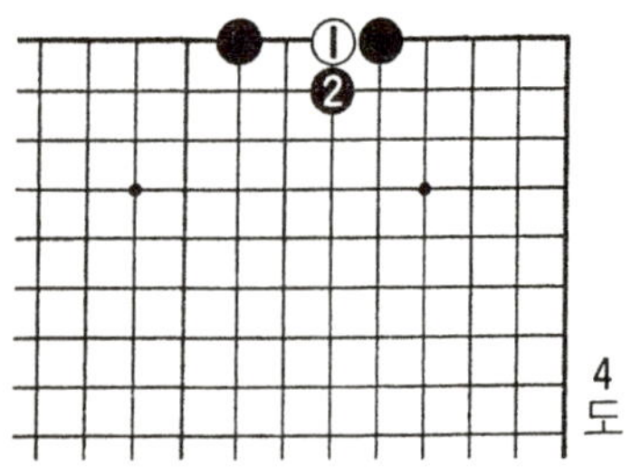



# 반단의 이용

**반단을 이용하면 기본 연결에 의해 더욱 넓게 발전된다.**

**1도**

우선 최초로 여러 가지 이용 가치가 있는 반단에서부터, 어느 정도 떨어져 있는가를 명시하는 명칭을 기억해 둡니다. 반단이 제1선, 중앙에 가까이 있을 때 수치가 늘고, 반단(盤端) 이용의 가능성이 있다고 간주되는 것은 제4선까지입니다.

**2도**

제1선의 두 칸. 연결되어 있읍니다.

**3도**

백1로 와도 흑2. 백 a는 단수의 장소로, 놓으면 잡힐 뿐입니다.

**4도**

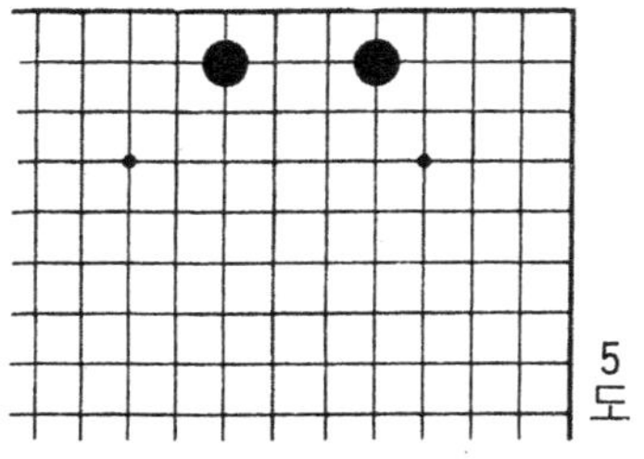

5 도

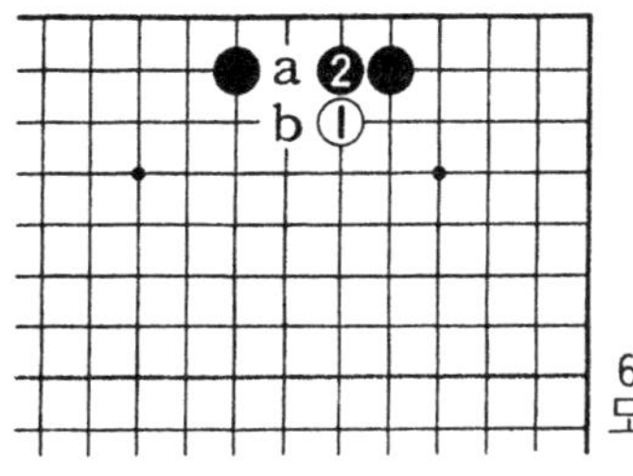

6 도

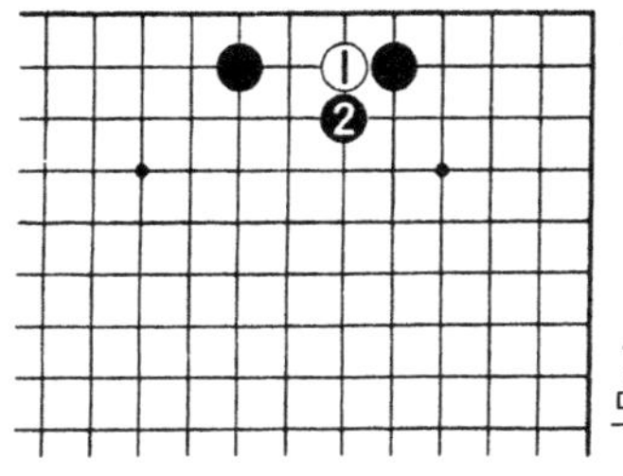

7 도

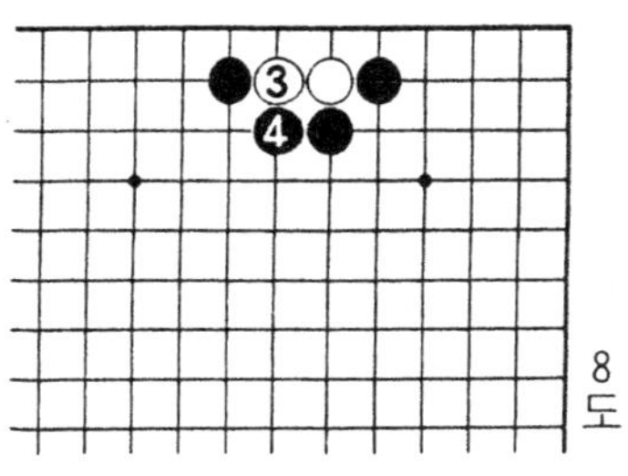

8 도

백 1 이라면 흑 2 로, 백은 움직일 수 없읍니다.

5 도

제 2 선의 두 칸입니다.

6 도

백 1 이라면 흑 2. 이 뒤 백 a 라면 흑 b 로 훌륭하게 연결되어 있읍니다.

7 도

백 1 에는 흑 2 입니다.

8 도

이어서 백 3 이라면 흑 4 로 눌러붙여, 이 백은 꼼짝할 수 없읍니다.

제 2 선 두 칸(간격이 둘)의 발전은 상대가 연결을 방해해도 안된다는 것을 알았읍니다.

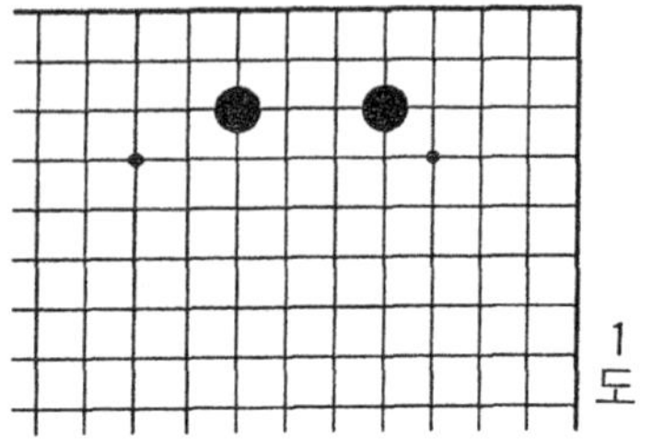

1도

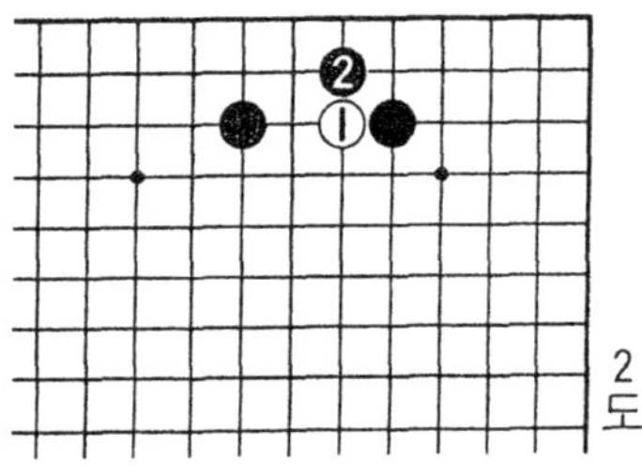

2도

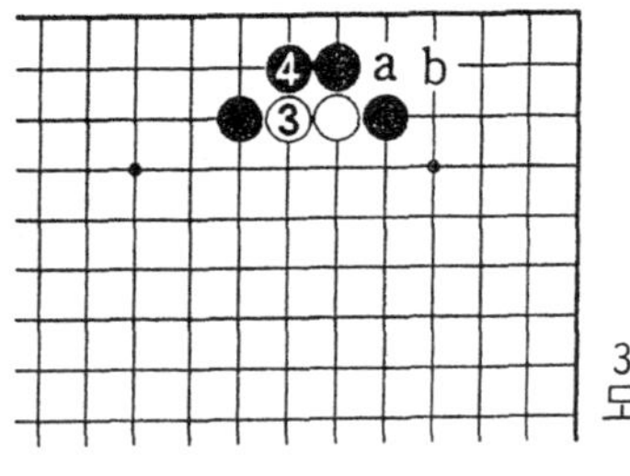

3도

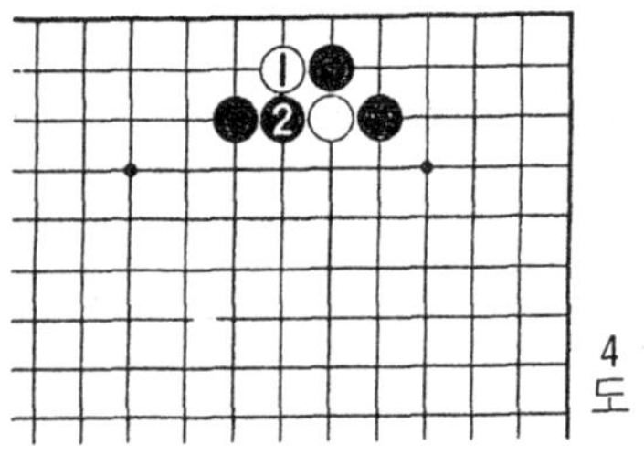

4도

# 제3선의 두 칸

제3선은 반단을 잘 사용하면, 두 칸으로 발전해도 안전하다.

**1도**

제3선의 두 칸입니다. 가로 (반단에 평행)로 발전할 때는 '벌리기' 라는 단어를 사용하므로, 이 뒤는 그것에 따릅니다.

**2도**

백1에는 흑2가 확실한 연결 방법입니다.

**3도**

이어서 백3이라면 흑4. 이 뒤 백a에는 흑b로 좋다는 것은 말할 필요도 없을 것입니다.

**4도**

문제는 백1로 놓아 간 때입니다. 냉정하게 대처하지 않으면 백의 생각에 빠져 버릴 것입

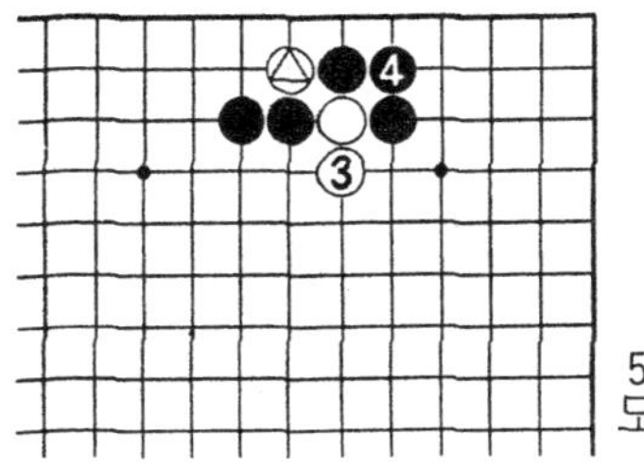

5도

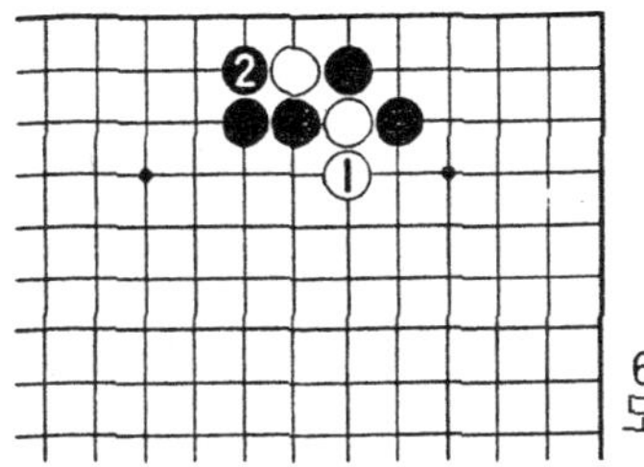

6도

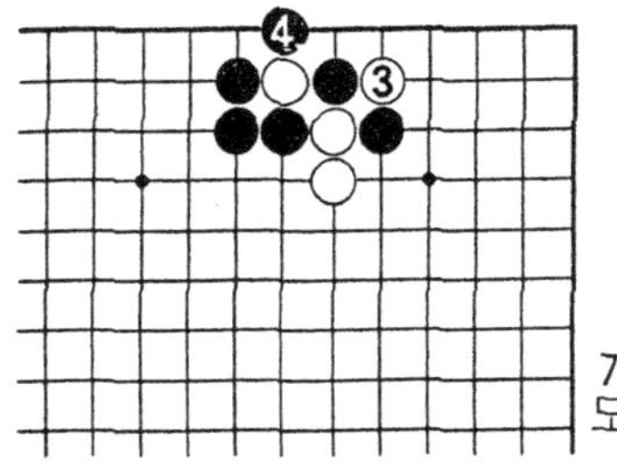

7도

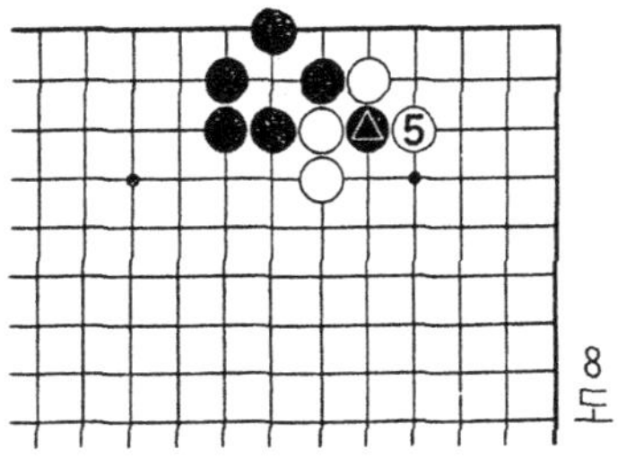

8도

니다. 우선, 흑2로 놓는 것입니다.

**5도**

단수가 된 백은 3으로 도망치는데, 이때 흑4가 호수입니다. △의 돌은 '도망칠 수 없는 돌'이므로, 이에 흑은 연결되어 있는 것입니다.

**6도**

백1 때 흑2로 단수를 걸고 싶겠지만, 그것은 안됩니다.

**7도**

백은 한 점을 희생하여, 3으로 단수를 걸쳐가는 것입니다. 흑은 4로 놓는 수밖에 없는데……

**8도**

이어서 백5에 단수를 걸면, ● 한 점이 축에 잡혀 있는 것을 알

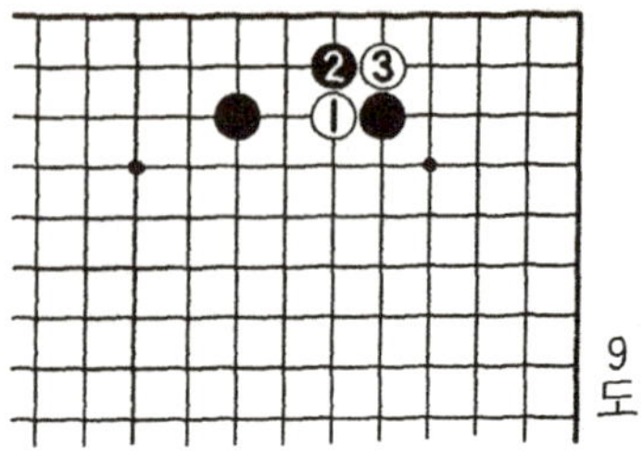

9도

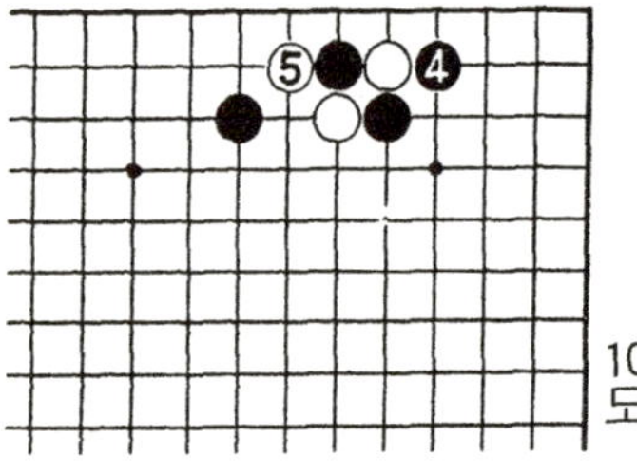

10도

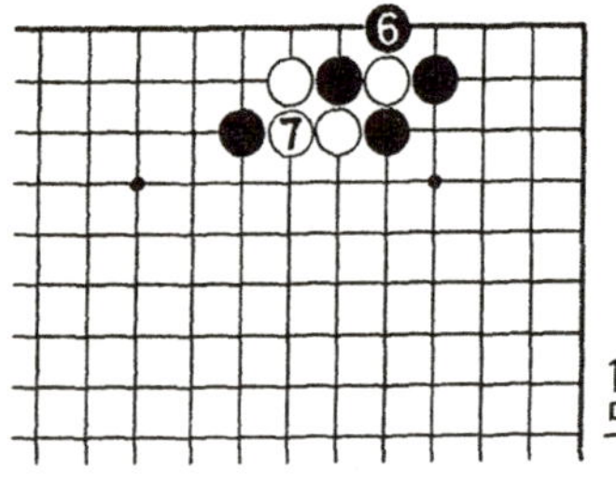

11도

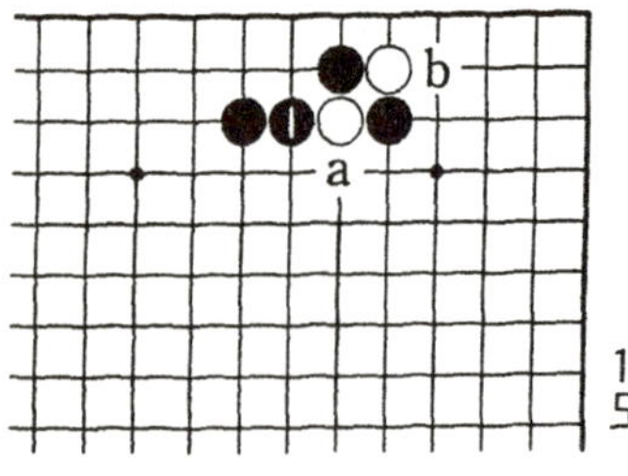

12도

게 됩니다. 연락이 끊긴 것입니다.

**9도**

제3선의 두 칸 벌리기에 대해, 2도의 백1, 흑2에 이어 백3으로 놓는 것도 겨냥이 있는 수입니다.

**10도**

흑4의 단수라면 한 점을 희생하여 백5로 단수를 거는 것이 호수입니다.

**11도**

9도의 백1·3에 대해서는 흑에 몇 가지 연결 수단이 있습니다. 어느 수단을 선택할 것인지는 '손해냐, 이득이냐' 하는 전국적인 시점이 필요할 것입니다. 간단한 연결법의 하나는 흑1로, 백a라면 흑b입니다.

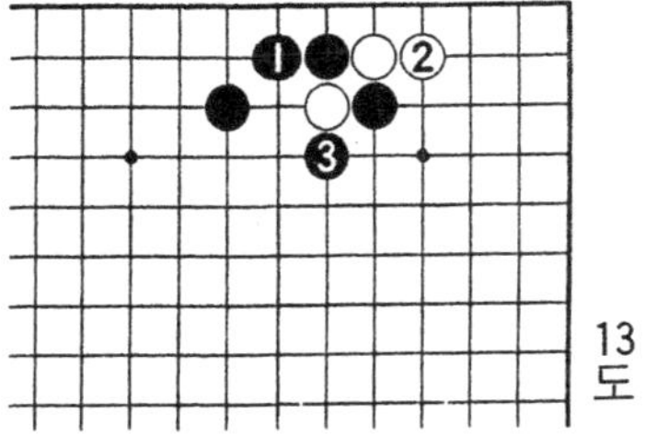

13도

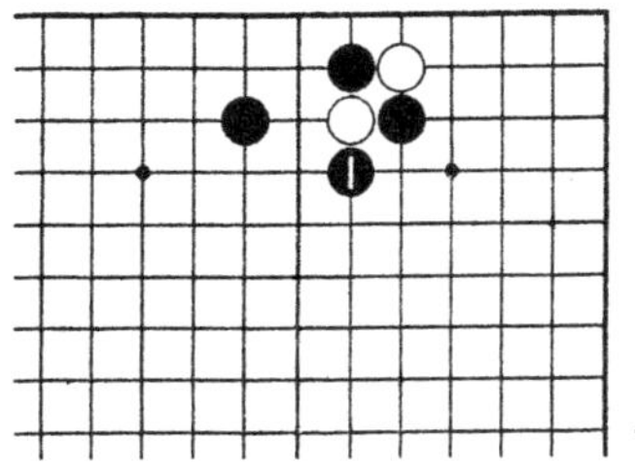

14도

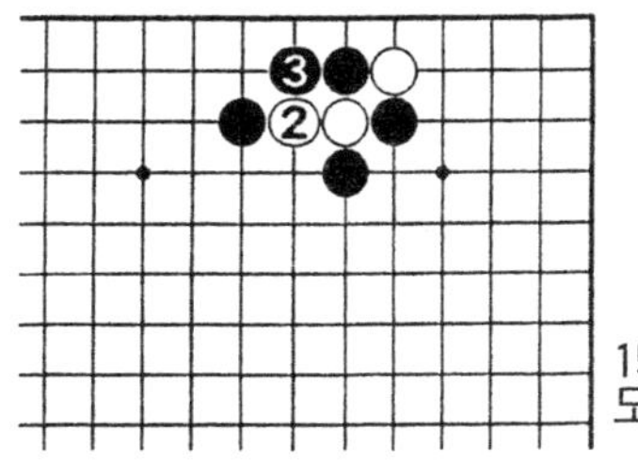

15도

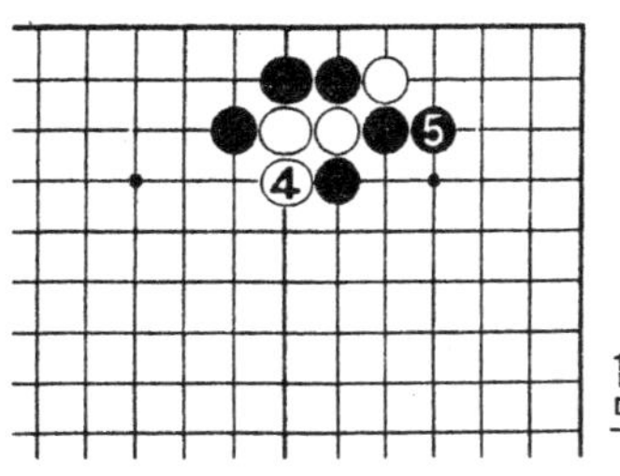

16도

## 13도

흑1도 연결되어 있읍니다. 백2라면 흑3으로 좋고, 백2에서 3이라면 흑2입니다. 흑1로 놓아, 다음 2의 점이나 3의 점을 반드시 놓을 수 있는 경우 '2와 3을 균형이 되게 한다'라고 합니다.

## 14도

흑1로 단수를 거는 것은 적극적인 연결법입니다.

## 15도

백2에는 흑3으로 축의 형입니다.

## 16도

만일 축이 성립하지 않아도, 백4일 때 흑5로 두 칸 벌리기의 돌은 연락이 되고 있는 것입니다.

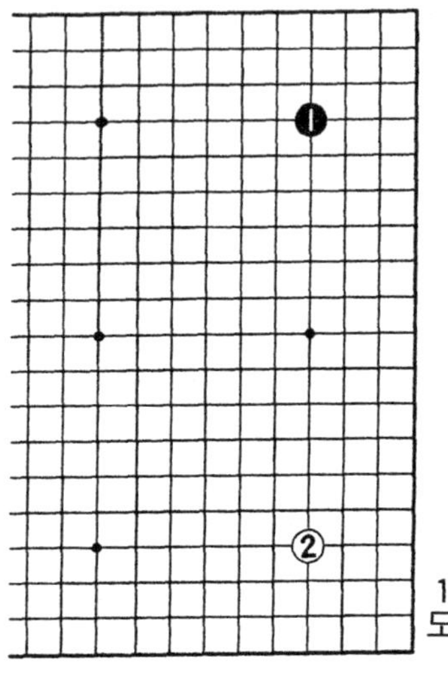



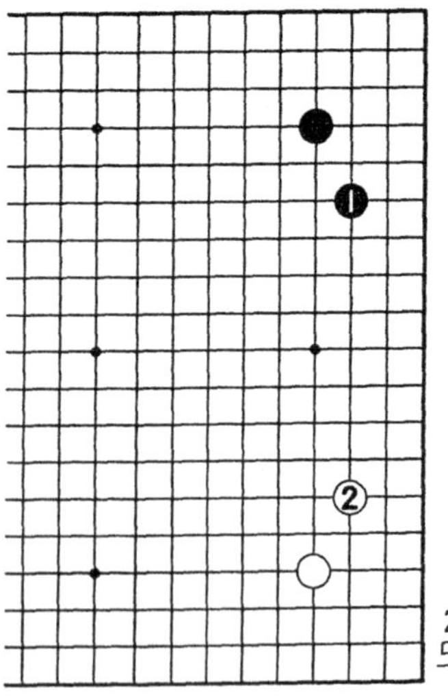



## 발전이란

**귀의 날일자, 변의 두 칸 벌리기가 효율이 좋은 발전법.**

### 1 도

바둑의 초기에는, 집을 만들기 쉬운 귀에 둡니다. 다음 단계에서 어떻게 놓아 전진할 수이냐에 대해서는 연결을 확보하면서 전진이라는 생각이 기본이 될 것입니다. 가령 흑 1, 백 2로 서로 화점에 놓았다고 합시다.

### 2 도

흑 1의 날일자가 귀에서의 견실한 발전 수단입니다. 우변에 관해서만 말하자면, 백도 2의 날일자로 발전하는 등, 흑의 우변 독점을 방해하는 수단으로써 생각할 수 있을 것

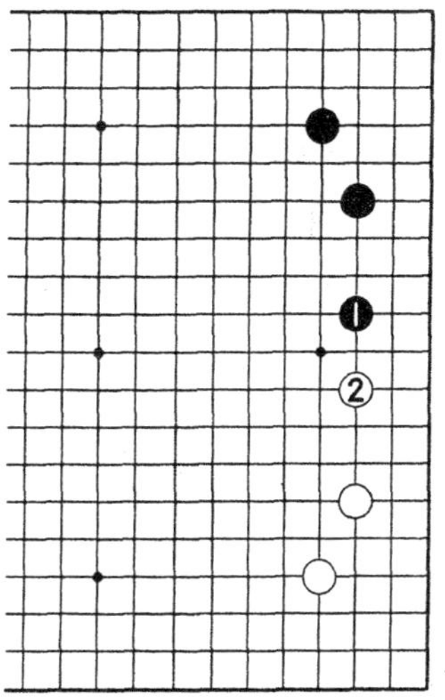

3도

4도

입니다.

### 3 도

혹 1 의 두 칸 벌리기가 연결을 확보하면서 발전. 백도 2 로 두 칸에 벌려, 우변에서의 최초의 진지 만들기가 끝났습니다.

그러나, 어떤 바둑에서도 이와 같이 얌전하게 전진한다고는 단정할 수 없고, 혹 1 에서는 백의 벌리기를 방해하여 2 의 점으로 벌릴지도 모릅니다.

### 4 도

혹은 처음부터 백의 우변 진출을 방해하여 1 로 놓을지도 모르고, 백도 혹의 우변 전개를 방해하여 2 에서 3 으로 놓을지도 모릅니다.

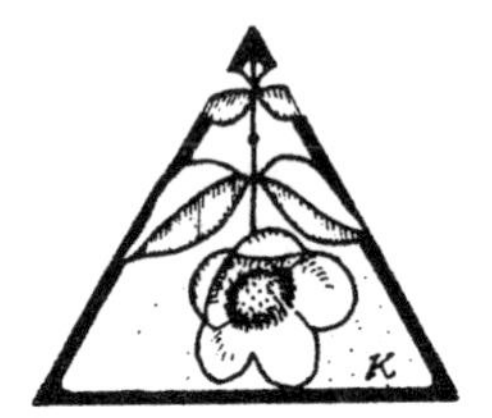

## 2. 연결의 기술

### 단점

**가장 직접적인 연결법은 '잇기' 라고 불리운다.**

1도

백 1 로 놓여지면, 이 돌을 잡지 않는 한은, 두 개의 흑돌은 연결시킬 수 없읍니다. 게다가 용이하게 잡을 수도 없을 것 같은 형입니다.

1도

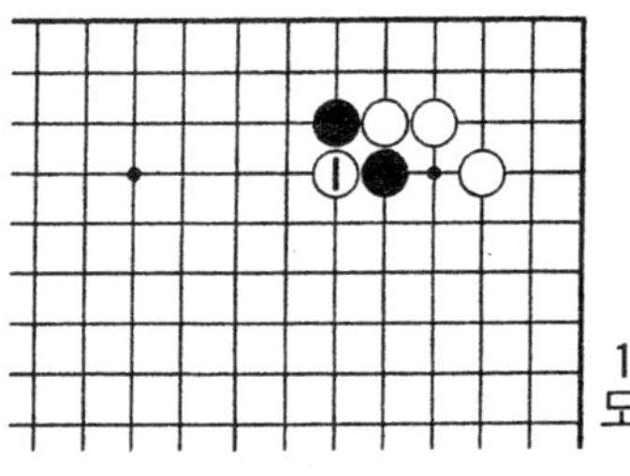

2도

흑 2 라면 백 3 으로 축을 방해, 이미 연결은 무리일 것입니다.

2도

3도

연결에는 흑 1 로 완전 무결이지만——

4도

흑 1 로 놓아도 연결됩니다. 그렇다면, a의

3도

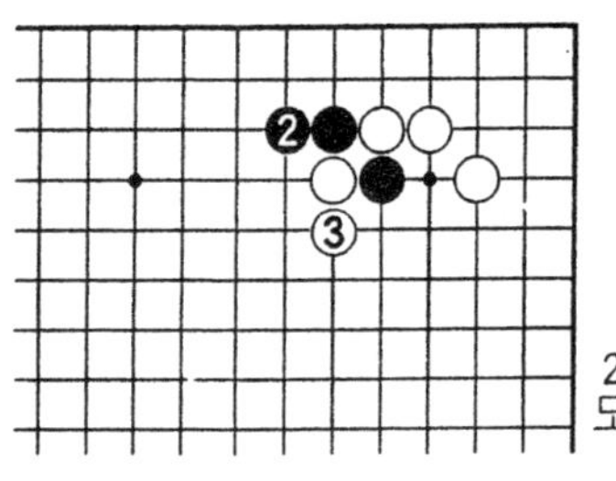

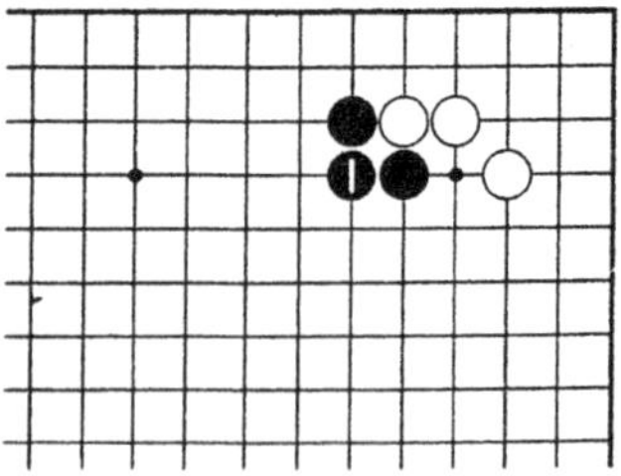

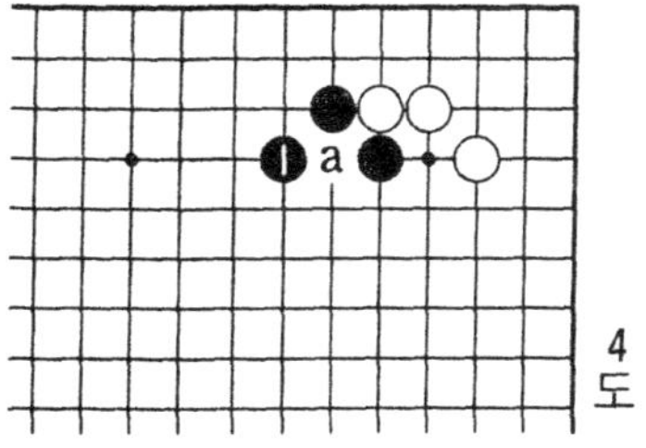

점에 돌이 있는 것보
다 1 쪽이 보다 발전되
어 있다고 말해도 좋을
것입니다.

**5 도**

백 1 로 놓아져도, 흑
2 로 따내어 연결은 확
보. 물론 백도, 일부러
잡힐 수는 놓지 않을
것입니다.

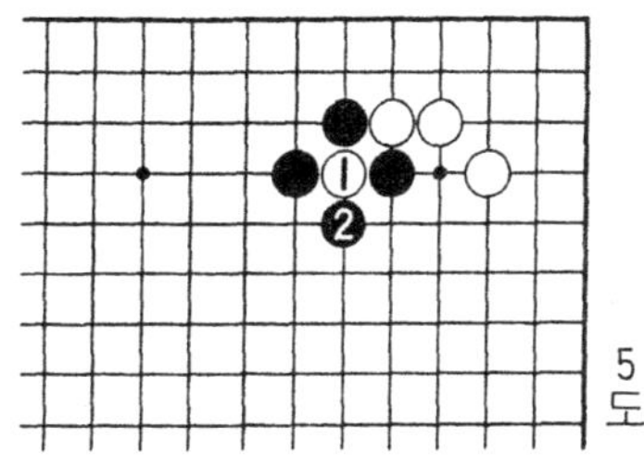

**6 도**

백 1 은 '다음에 끊
자' 라는 수. 그러나, 흑
2 로 놓으면 단단히 연
결됩니다. 이 흑 2 가 '잇
기', 3 도 흑 1 도 '잇기'
입니다.

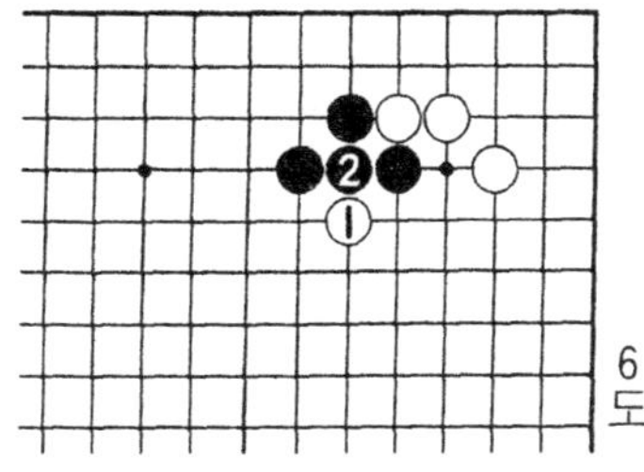

**7 도**

흑 1 도, 4 도 흑 1 과
같이 '걸쳐 잇기' 입니
다. 걸쳐 잇기에는 두
가지 방향이 있다는 것
에 주의하기 바랍니다.
축이 유리한 잇기를

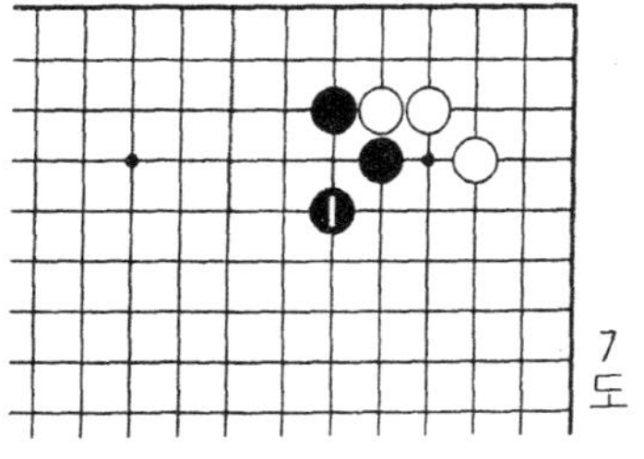

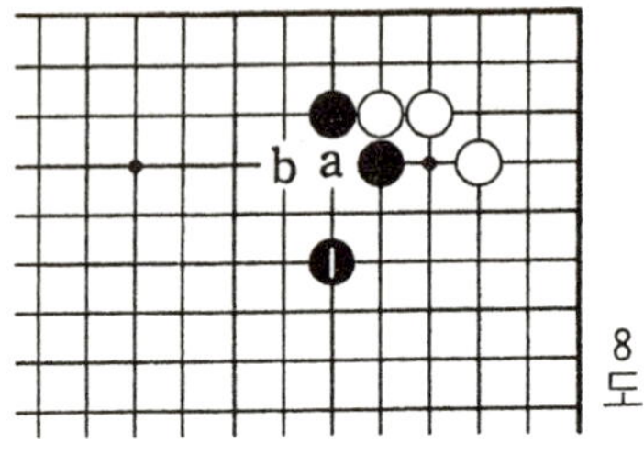

8도

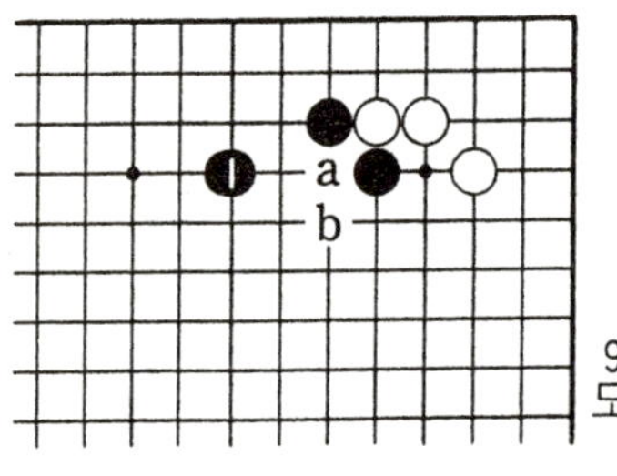

9도

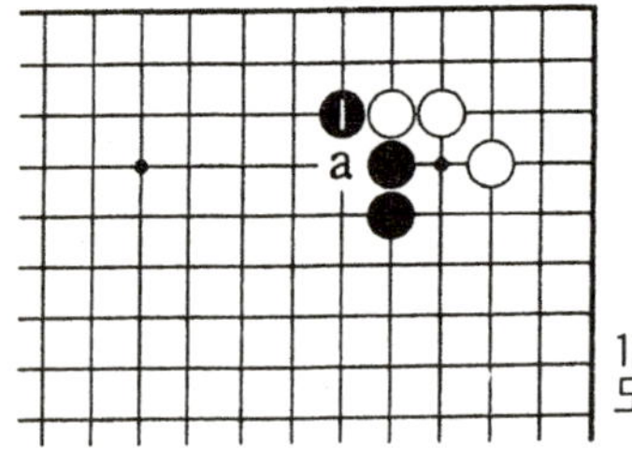

10도

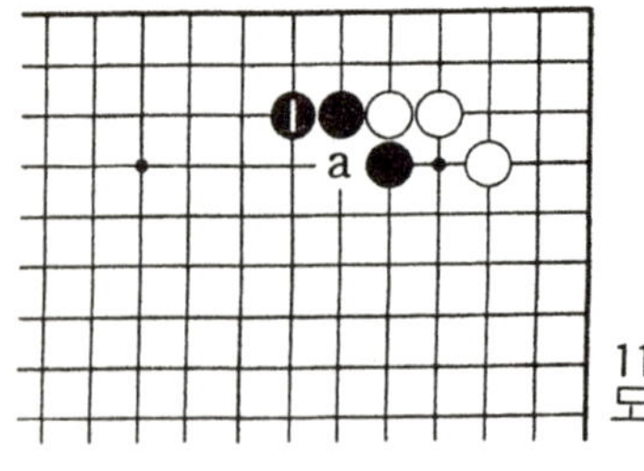

11도

몇 가지 소개하기로 하
겠읍니다. 단, 축의 조
건이 나쁘면 상대의 돌
이 가까이 있는 특수한
경우 외에는 잘 놓이지
않습니다.

**8도**
흑1로 놓고, 백a라
면 흑b입니다.

**9도**
흑1로 놓고, 백a라
면 흑b입니다.

**10도**
결과적으로 잇는 형
이 되는 경우도 있읍
니다. 지금 흑1로 눌
러도 백a로는 끊을 수
없읍니다.

**11도**
흑1로 놓아도, 축이
좋다면 백a로는 끊을
수 없읍니다.

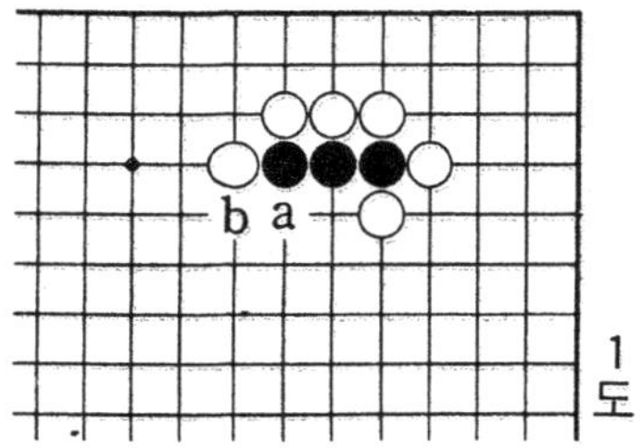

1도

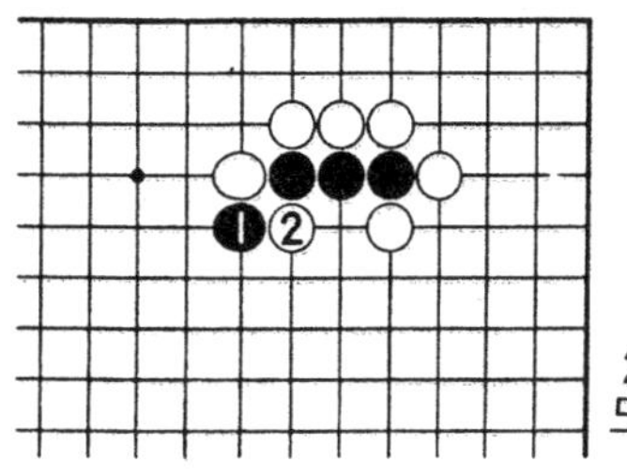

2도

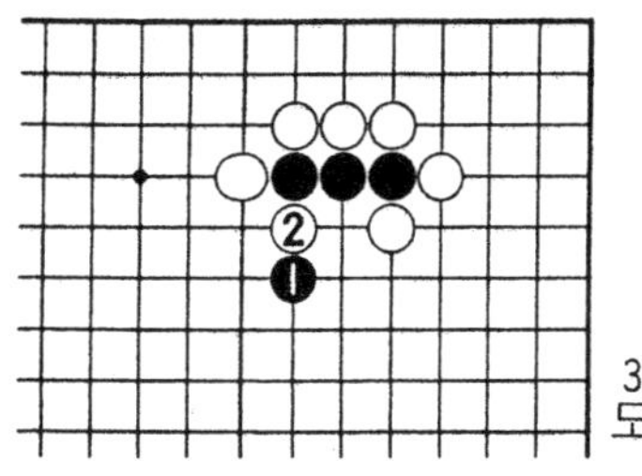

3도

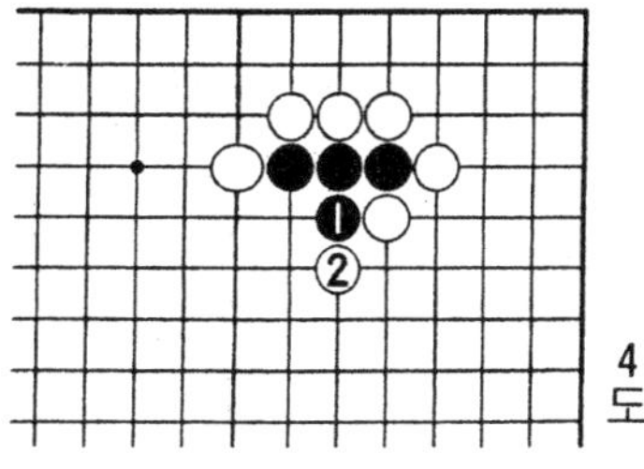

4도

## 구출

돌을 구해내는 여러 가지 기술이 있다.

### 1도

흑 세 점을 구해내기 위해서는 어떤 수단이 있나 생각해 봅시다. 방치해 두면 백a로도, 백b로도 꼼짝할 수가 없읍니다.

### 2도, 3도

흑1에서는 백2로 취해집니다.

### 4도

흑1은 백2로 단수를 걸어 그대로 축에서 잡힐 것입니다.

이것을 보아도, 연결하면서 진출하기 위해서는 적지 않은 기술이 필요하다는 것을 알 수 있읍니다.

### 5도

흑1이라면 세 점은

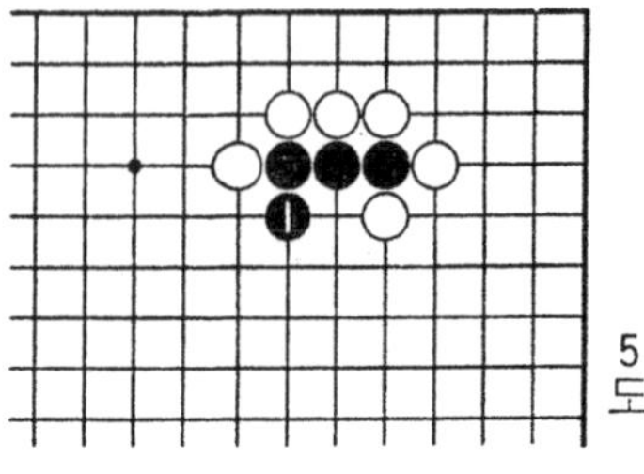

5도

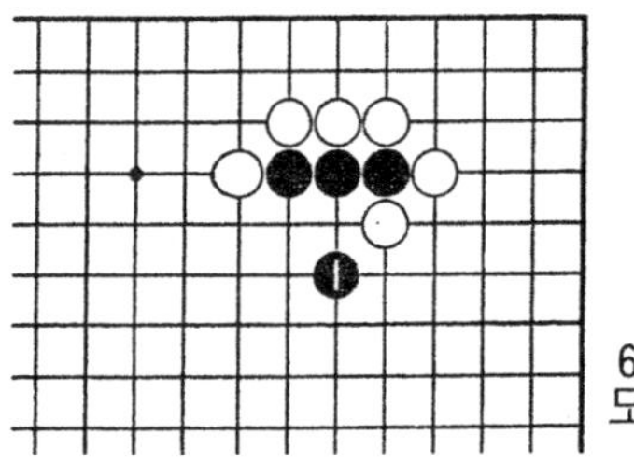

6도

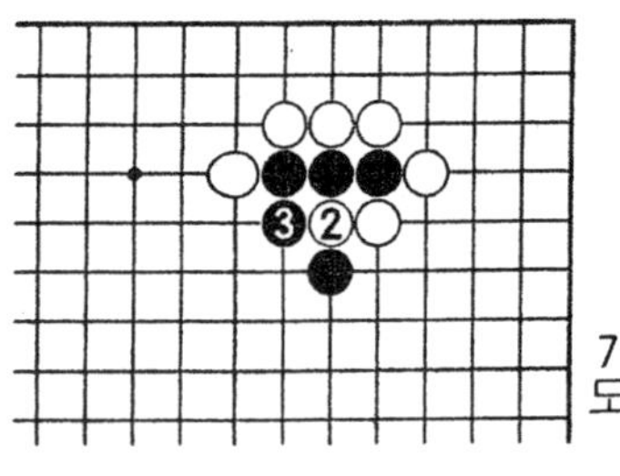

7도

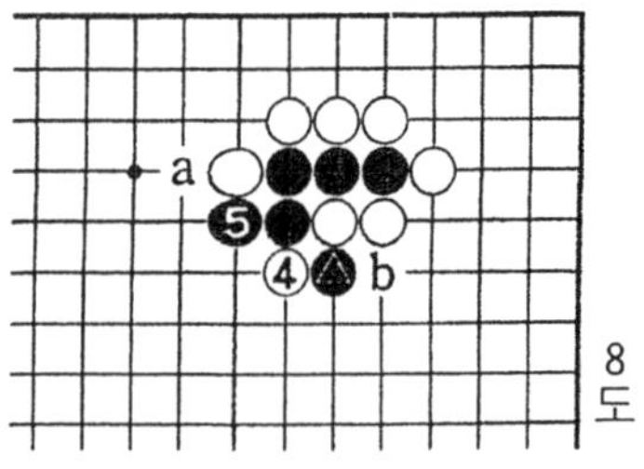

8도

구합니다.

### 6도

그러나, 일보라도 빨리 안전 지대로 도달하고 싶을 때는 흑1로 보폭을 뻗어 놓는 방법도 있읍니다. 단, 단점이 있는 진출형이므로, 그 주변을 어떻게 해야 할 것인가가 문제입니다.

### 7도

백2로 내어갈 지도 모릅니다. 단수이므로 흑3으로 도망칩니다.

### 8도

이미 한 번 백4로 단수를 걸었지만, 흑5로 도망쳐도 아무 일 없읍니다. ⬤ 한 점은 끊어 멀어졌지만, 흑a나 b의 단수가 권리가 되어, 본대의 도망쳐내기가 상당히 편한 것입니다.

# 3. 연결의 방해

## 절단

돌의 연결 방해로, 가장 직접적인 것은 단점의 절단.

### 1도

a와 같은 '단점'에 여러 가지 잇는 방법이 있다는 것은 이미 알고 있읍니다.

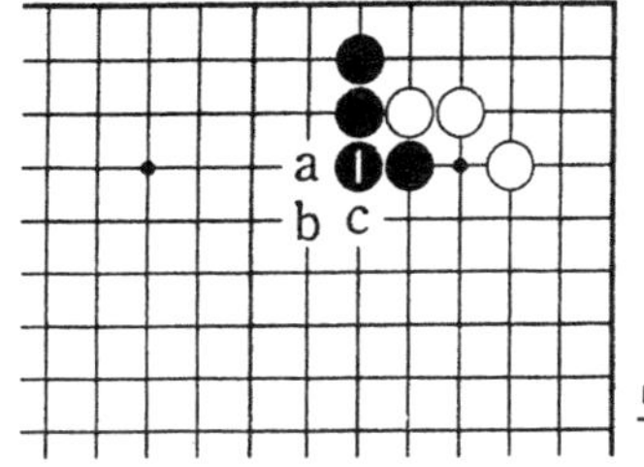

1도

### 2도

흑1 외, a, b, c 등.

2도

### 3도

그러나, 절단하기 위해서는 백1 외에는 없읍니다. 이것이 '잇기'와 '끊기'의 차이입니다.

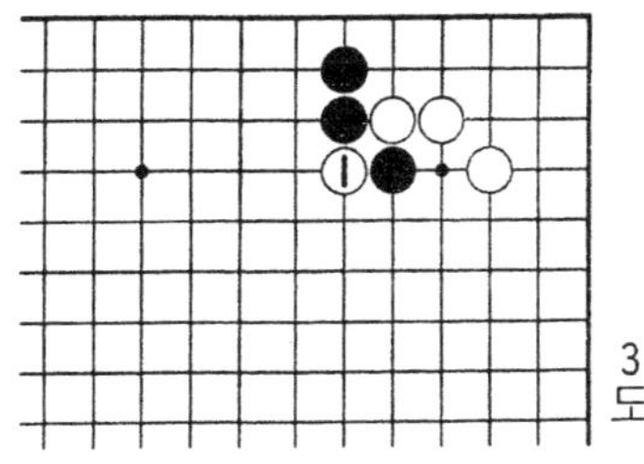

3도

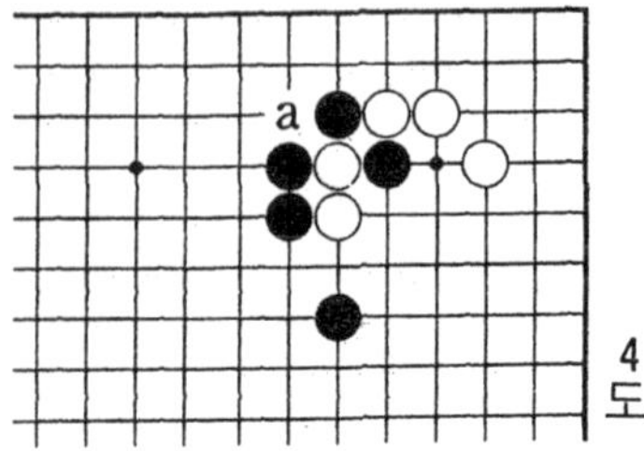

## 4도

백a의 끊기가 성립할 것인가 어떨까를 생각해 봅시다.

## 5도

백1로 단수를 걸어 끊을 수는 있지만, 흑 2로 도망쳐 보면, 이 뒤가 잘 풀리지 않는다는 것을 알 수 있읍니다.

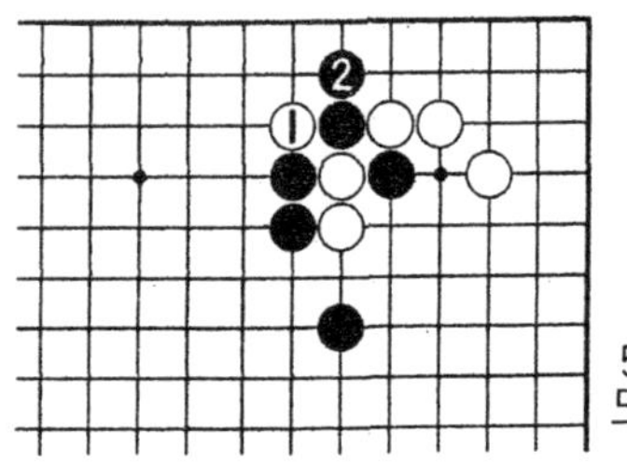

## 6도

백3으로 눌러 흑 두 점을 잡으러 가도, 흑 4 이하의 축에서 반대로 백 두 점이 잡힙니다.

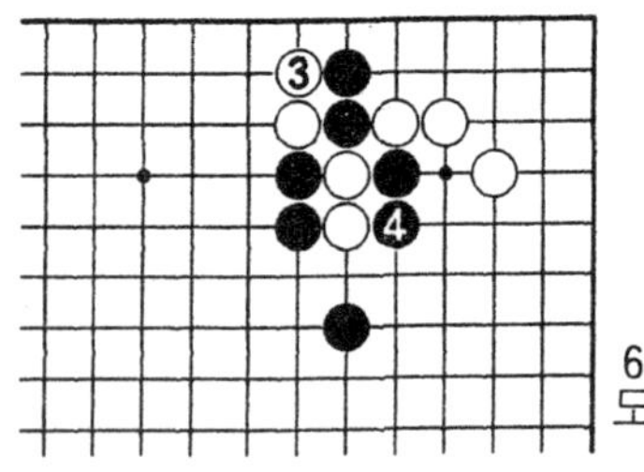

## 7도

따라서 백은 1로축을 막는 수밖에 없고, 흑2로 단수를 걸어 연결이 됩니다.

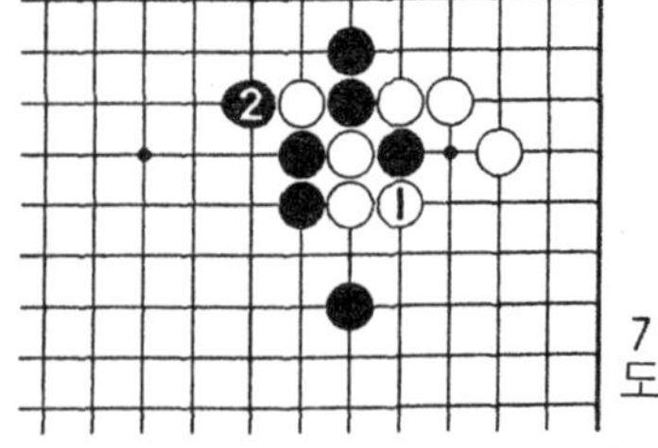

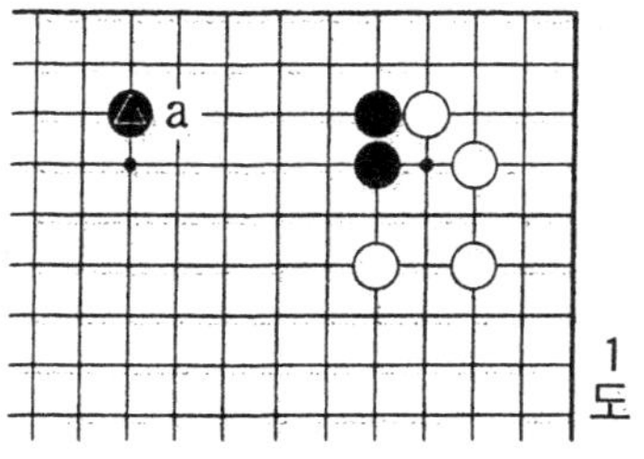

1 도

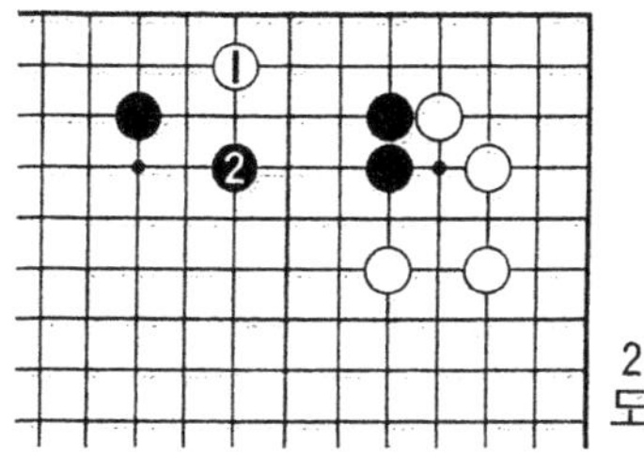

2 도

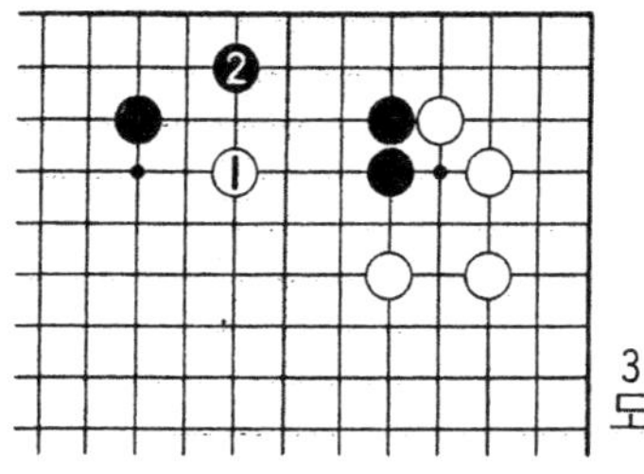

3 도

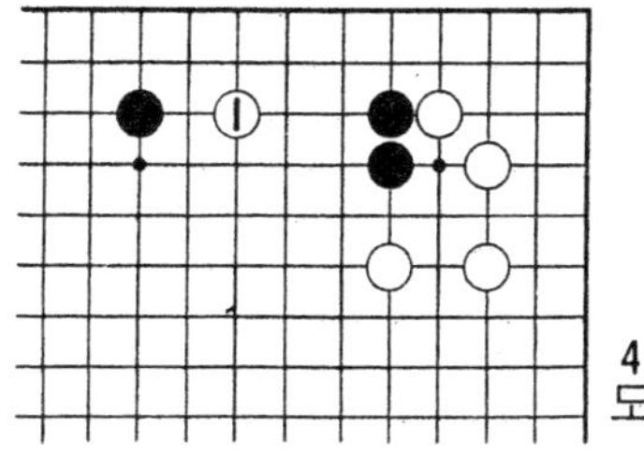

4 도

## 분단

돌의 덩어리의   연결을 크게 끊는 것이 분단.

### 1 도

⬤이 a 라면 '2 립 3 석'으로 연결의  분단은 무리. 그러나, 한길 넓은 형이라면 백에도 찬스가 있읍니다.

### 2 도

백 1 로 제 2 선에 침입하는 것은 혹 2 로 반대로 잡힐 것입니다.

### 3 도

백 1 의   제 4 선에서는 혹 2 로 반단 이용의 연결이 됩니다.

### 4 도

백 1 의 제 3 선이 이런 분단의 급소가 됩니다.

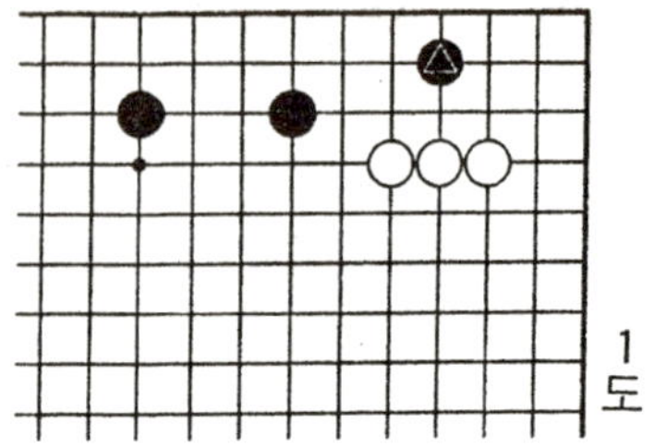

## 차단

상대의 침입이  너무 깊은 경우, 그것을  막는 것이 차단.

**1도**

흑이 ▲에 침입해 온 때입니다.

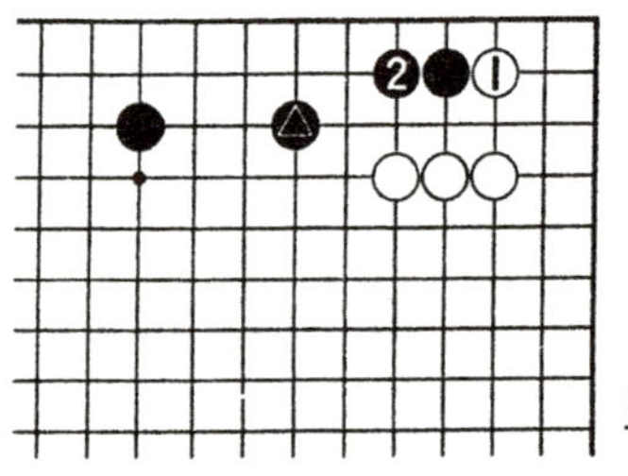

**2도**

백1로 이 이상의 침입을 막으면 흑2. 이로써 ▲과 반단 이용의 연결이 완성되었읍니다.

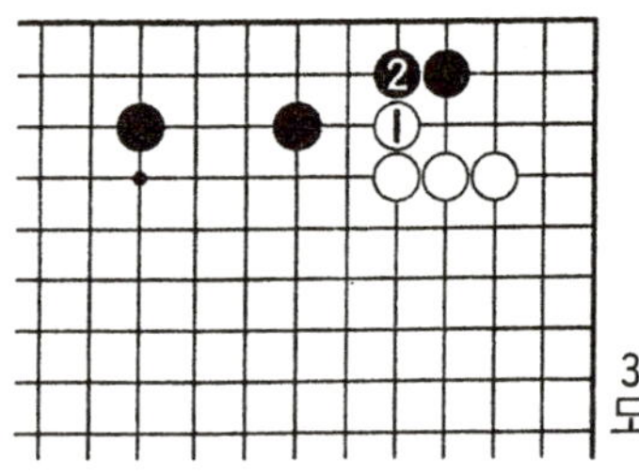

**3도**

백1로 놓는 것은 흑2로 받아져,연결을 차단할 수는 없읍니다.

**4도**

이어서, 백3으로 놓아도 흑4로 끊기고, 백3의 한 점은 '도망칠 수 없는 돌'입니다. 즉 연결입니다.

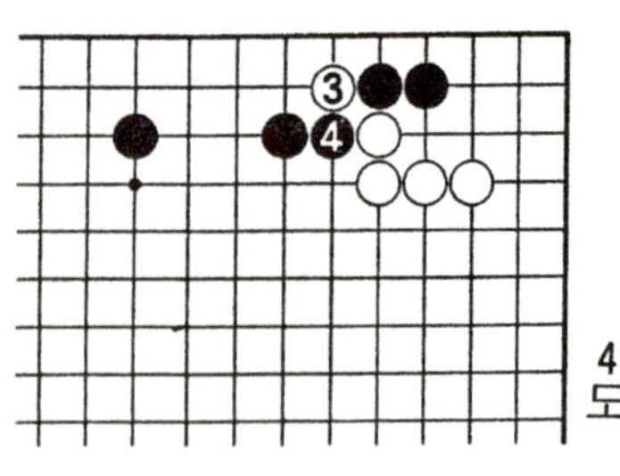

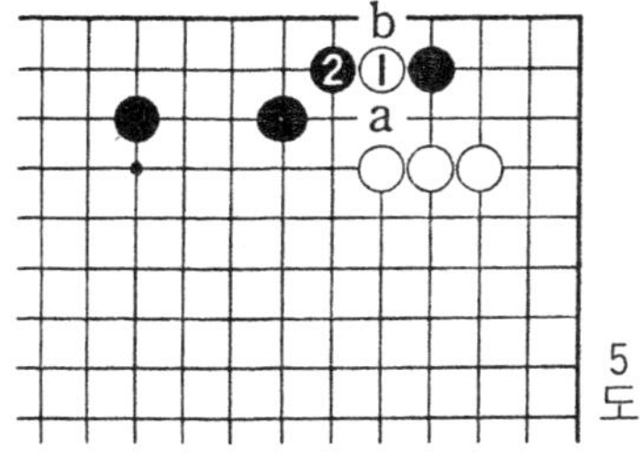

### 5도

백1까지 마음껏 발을 전진합니다. 흑2로 놓은 때, 백은 어떻게 놓을까. 백a는 흑b로 연결됩니다.

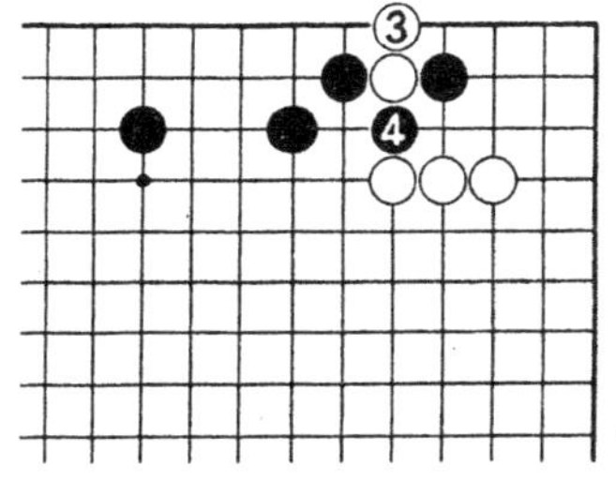

### 6도

반단에 접촉하는 것은 보통 악수. 그러나 이 경우는 백3이 호수가 됩니다. 연결을 끊기 위해서는 흑4 이외에 없지만——

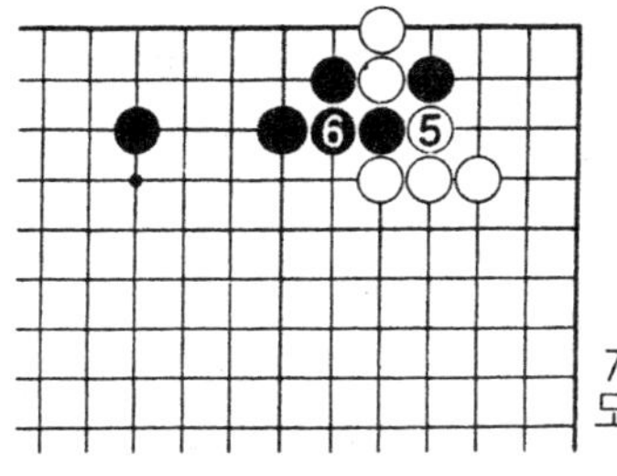

### 7도

백5의 단수를 놓을 수 있읍니다. 흑은 6으로 잇는 수밖에 없읍니다.

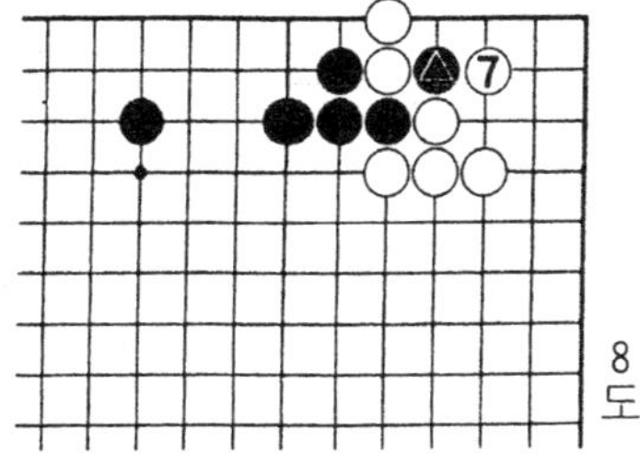

### 8도

이어서, 백7로 안으면 ⬤은 꼼짝할 수 없읍니다.

# 위기의 이상한 변화

## 연결과 절단의 맥

**절단도 연결도, 실전에서는 여러 가지 케이스가 있는 것이다.**

넓게 발전하려 하면 그만큼 틈도 생깁니다. 연결을 유지하면서 어디까지 발전할 수 있을까, 연결의 결함을 어떻게 발견할 것인가는 '힘'의 문제입니다. 바둑에는 여러 가지 싸움이 있는데, 연결과 절단도 그중하나입니다.

### 1도

백1로 붙이고, 흑을 좌우로 분단하려 하고 있습니다. 흑a라면 백b, 흑b라면 백a로, 잘 끊긴 듯이 보이지만——

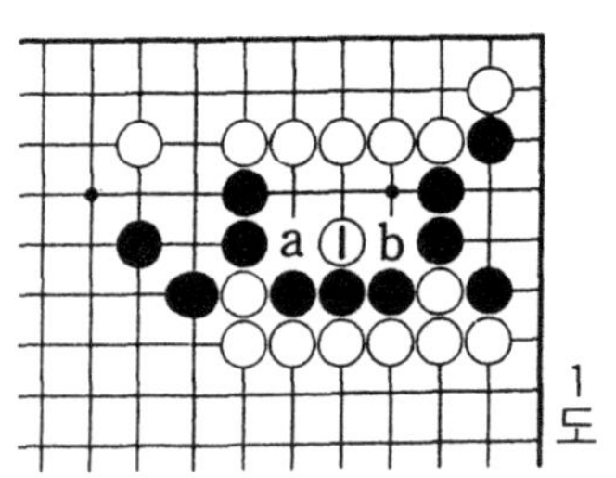

### 2도

그러나 흑에도 1로 놓는 수가 있어,이것으로 좌우가 연결되어 있는 것을 확인하기 바랍니다. 이와 같은 기술과 관련된 급소의 수를 '맥' 이라고 부릅니다.

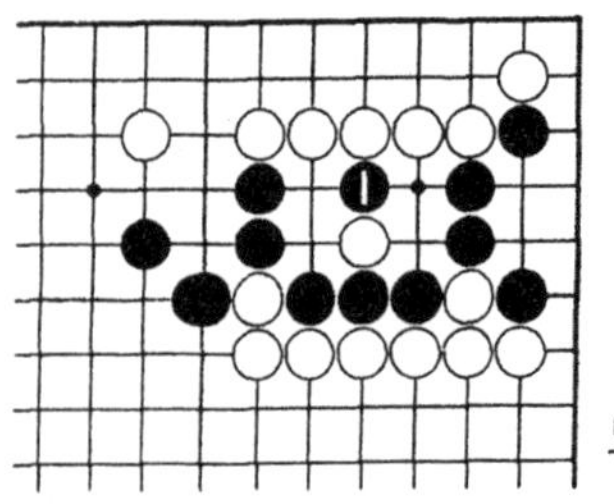

## 제 3 장

# 돌의 생사

바둑의 승부는 집의 대소로 결정되지만, 바둑의 진행은 돌의 생사입니다. '집' 이란 산 돌로 둘러싸인 공점. 가능한 크게 살리는 것이 이기는 기술입니다.

잡히지는 않았는데 집이 없다는 모양에 빅이 있으므로 주의하십시오.

# 1. 두 눈의 삶

## 생사의 전제

돌의 생사가 문제되
는 것은 고립된 돌의 경
우.

**1도**

흑1로 이 일단은 살
아 있읍니다.

**2도**

바깥쪽에 상대의 돌
이 밀착되어 있지 않아
도 관계없이 흑1로 살
아 있읍니다.

**3도**

마찬가지로, 바깥쪽
에 공점이 있어도 완전
히 둘러싸여 있는 돌은
백1로 죽어 있다는 것
을 제1의 전제로 해둡
시다.

**4도**

귀의 흑은 살아 있을
까요? 귀만을 생각하

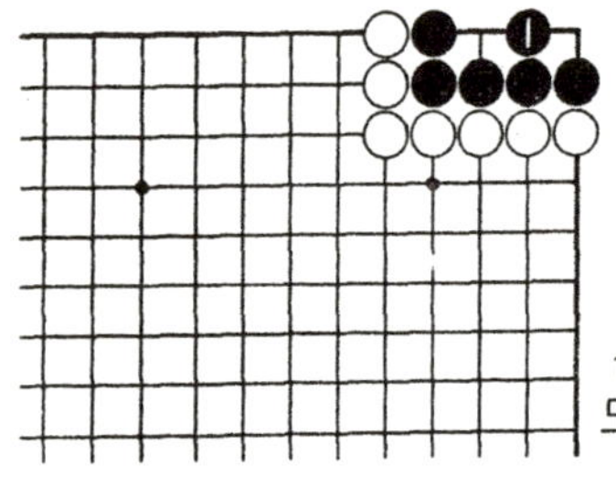



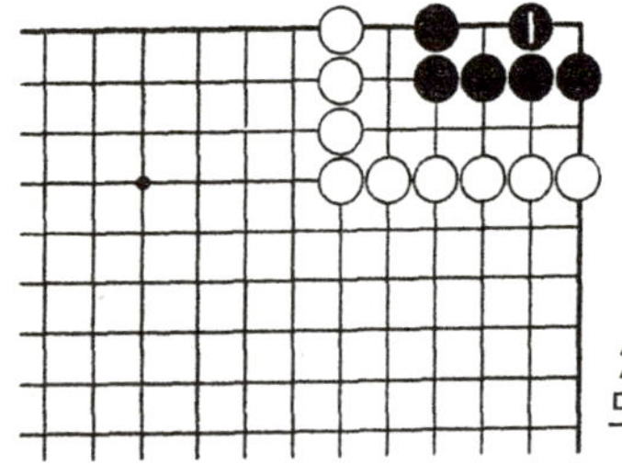



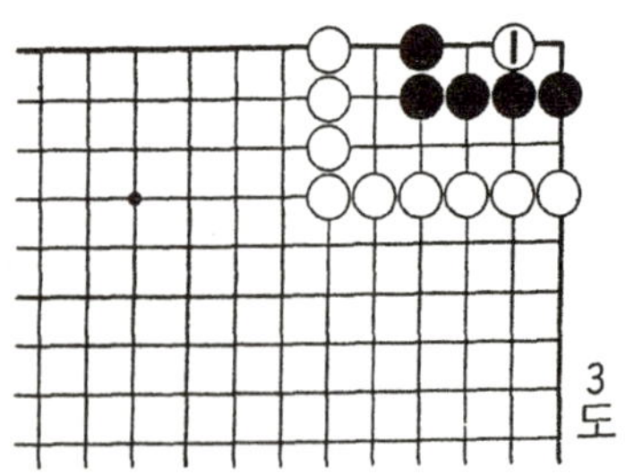

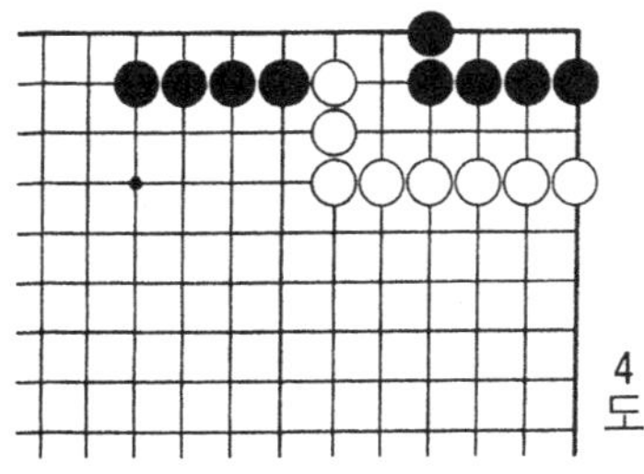

4도

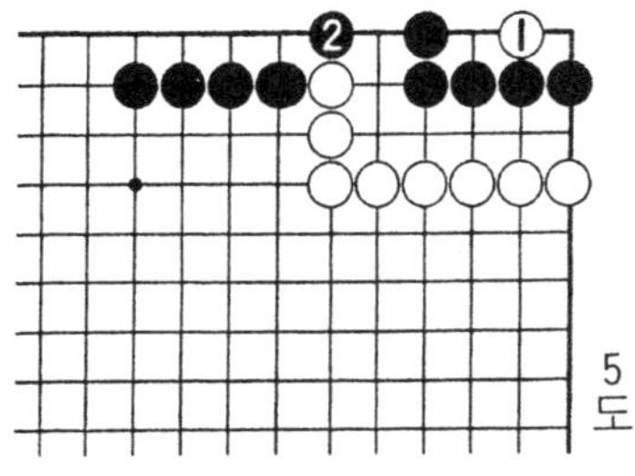

5도

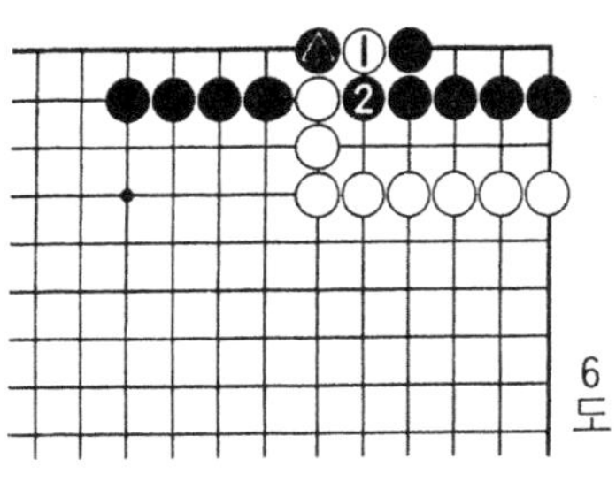

6도

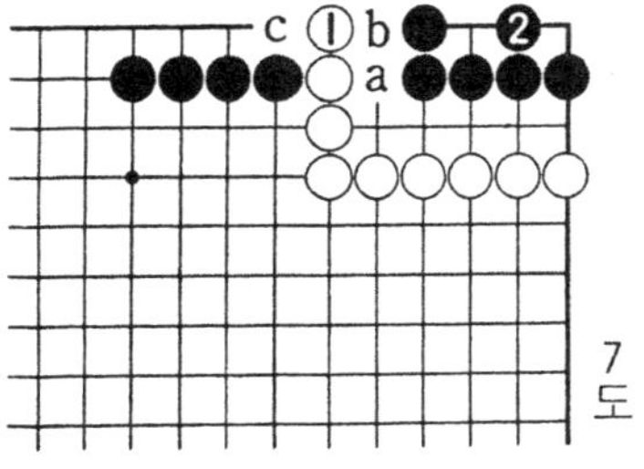

7도

면 백에서부터 놓아 죽일 수 있을 것입니다.

**5도**

그러나, 백1로 흑의 눈모양을 빼앗는 순간, 흑2로 상변에 연결되어 이미 죽일 수 없게 됩니다.

**6도**

⬤는 반단을 이용한 교묘한 연결법으로, 백1이라면 흑2로 잡기까지입니다.

**7도**

백1로 연결을 방해하면, 흑은 2로 눈모양을 둘로 하여 삽니다. 백이 연결을 방해하는 수단은 1만이 아니고, a, b, c 등도 생각할 수 있지만, 흑이 2로 두 눈으로 살릴수 있다는 것은 변함이 없읍니다.

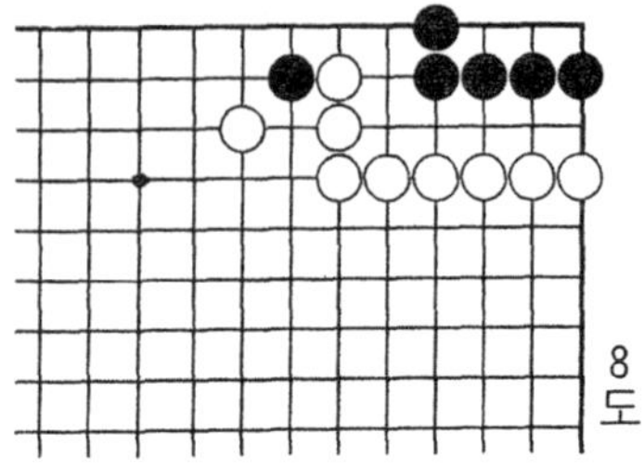

8 도

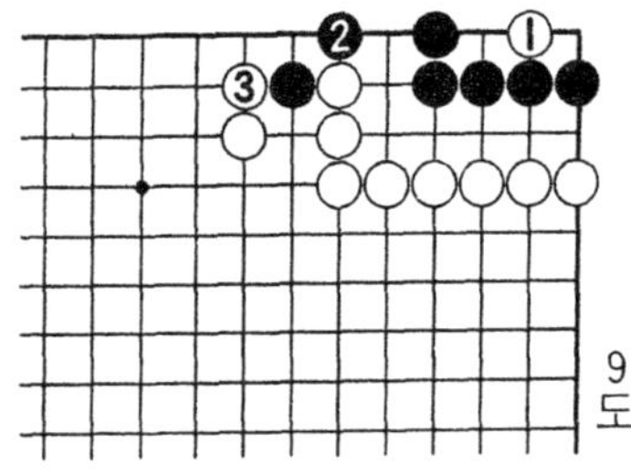

9 도

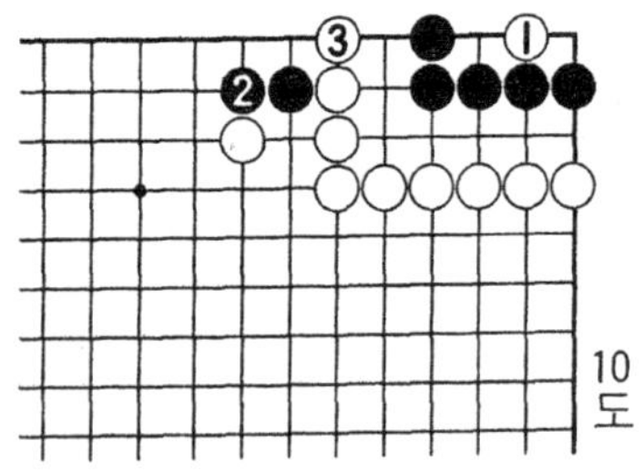

10 도

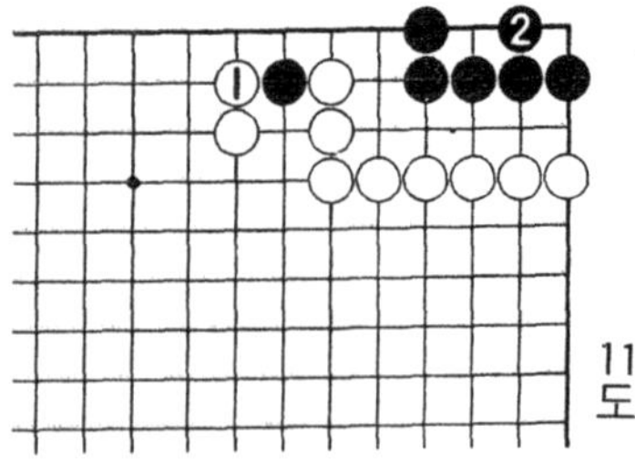

11 도

## 8 도

이 흑은, 백에서부터 놓아 살 수 있을까? **4** 도와 조건이 조금 다르다는 것에 주의합니다.

## 9 도

백 1 로 눈모양을 빼앗아 흑은 죽어 있읍니다. 흑 2 로 탈출해도 백 3 으로 다시 백의 포위 속에 들어갑니다.

## 10 도

백 1 의 때, 흑 2 라면 백 3 으로 절단하여 귀의 흑을 단독형으로 합니다.

## 11 도

백 1 로 바깥쪽만 신경쓰면 흑 2 로 살게 할 것입니다.

공점이 있어도 생사에는 관계가 없읍니다. 독립된 돌이 생사 문제의 대상이 됩니다.

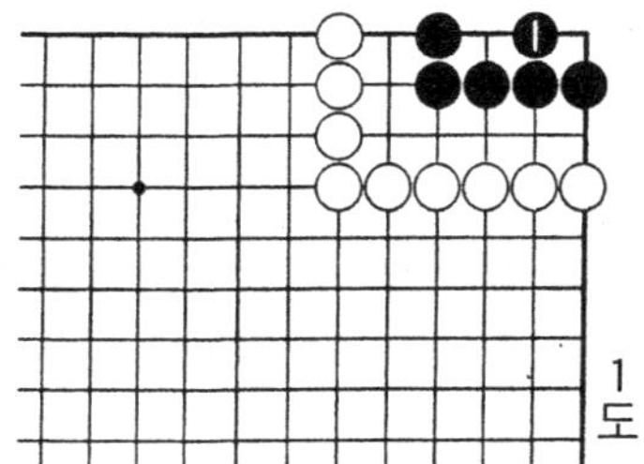

1
도

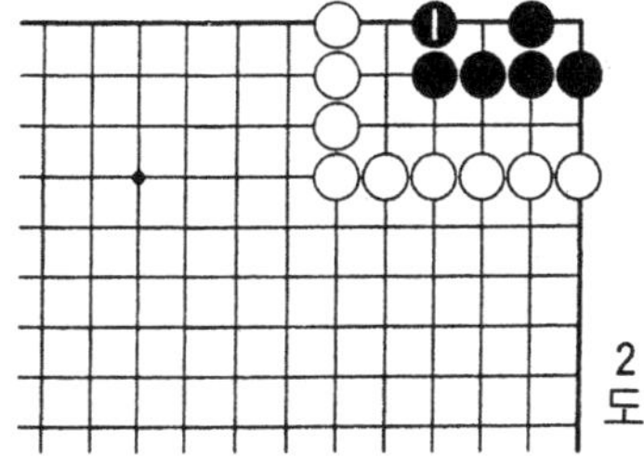

2
도

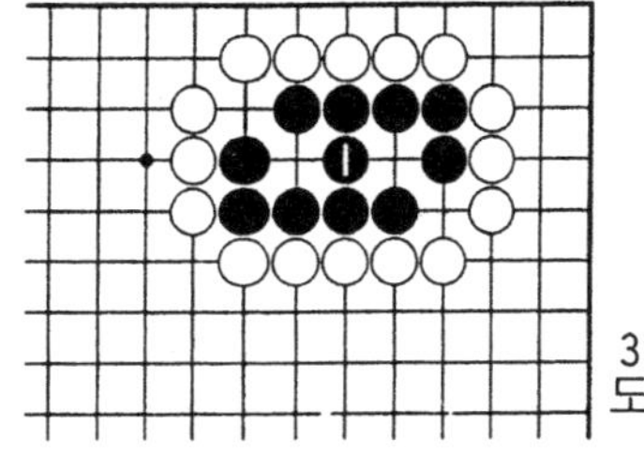

3
도

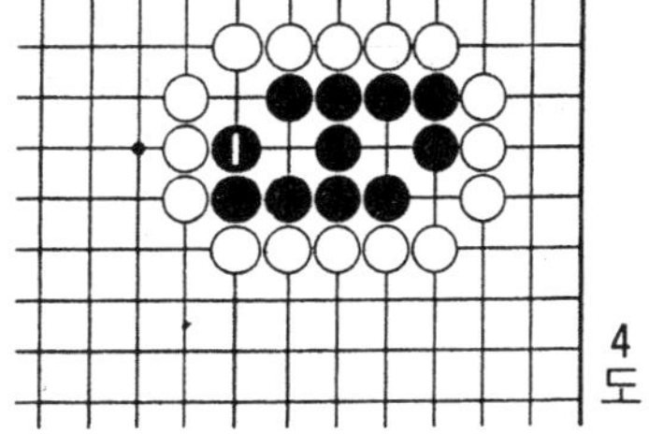

4
도

## 구분과 단독

두 눈 살리기에는 눈 모양의 구분과 단독 작성의 두 가지가 있읍니다.

### 1도

혹1로 넓은 장소를 둘로 나누어 사는 경우가 있읍니다.

### 2도

한편, 이미 한 눈이 있어, 또 다른 한 눈을 혹1로 만들어 사는 경우가 있읍니다.

### 3도

중앙에서 두 눈을 구분하여 삽니다.

### 4도

중앙에서 따로따로 눈을 만드는 살리기입니다.

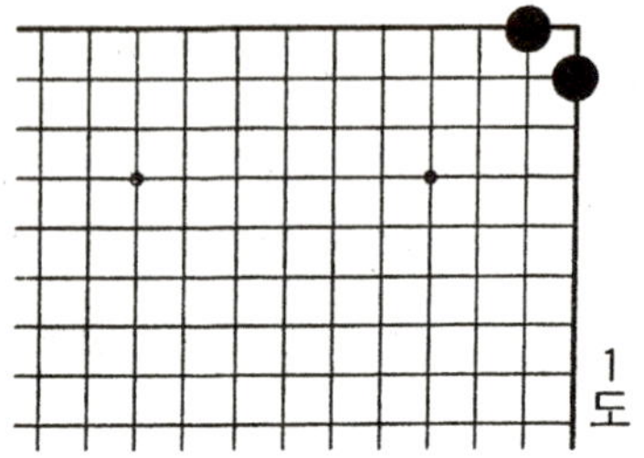

1도

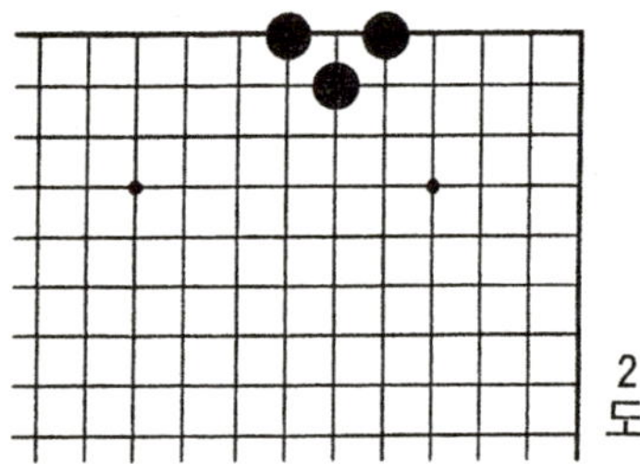

2도

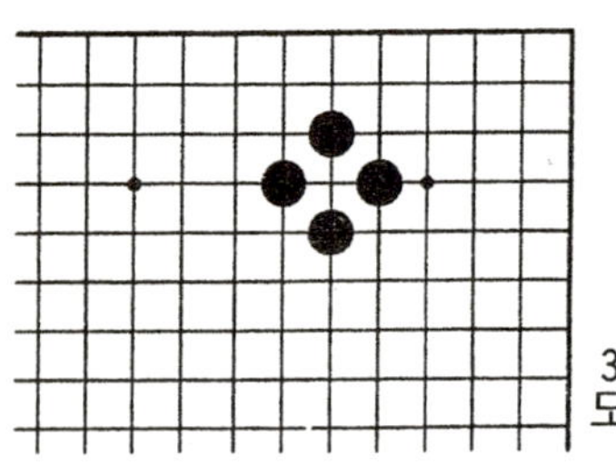

3도

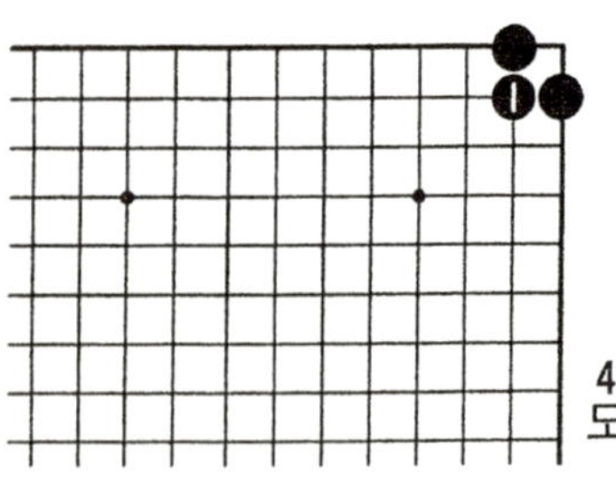

4도

## 반단의 효용

기본으로 돌아가, 한 눈을 만드는 경우의 '장소'를 생각해 봅시다.

### 1도

반단이 겹쳐진 귀는 두 개의 돌로 눈이 가능합니다.

### 2도

반단에서는 3개의 돌이 필요합니다.

### 3도

중앙에서는 4개의 돌이 필요합니다. 그러나 이것은 '돌을 잡는다'라는 때에 필요한 돌 수이고, 눈에 관해서 말하자면 한 눈의기초에 지나지 않습니다.

### 4도

바르게 말하자면, 1도에서는 이미 한 수, 혹1이 있을 때 비로소 '눈'으로써의 기

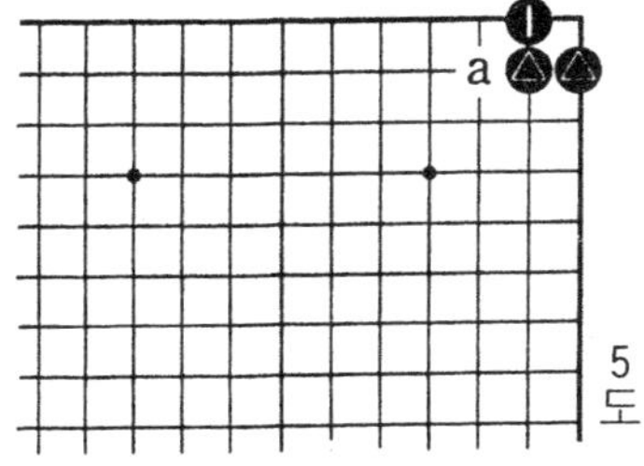

능을 발휘할 수 있는 것입니다. 이것을 오해하지 않도록……

**5 도**

눈을 만들기 위해서는 한 가지 방법만이 있는 것이 아니고, ●에서 흑1로 놓는 것도 눈, 흑1에서 a로 놓아도 눈입니다.

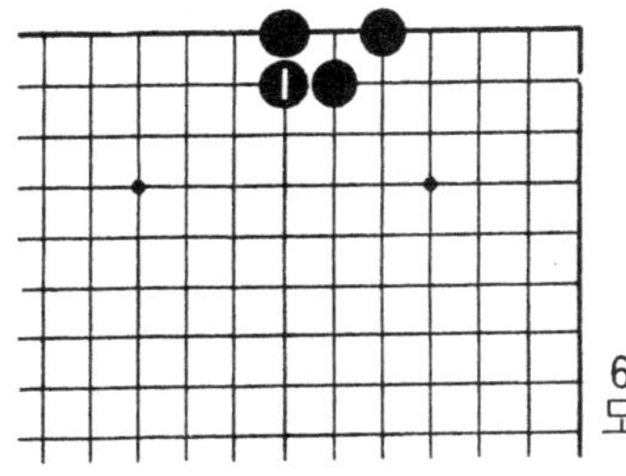

**6 도**

변에는 기본형에서부터 흑1로 놓아도 아직 눈이 되지 않습니다.

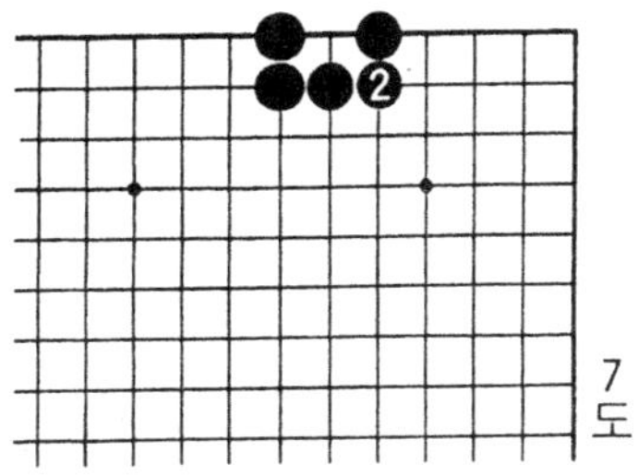

**7 도**

흑2로 놓아 비로소 눈입니다.

**8 도**

중앙의 눈은 많은 수수가 필요하여, 기본형에서 흑1로 한 수 건 것으로는 먼 이야기입니다.

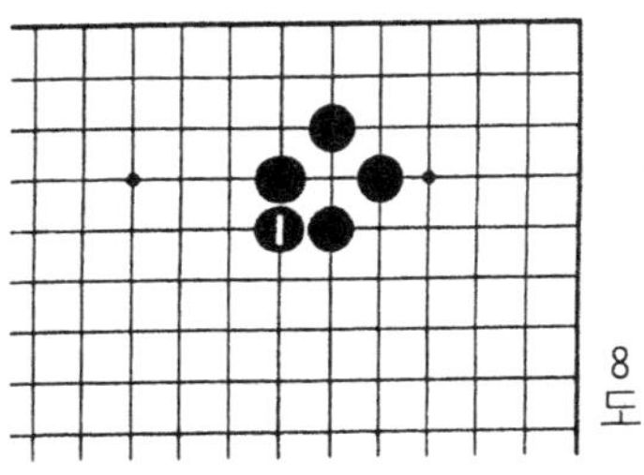

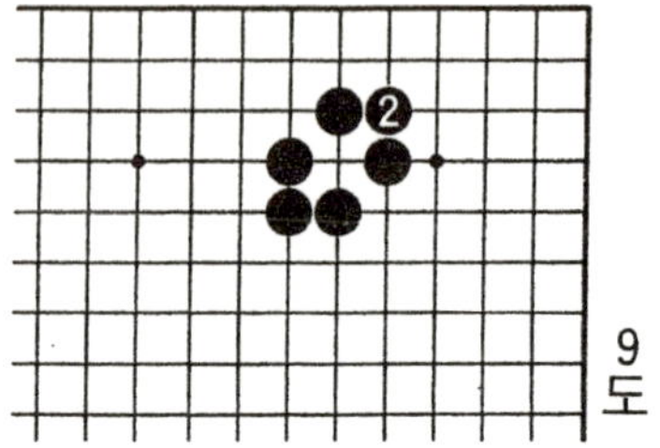

9도

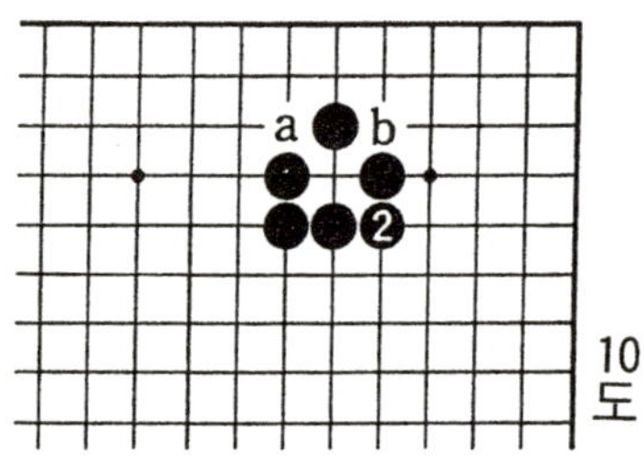

10도

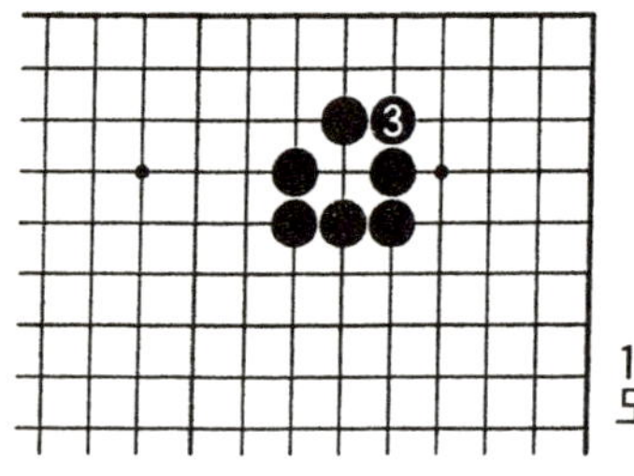

11도

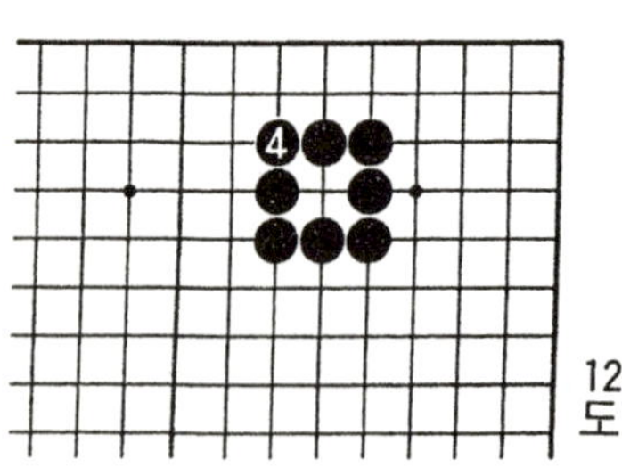

12도

## 9도

혹2로 또 한 수 가져가도 아직 완전한 눈모양은 아닙니다.

## 10도

혹2로도 눈모양이 아님에는 변함이 없읍니다. a와 b로 백돌이 오면, 둘러싸인 공점은 '이 빠진 눈'이 됩니다.

## 11도

혹3으로 완전한 눈모양. 기본의 형에서 3수가 더 들었읍니다.

## 12도

혹4는 불필요합니다. 귀의 눈은 기본형에 2수 더한 1수, 변의 눈은 기본형에 3수 더한 2수, 중앙의 눈은 기본형에 4수더한 3수가 완전한 눈모양을 만듭니다.

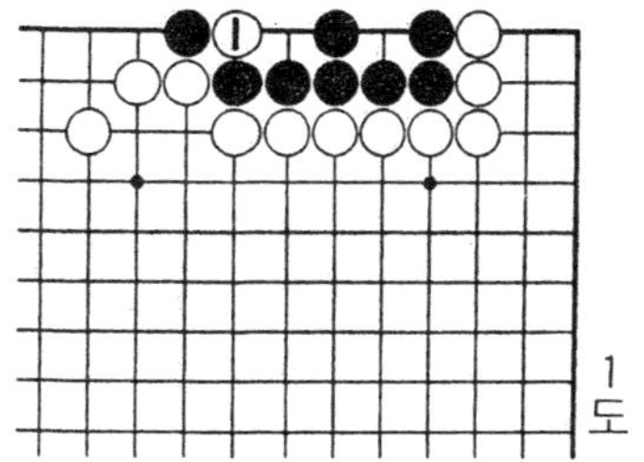

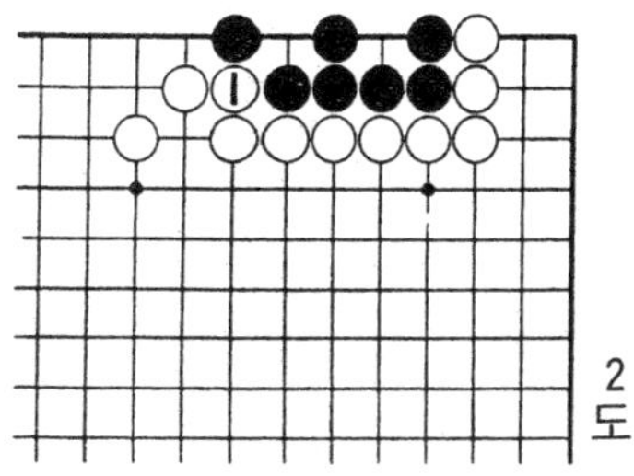

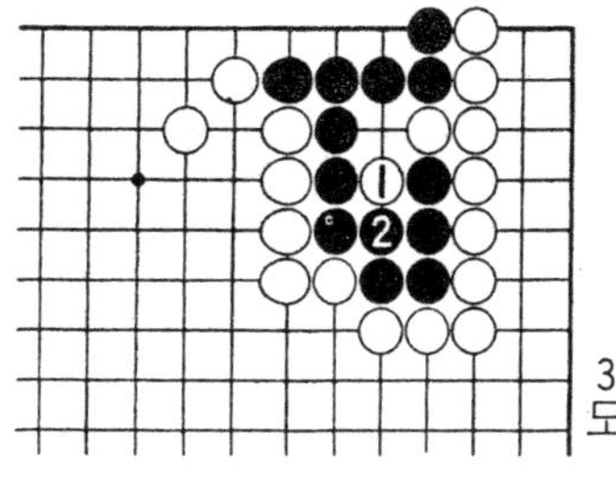

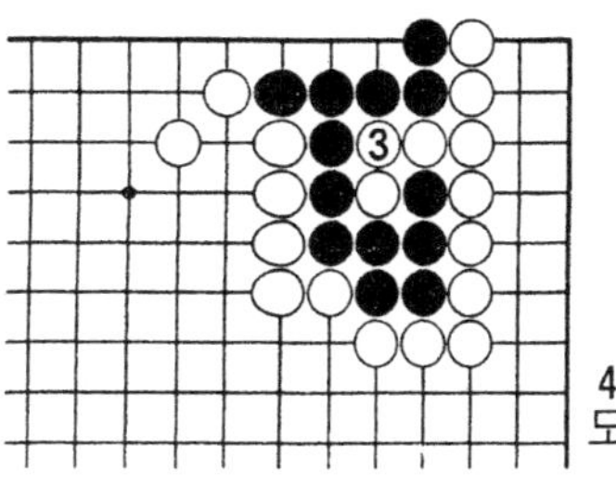

## 살려서 칠 것

단독의 눈을 빼앗는맥에 깎아 내어 놓기와, 모퉁이 깎아 내기 두 가지 방법이 있다.

### 1 도

백 1 이 깎아 내어 놓기로, 흑에 한 눈밖에 없게 된다는 것은 이미 알고 있을 겁니다. 이것으로 흑 전체가 '죽음'이 됩니다.

### 2 도

백 1 은 모퉁이 깎아 내기로, 이 흑이 죽는 것은 쉽게 확인할수 있을 것입니다.

### 3 도

백 1 로 단수를 걸고

### 4 도

백 3 으로 잇는 죽이기 방법도 있지만, 일보의 수이므로 '맥'이

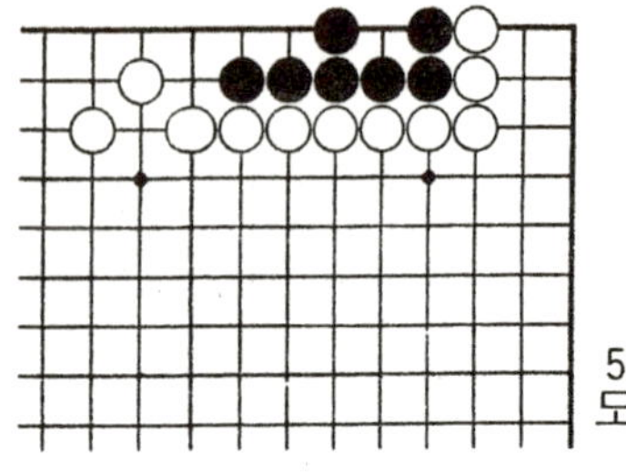

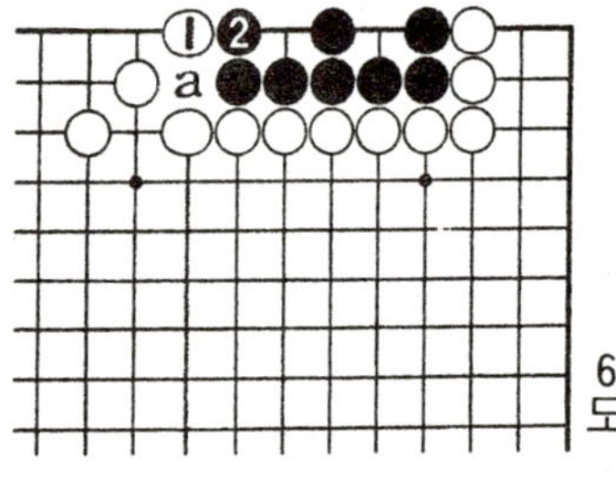

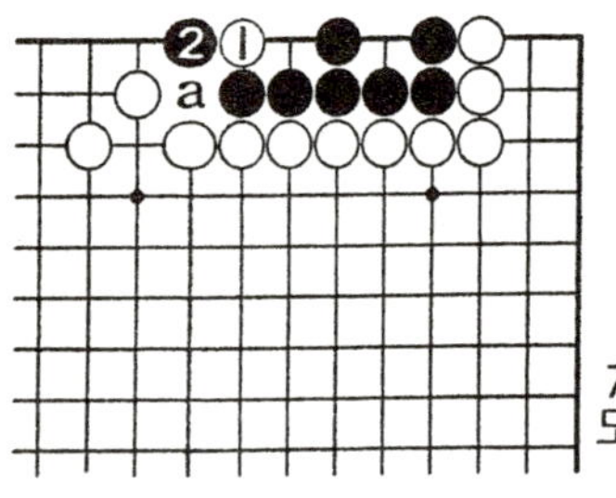

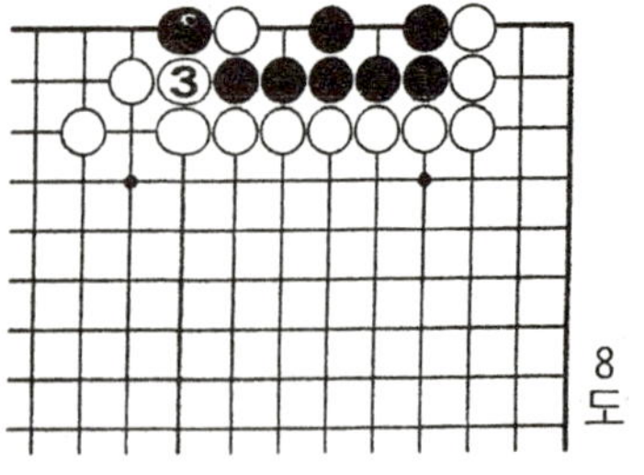

라고는 할 수 없을 것
입니다.

**5 도**

이 흑을, 백에서부터
놓아 죽일 수 있을까
요. 깎아 내어 놓기를
일보 전진하면 길이 열
릴 것입니다.

**6 도**

백 1 로 놓는 것으로
는 흑 2 로 삽니다. 백
1 에서 a로, 흑 2 로 사
는 것은 같습니다.

**7 도**

백 1 의 점까지 전진
하는 용기가 있을까요.
흑 2 로 단수를 걸어 잡
히는 것이 눈에 보이는
것 같지만…… 흑 2 에
서 a는 백 2 로 한 점을
구출합니다.

**8 도**

전도에 이어 백 3 으
로 놓으면 결과적으로

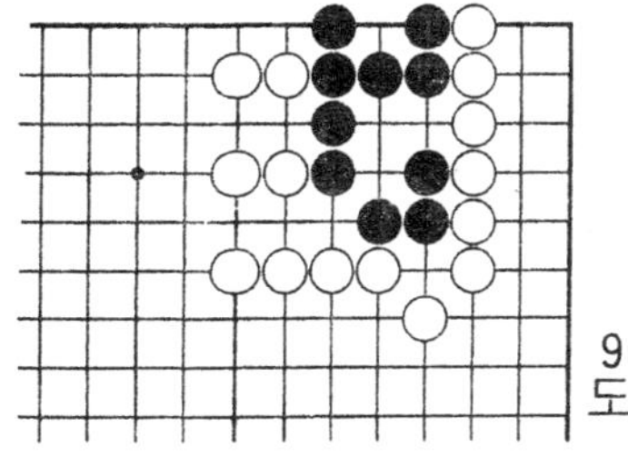

9도

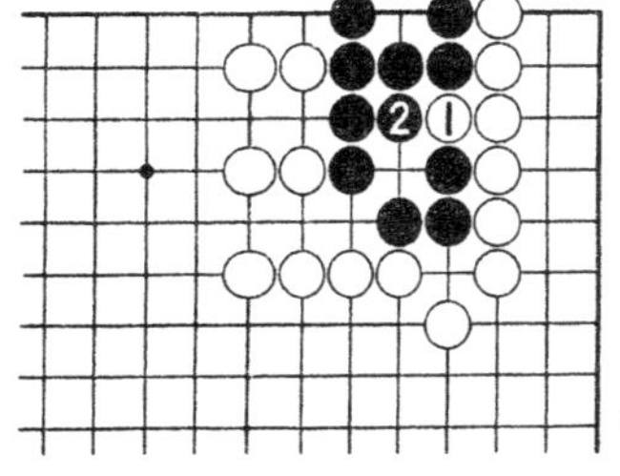

10도

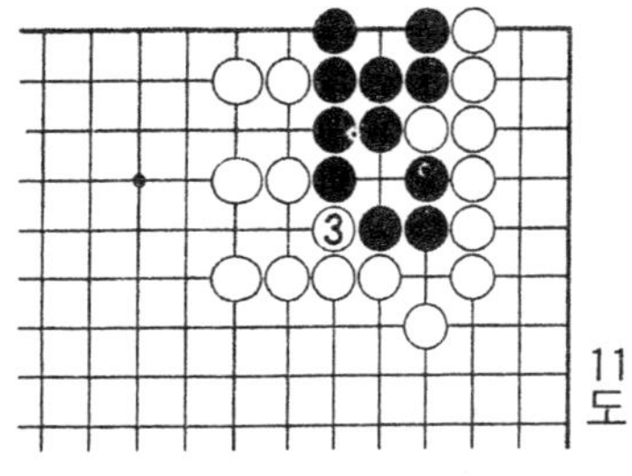

11도

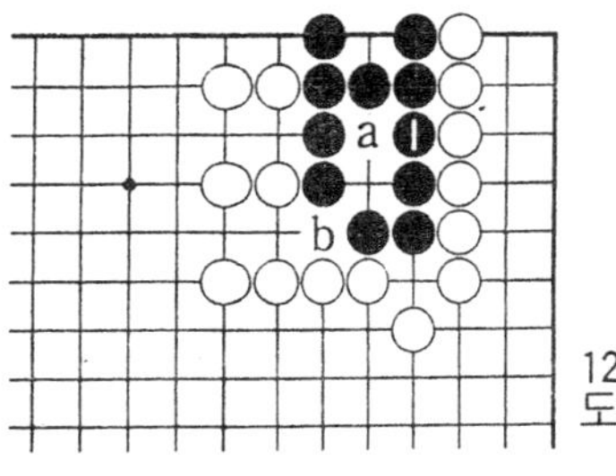

12도

깎아 내어 놓기의 형이
됩니다.

### 9도

이 흑을 죽일 수가 있
을까요. 모퉁이 깎아
내기를 응용하면 간단
합니다.

### 10도

백1로 낼 때 흑2로
받는다고, 여기에서 포
기해서는 안됩니다.

### 11도

백3으로 모퉁이를
깎아 내면 중앙의 흑눈
을 잃게 됩니다. 깎아
내어 놓기에 비해 모퉁
이 깎아 내기는 단순한
'맥'이지만, 실전에서
는 의외로 실수하는 경
우가 있습니다.

### 12도

모퉁이 깎아 내기를
막아 살기 위해서는 흑
1이 가장 확실합니다.

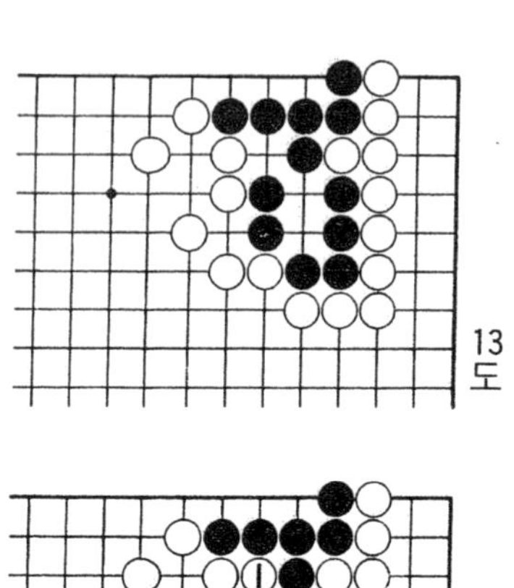

13도

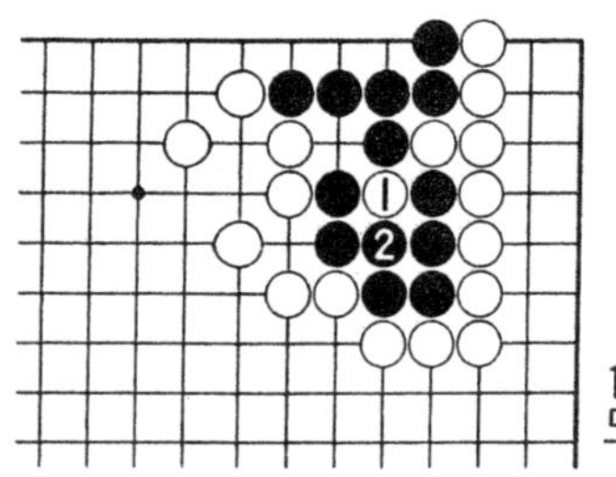

14도

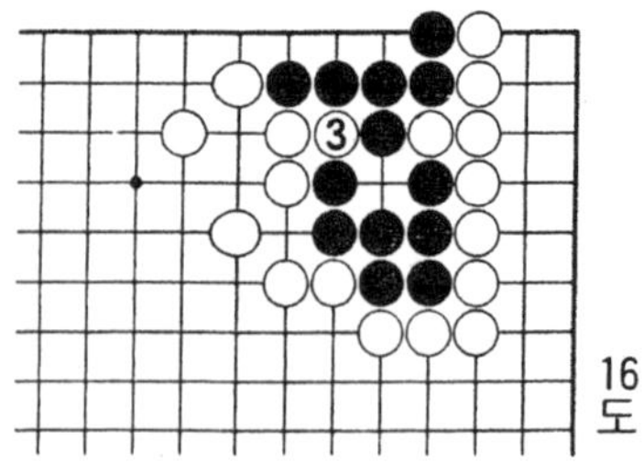

15도

그러나 a도 b도 삽니다. 특히 흑b로도 살릴 수 있다는 것을 의외로 눈치채지 못하는 경우가 있읍니다.

**13도**

모퉁이 깎아 내기의 맥으로, 깎아 내어 놓기에 상당하는 전제 공작이 있읍니다.

**14도**

백1로 깎아 내어 놓기를 서둘러도, 흑2의 잇기로 눈을 확보하고 있읍니다.

**15도**

백1로 희생타를 놓읍니다. 이렇게 하여 상대에게 잡히는 수를 '던져넣기'라 부릅니다.

**16도**

전도에 이어 백3으로 모퉁이를 깎아 내면, 중앙의 눈을 잃읍니다.

16도

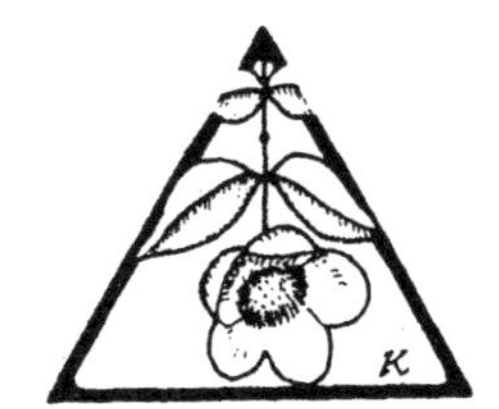

## 2. 넓은 집의 삶

## 집의 넓이와 결함

언제라도 두 집 만들 가능성이 있는 것이 넓이의 삶이다.

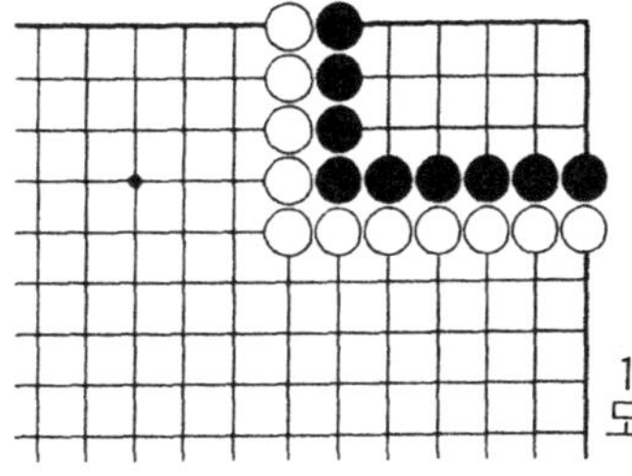

**1도**

귀의 흑은 '삶' 입니다. 백이 여러 가지 수를 써도, 언제라도 두 집을 만들 수 있지만, 지금 만들 필요는 없읍니다.

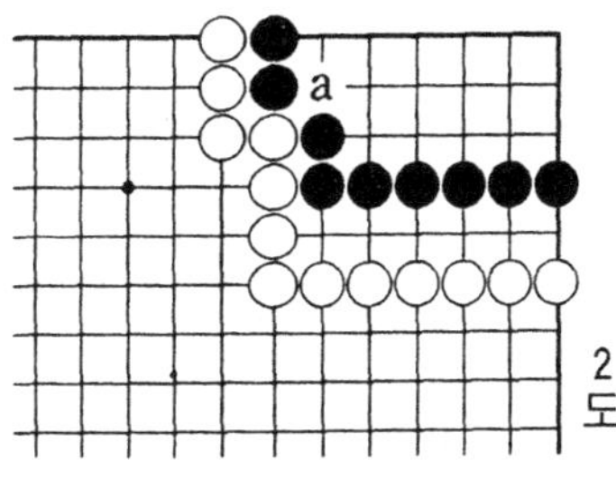

**2도**

단 벽에 결함이 있으면 위험. 이 형에서는 흑a의 수비가 필요합니다.

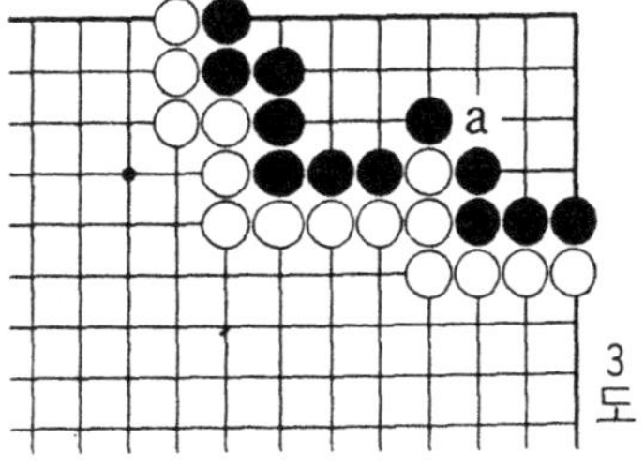

**3도**

이 형도, 흑a의 수비가 필요할 것입니다.

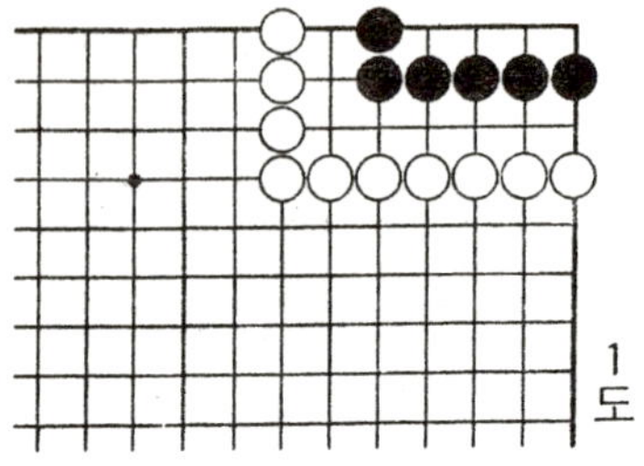

## 4집의 품

넓이가 4집인 모양은
삶과 죽음이 반반.

### 1도

똑바로 4집이 나란한
'직4'의 모양은 아무
것도 놓지 않아도 살아
있읍니다.

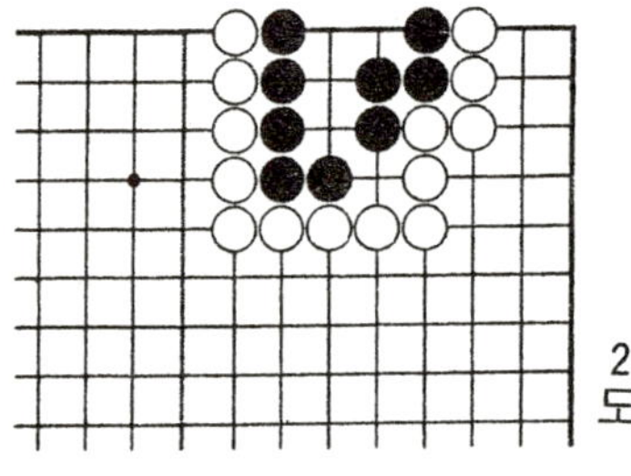

### 2도

하나 구부러진 '곡4
궁'도 결함이 없으면
삽니다.

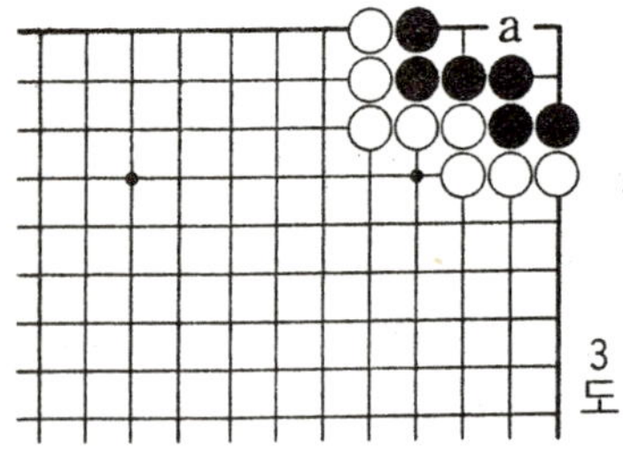

### 3도

단, 귀의 경우에는 문
제가 있어, 이 형은 백
부터 a로 놓으면 무조
건 살 수는 없읍니다.
제5장에서 다시 설명
하겠읍니다.

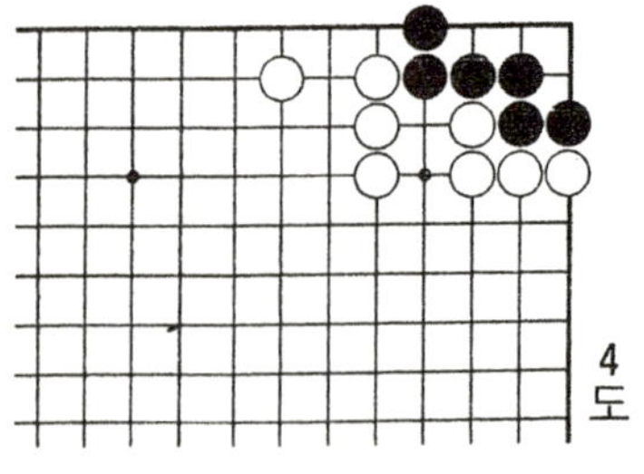

### 4도

이 형이라면 삽니다.
어디서부터 놓을 것인
가를 생각해 보세요.

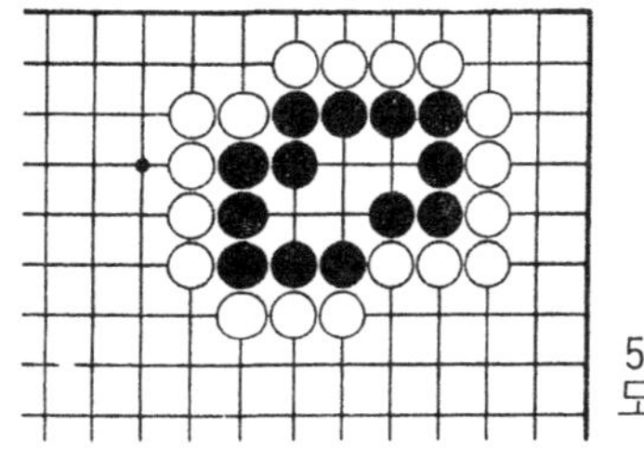

5 도

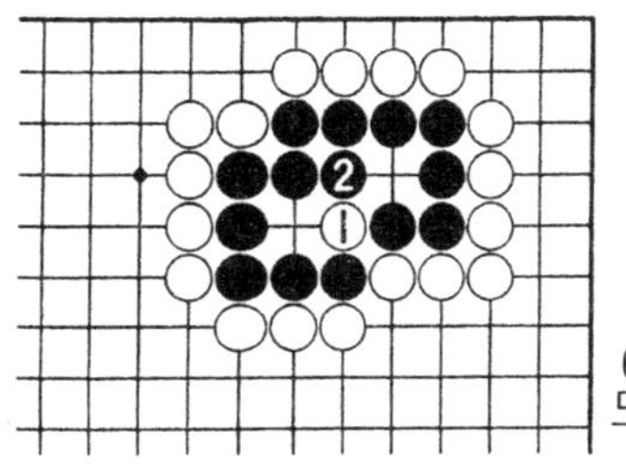

6 도

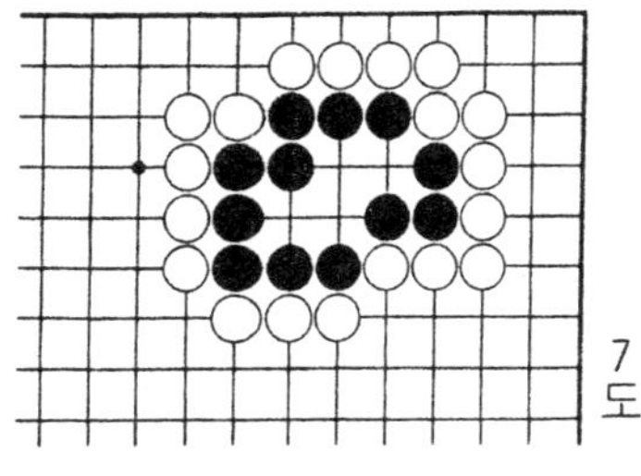

7 도

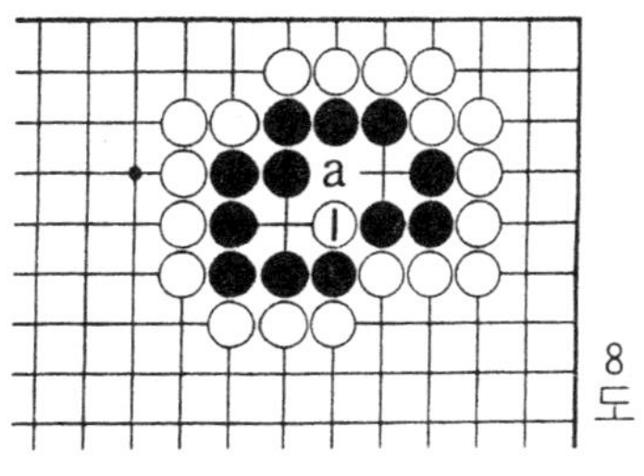

8 도

## 5 도

'번개형'인 4 집형입니다. '곡 4 궁'이나 '직 4'와 나란히 4 집으로 사는 모양의 하나입니다.

## 6 도

백 1 이라면 흑 2, 백 1 에서 2 라면 흑 1 로 상대가 공격해 온 후에도 집을 둘로 나눌 수가 있습니다. 물론 그대로 삶. 일부러, 상대가 놓지도 않았는데 집을 만들 필요는 없습니다.

## 7 도

단, 결함이 있다면 문제는 달라집니다. 이 모양은 백부터 놓여지면 죽음입니다.

## 8 도

백 1 입니다. 따라서 흑은, 이에 먼저 1 또

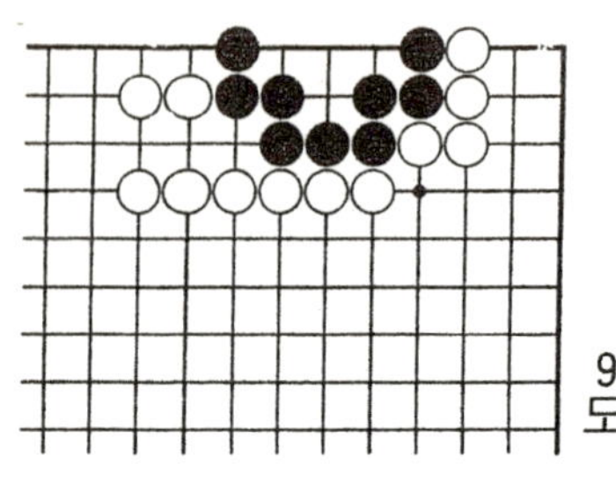

9도

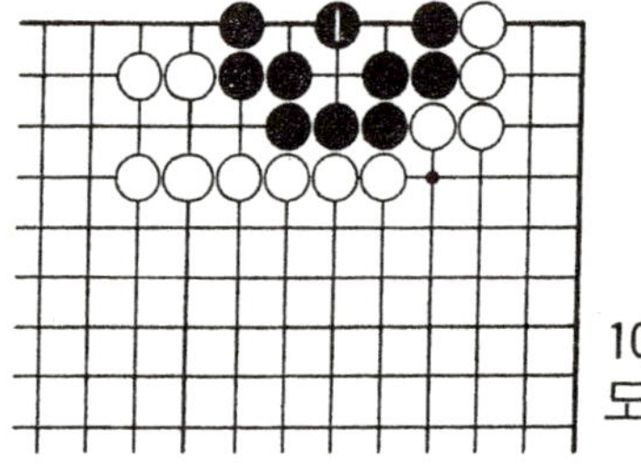

10도

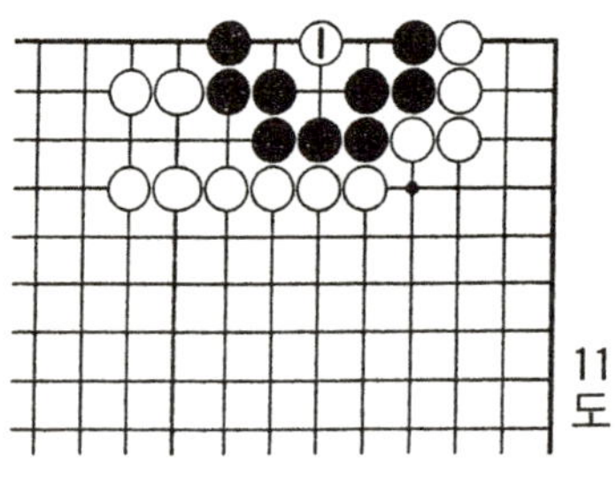

11도

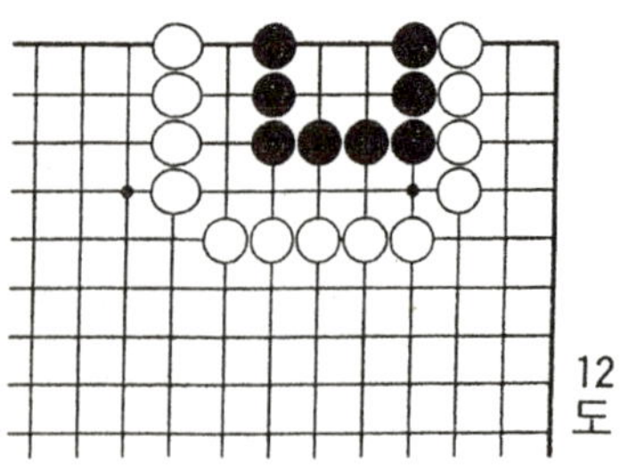

12도

는 a로 지켜야 합니다.

### 9도

둘러싼 안쪽의 공점을 '품'이라고 부르는데, 품이 4집이라도 그대로 살지 못하는 형이 몇 가지 있읍니다. 가운데가 쑥 나온 이 형은 어느쪽이 선착하는가로 생사가 갈라집니다.

### 10도

흑1로 놓으면 삽니다.

### 11도

백1로 놓으면 죽음. 이와 같이 중앙으로 놓아 눈모양을 빼앗는 수를 '가운데 수'라고 부릅니다. 넓이로 살 때는 가운데 수에 주의해야 합니다.

### 12도

'바보 4' 입니다.

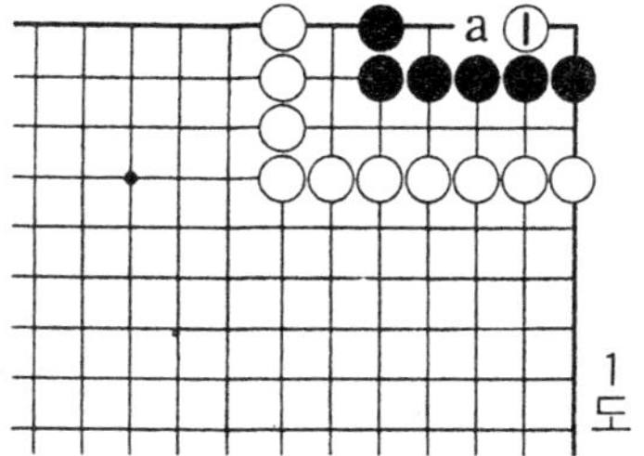

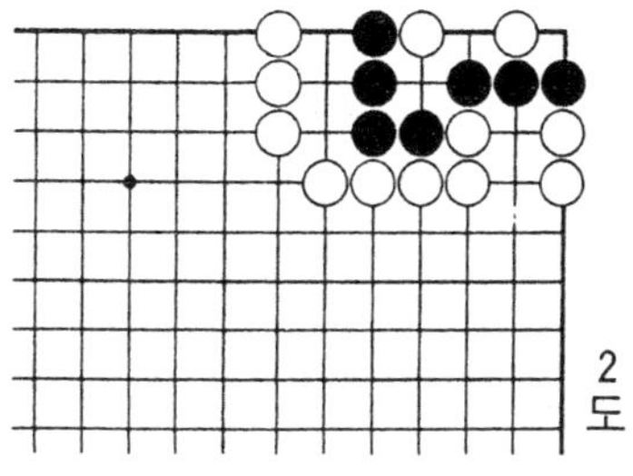

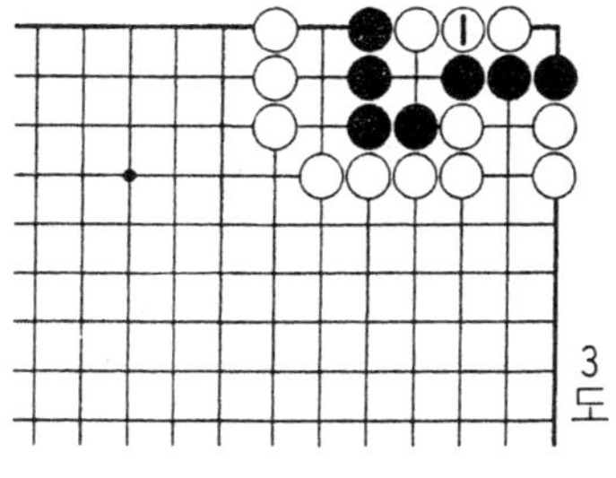

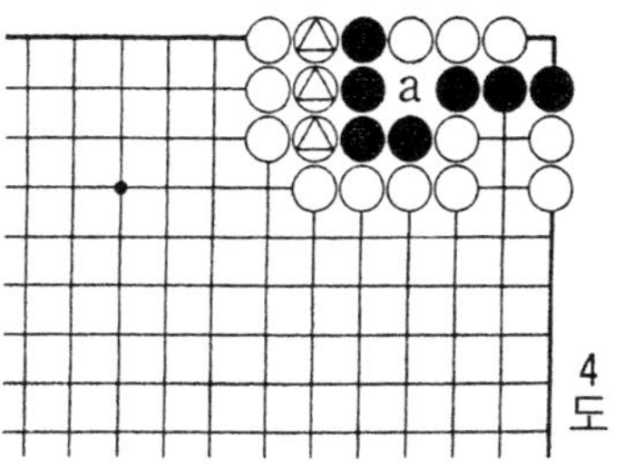

# 가운데 수의 죽음

가운데 수는 한 수가 아닌, 수수(数手)로 가운데 수가 되는 경우도 있다.

### 1도

4집의 품. 백1에 대해 흑a로 눈모양을 구분하면, 백a로 놓여져 가운데 수의 죽음.

### 2도

이 흑을 백부터 놓아 죽일 수 있을까요?

### 3도

백1로 놓아 가운데 수의 죽음입니다.

### 4도

장래, △이 가해지면, 흑이 단수가 되어 a에 이어야 하는 것에 주의하기 바랍니다. 결국 백 세 점을 잡지 않으면 안되고, '3집 가운데 수'의 죽는 모

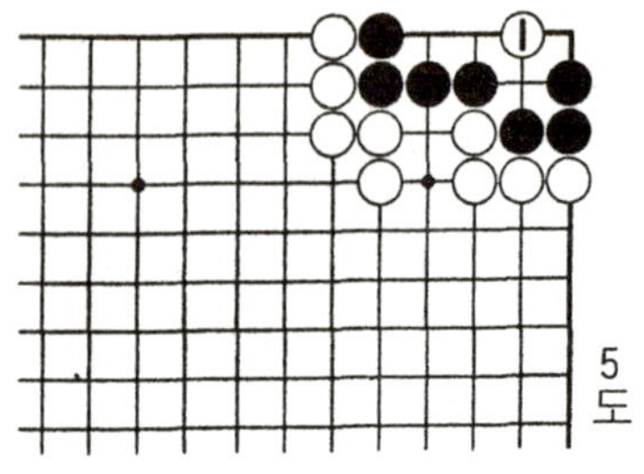

5도

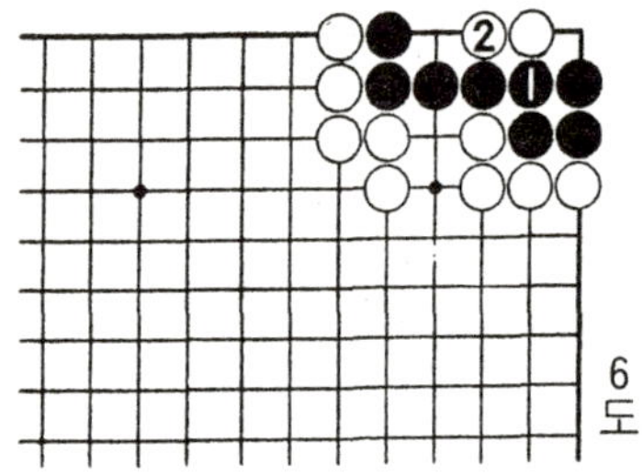

6도

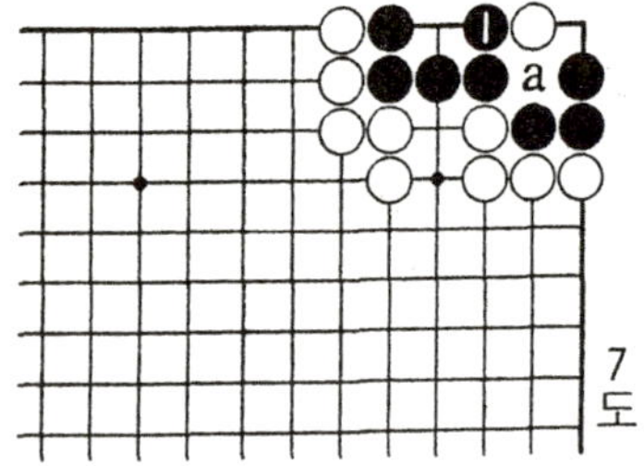

7도

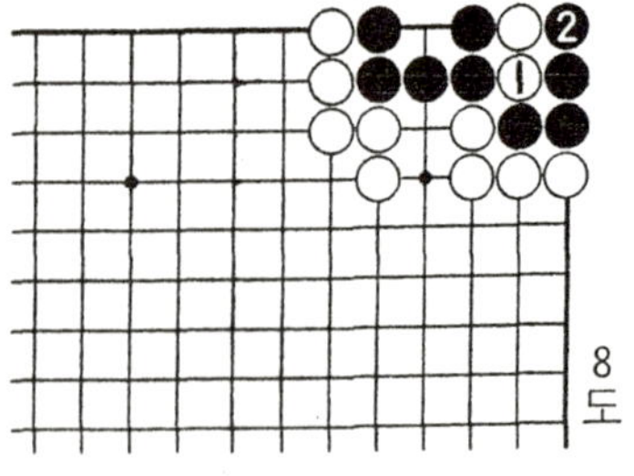

8도

양인 것입니다.

### 5도

넓이의 살기는 가운데 수에 주의. 백1로 놓여진 때, 흑은 어떻게 지킬까요.

### 6도

자칫 흑1로 놓으면, 백2로 놓여 가운데 수의 죽음입니다.

### 7도

흑1로 눈모양을 구분하여 삽니다. a의 약점이 다소 걱정이 되지만——

### 8도

백1이라면 흑2로 잡으므로, '걸쳐 잇기'와 같은 원리로 약점을 지키게 됩니다.

이와 같이, 품을 에워싼 공방은 방심할 수 없읍니다. 품이 넓어지면 더욱 어려워집니다.

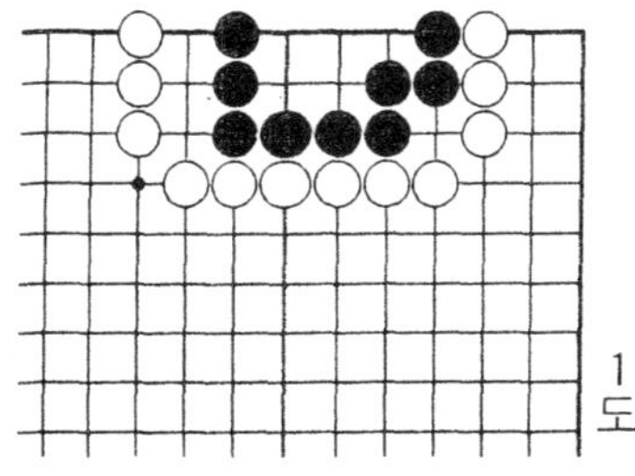

1 도

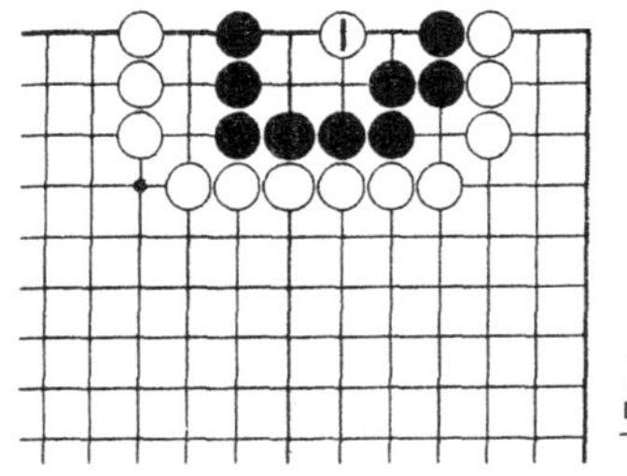

2 도

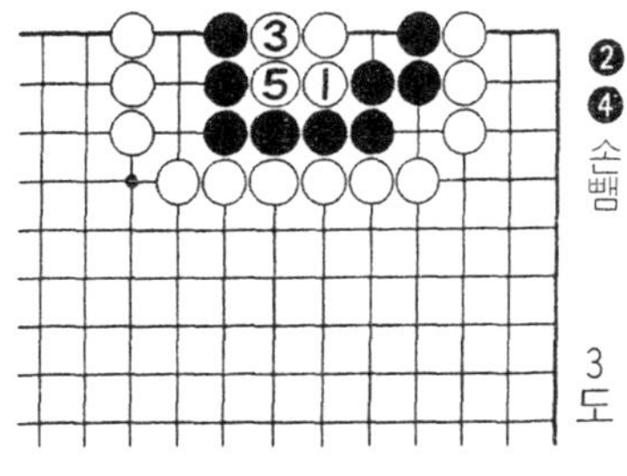

3 도

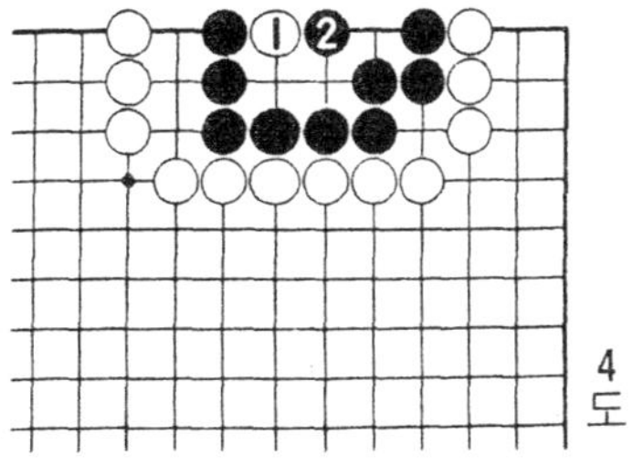

4 도

## 5 집의 품

품이 **5** 집인 경우는, 가운데 수가 되는 모양이 두 가지뿐.

### 1 도

'바보 4'에서 한길 넓어진 형은, 눈 모양을 구분하는 것에 관해 극히 비능률적입니다.

### 2 도

백 1 로 놓여지면, 이미 가운데 수의 죽음은 확정됩니다.

### 3 도

더욱 수를 가하면 '바보 4'가 되지만, 물론 그럴 필요는 없습니다.

### 4 도

가운데 수의 시발점은 한 곳. 백 1 로는 흑 2 로 삽니다.

### 5 도

중앙의 품 5 집형. 이것은 '매화채'라고

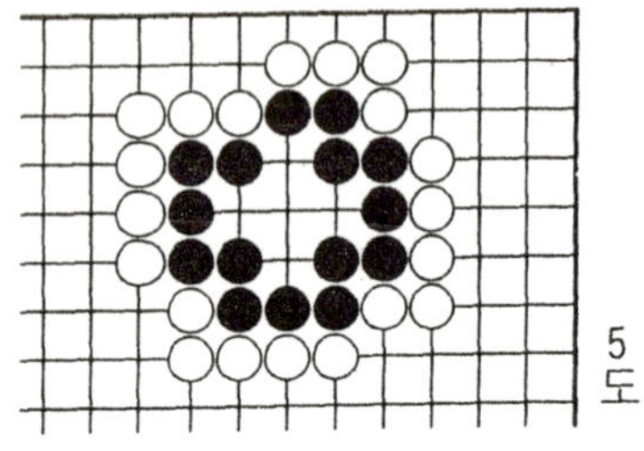

5도

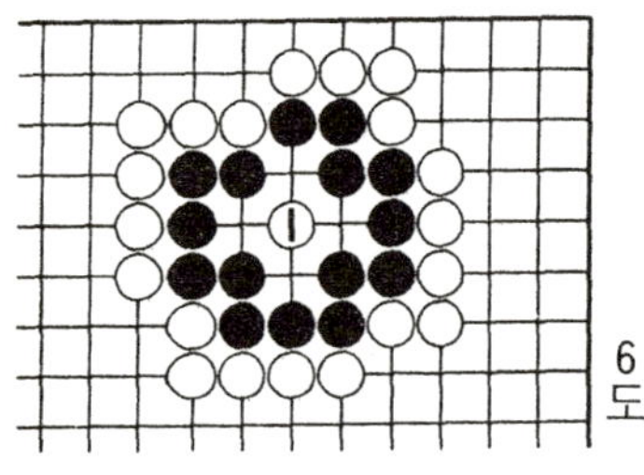

6도

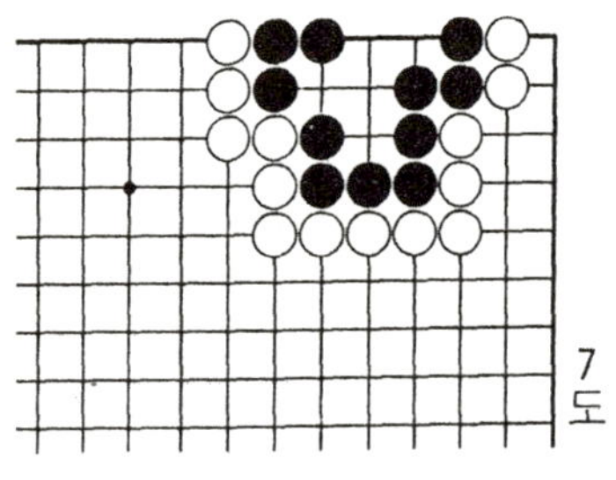

7도

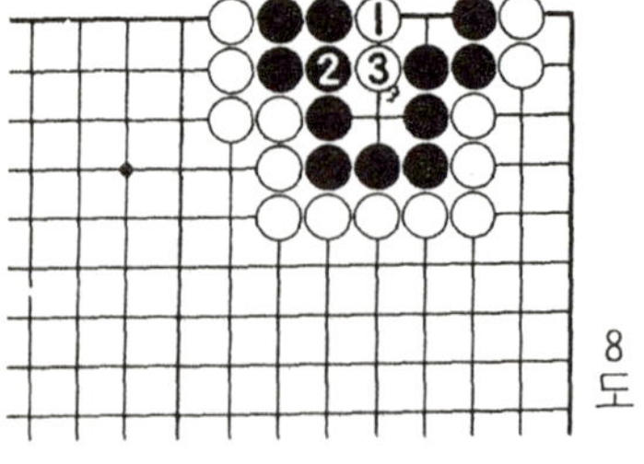

8도

불리워지는 형으로, 또 하나의 가운데 수가 되는 형입니다.

**6도**

백1로 놓으면 가운데 수의 죽음. 흑 1의 점에 놓으면 삽니다. 1의 점이 급소입니다.

**7도**

품의 넓이는, 결함이 없는 것이 원칙.

이 모양은 결함이 있으므로, 5집형이 아닙니다. 따라서, 백부터 놓으면 죽습니다.

**8도**

백1로 단수를 걸어, 흑2 때 백3으로 놓으면 가운데 수의 죽음입니다. 흑의 품은 4집으로 줄어 있읍니다.

**9도**

결함이 없고, 1도와 5도 이외의 품은 사는

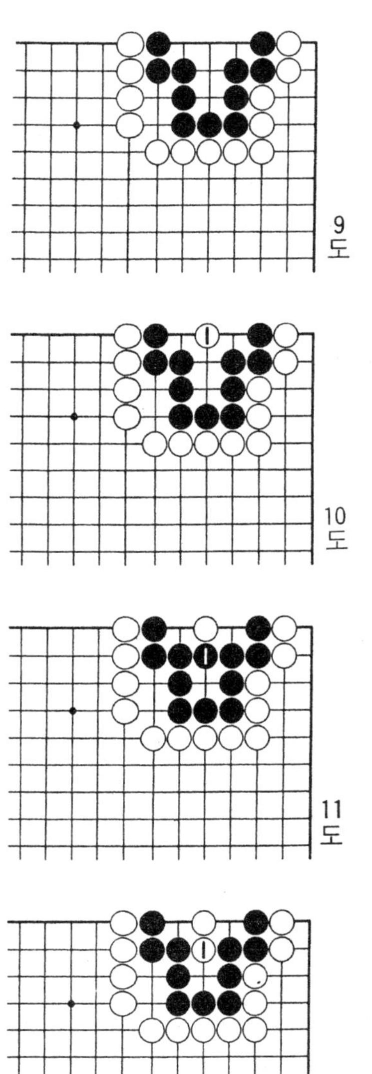

9도

10도

11도

12도

조건입니다. 장소가 귀인 경우는, 또 다른 생사의 무늬가 생깁니다. 이 형은, 물론 살기입니다.

**10도**

가운데 수가 될 가능성이 있다고 한다면, 백 1일 것입니다.

**11도**

그러나, 흑 1로 놓아 집을 둘로 나눕니다. 다른 품 5 집형도, 모두 이에 준해 살기의 구조가 됩니다.

**12도**

10도 그대로 손을 빼면 백 1로 이미 한 수 놓여져 가운데 수의 죽음입니다. 사는 것도 죽는 것도 종이 한 장 차이인 것입니다.

## 3. 생사의 빅

## 빅의 원리

양쪽 모두 손 댈수 없는 것이 빅.

### 1도

이 흑은 이대로 잡히지 않습니다. 배의 백 세 점도 이대로 잡히지 않습니다.

### 2도

백1로 놓고 흑2로 잡게 하여, 가운데 수가 될 수 있을지——

### 3도

'직4'의 모양으로 삽니다. 즉, 백도 1도 그대로가 좋은 것입니다.

### 4도

바깥쪽에 공점이 있어도, 생사의 문제인 '빅'과는 관계가 없읍니다. 이대로, 1도와

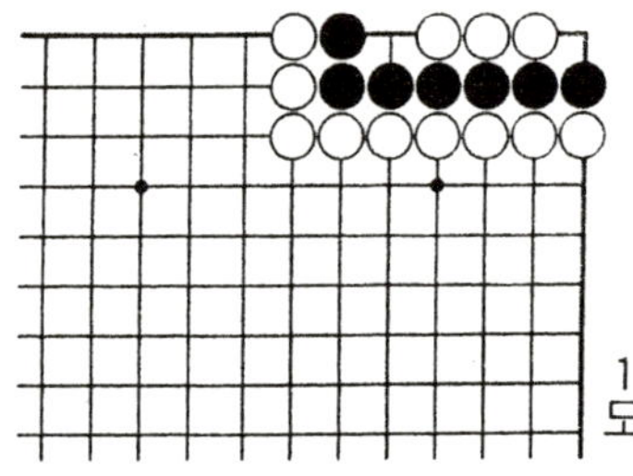

1도

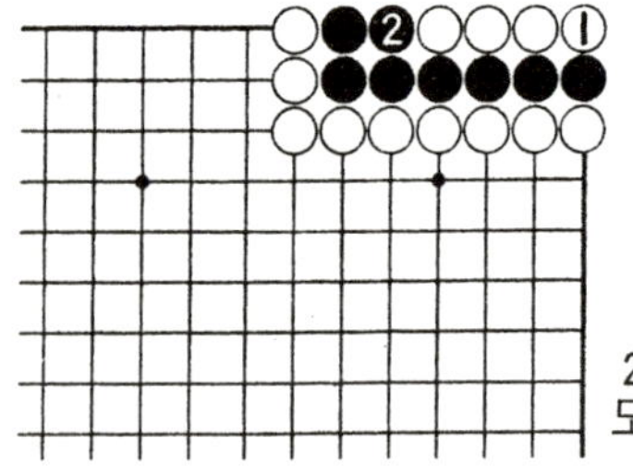

2도

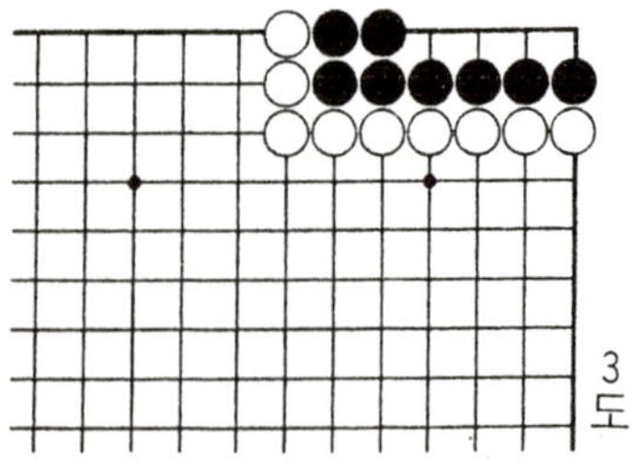

3도

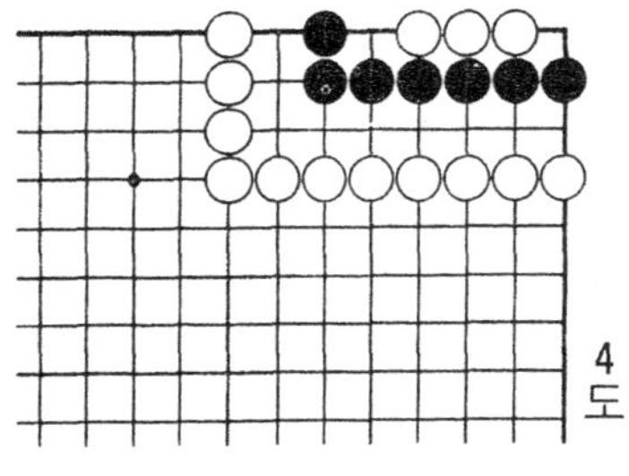

4도

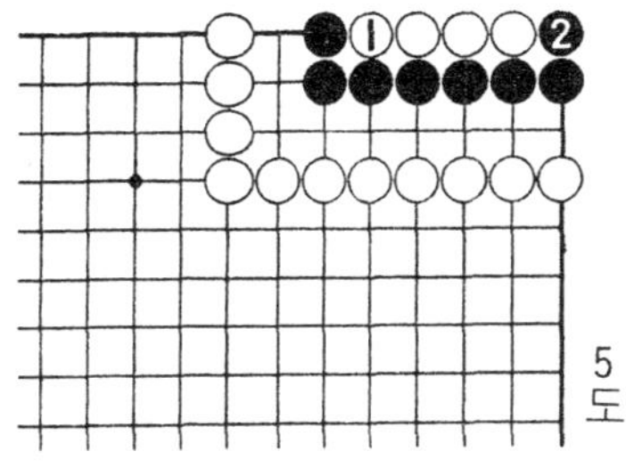

5도

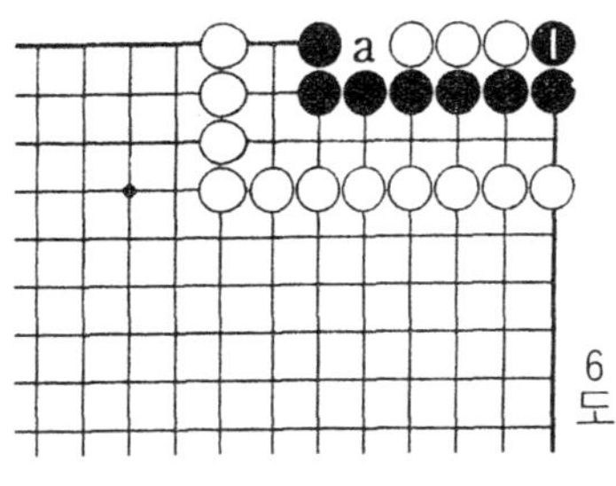

6도

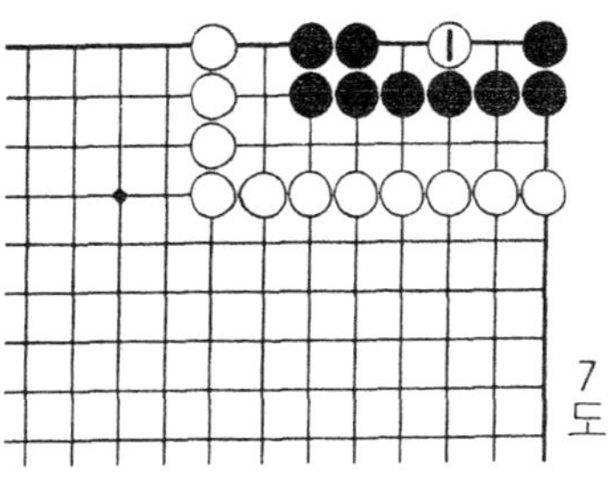

7도

마찬가지로 손 댈 수 없는 형인 것입니다.

**5도**

백 1로 놓아도, 흑 2로 직 4의 살기가 되는 것은 3도로 확인했읍니다. 흑은 언제라도 잡을 수 있으므로, 지금 곧 2로는 잡지 않을 것입니다.

**6도**

바깥쪽에 공점이 있는 경우는, 잡힐 염려가 없어 흑 1로 놓읍니다. 그리고 언제라도 흑 a로 놓을 수가 있을 것입니다.

**7도**

그러나, 잡은 형은 백 1로 가운데 수가 되는 죽음. 즉, 전도 흑 1로 놓은 순간 흑은 죽는 것입니다.

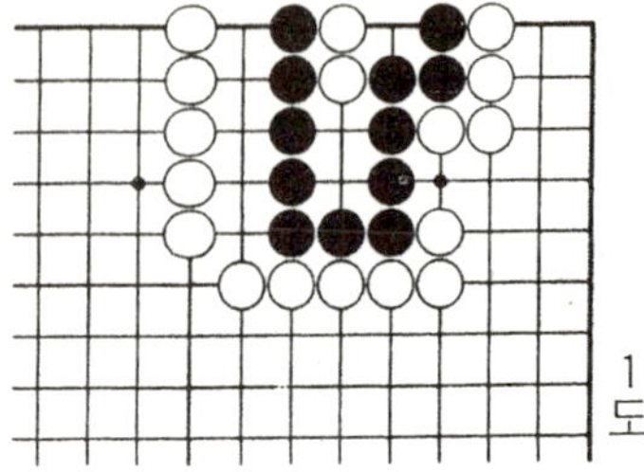

1 도

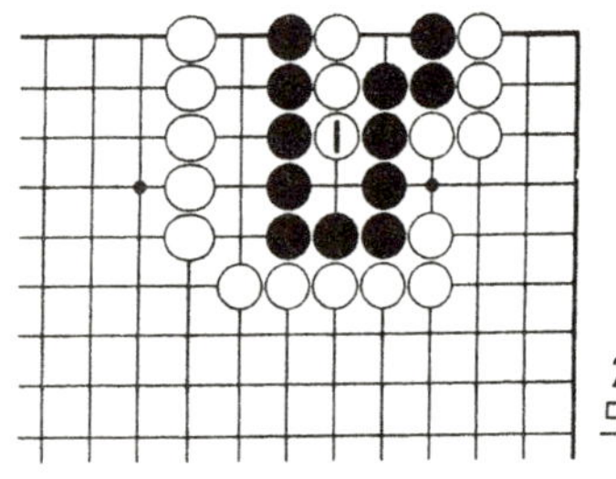

2 도

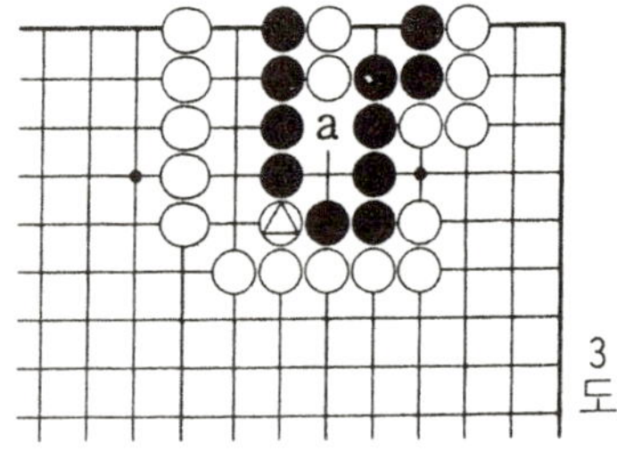

3 도

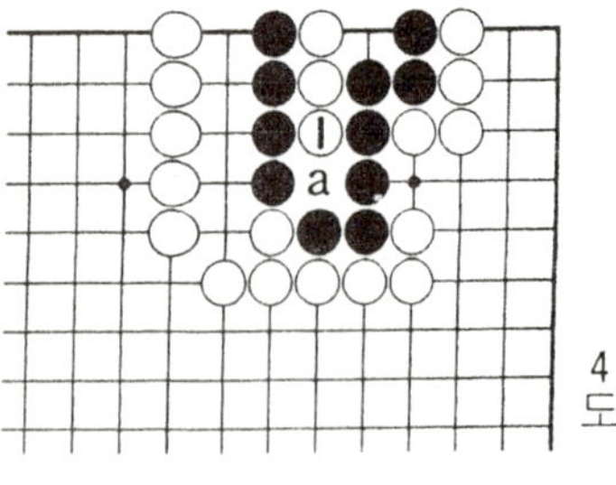

4 도

## 되는 형·되지 않는 형

빅의 조건은 형과 넓이와 결함의 유무, 장소도 관계 있다.

### 1 도

이 형은 흑이 방치되어 있어도 빅. 적어도 잡히지 않습니다.

### 2 도

백 1로 놓여져도 빅입니다.

### 3 도

그러나 △의 뛰기가 아 내져 있는 이 형에서는 흑 a로 놓아 눈 모양을 나누어 살아야 합니다.

### 4 도

백 1로 놓여져도 죽을 것이므로. 백이 그것이 마음에 걸리면 흑에 a로 놓게 하여 가운데 수의 싸움을 이끌 수

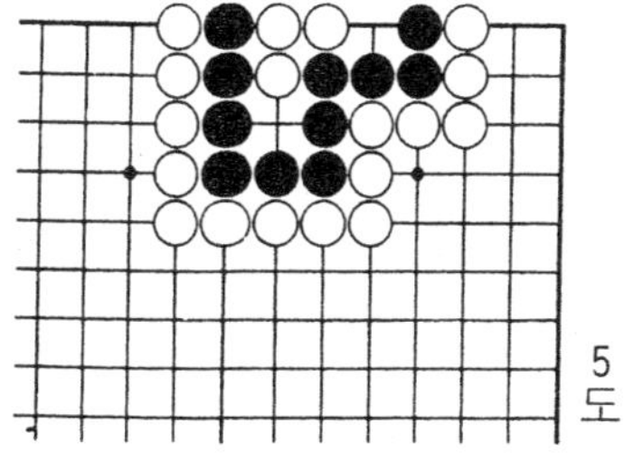

5도

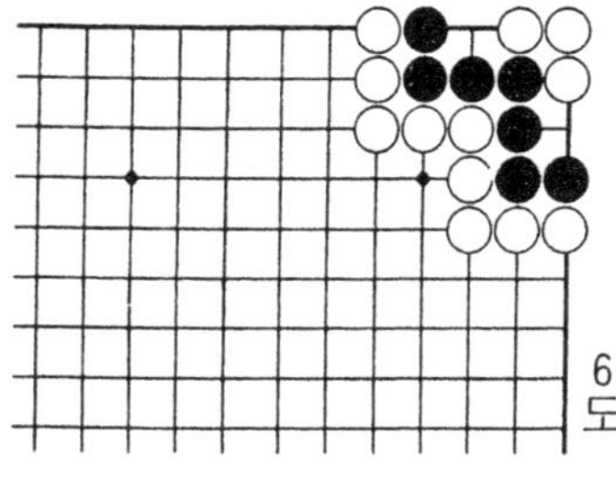

6도

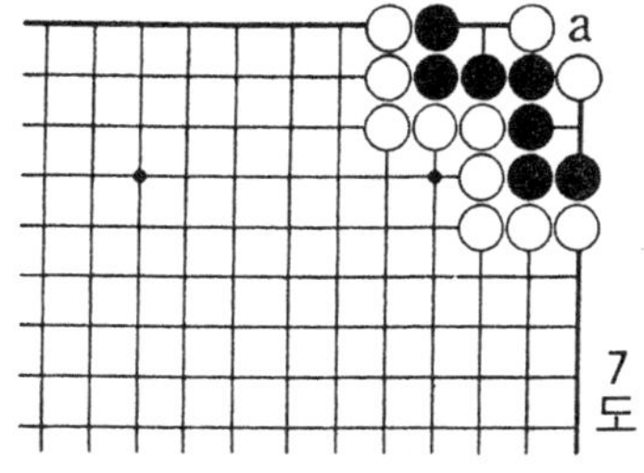

7도

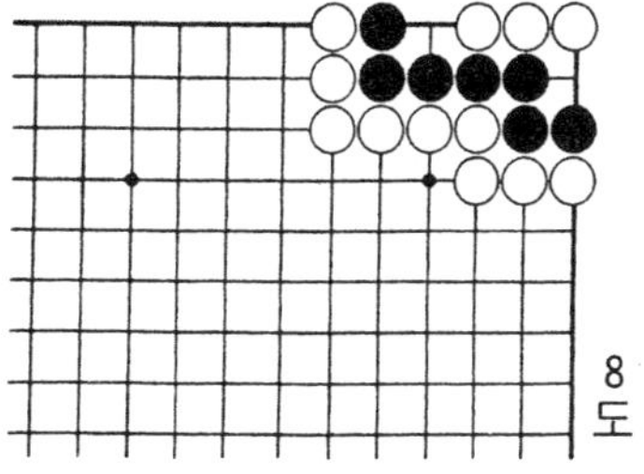

8도

있읍니다. 가능성의 죽음입니다.

**5도**

이 형도 빅. 백부터 놓아도 '곡 4 궁' 밖에 되지 않습니다.

**6도**

그러나 장소가 귀인 경우는 '귀의 곡 4 궁' 이라고 부르고 빅이아닌 죽음이 됩니다. 어려운 문제는 아니지만, 이 형과 다음 7도, 8도의 형은 무조건 죽음이라 생각하십시오.

**7도**

백은 언제라도 a 로 놓고, 흑은 a로 놓지않으므로, 전도와 같은 형이 됩니다.

**8도**

이것도 '귀의 곡 4 궁' 입니다.

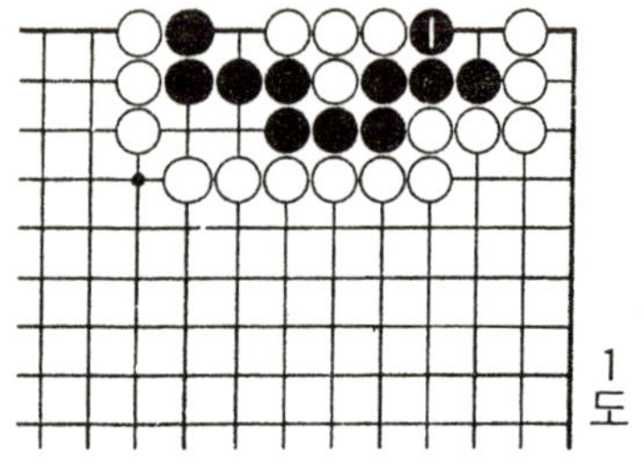

1도

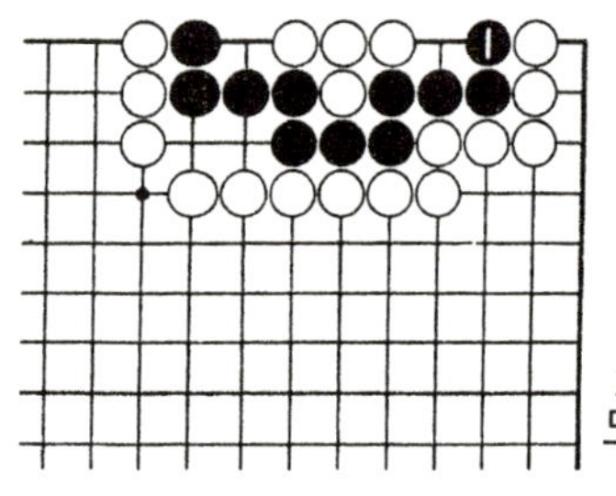

2도

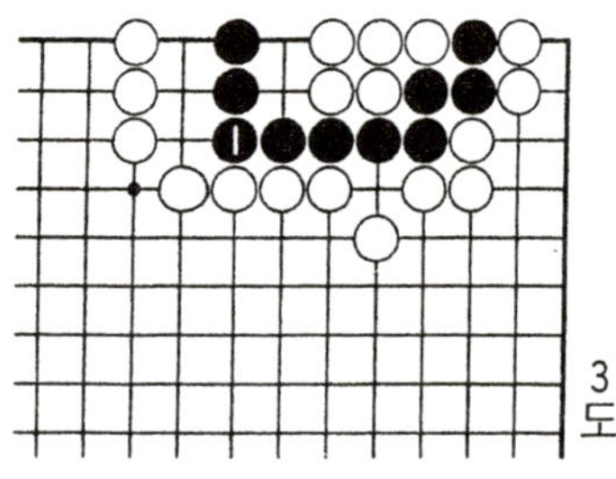

3도

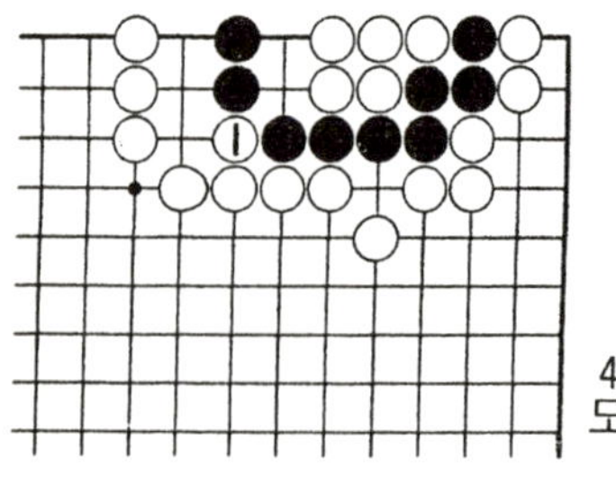

4도

## 빅의 기술

품은 넓게, 형은 오목 볼록이 많게 라는 것이 빅의 요령.

### 1도

흑1로 놓으면 가운데 수의 죽음. 확인할 것도 없을 것입니다.

### 2도

흑1로 품을 벌리면 빅. 1도와 같이, 단수를 거는 것만으로는 능수가 아닙니다.

### 3도

흑1의 점이 빅이 될 것인가 어떤가의 급소입니다.

### 4도

반대로 백1로 놓여져도, 결국 가운데 수의 죽음이 된다는 것을 확인하기 바랍니다.

### 5도

빅은 넓이 외, 형에

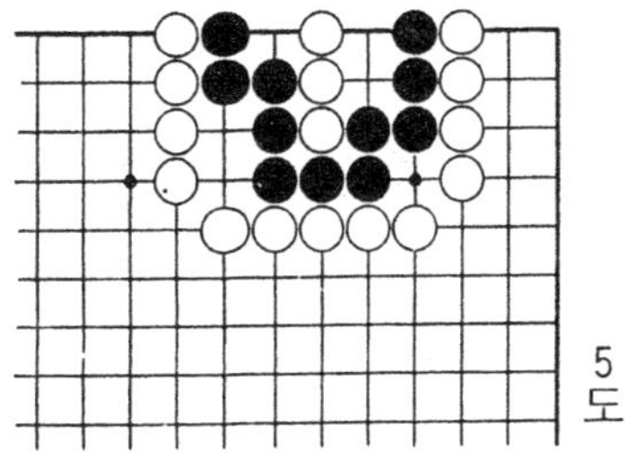

5도

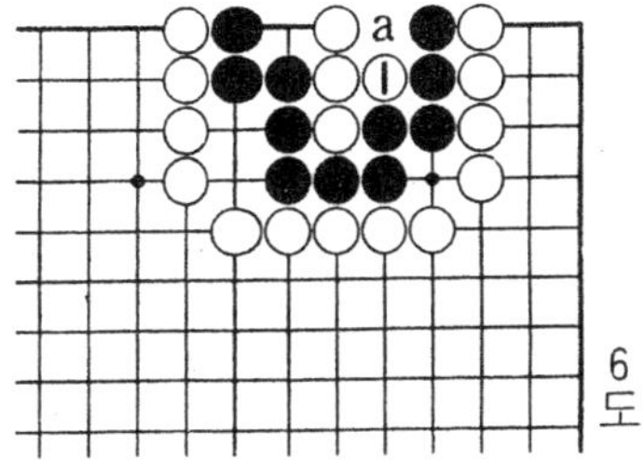



6도

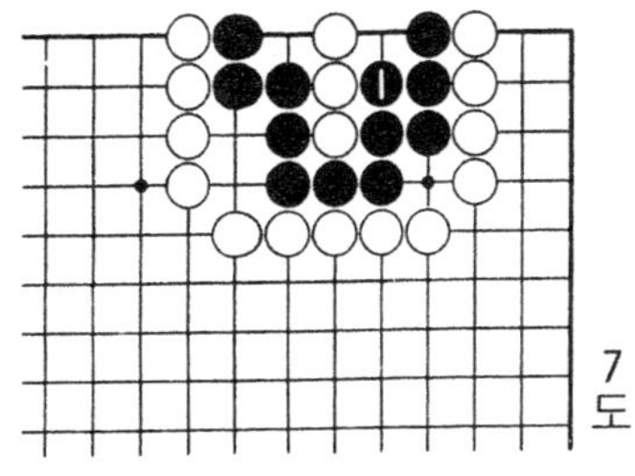

7도

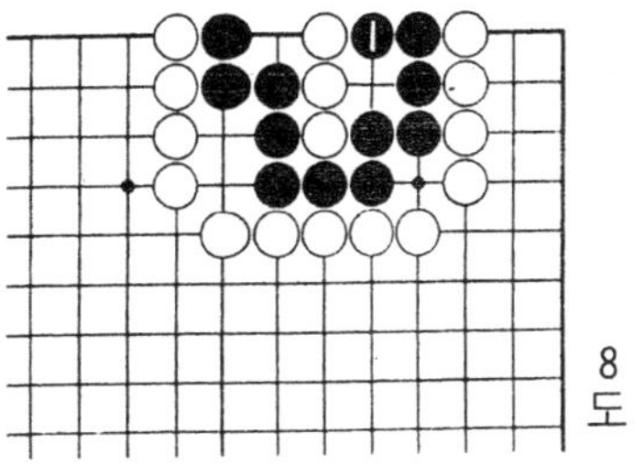

8도

도 급소가 있읍니다.
이 형의 급소는 어디
일까요?

**6도**

백부터 놓으면 1로
가운데 수의 죽음이 됩
니다. 장래, 더욱 백a로
놓아 잡게 하는 형을
상상하기 바랍니다. 그
러나 그렇게 놓지 않아
도, 이대로 흑은 죽음
이 됩니다.

**7도**

흑부터 놓으면 1.
이로써 백이 어떻게 놓
아도 곡4궁의 살기를
포함한 빅이 확정되었
읍니다.

**8도**

자칫 흑1로 놓으면
이미 이대로 죽읍니다.
넓이와 형은 미묘한 관
계를 가지고 있읍니다.

# 4. 죽은 돌과 집

## 죽은 돌의 처리

죽은 돌은 취활 것까지도 없이 종국 후에 반상(盤上)에서 제거된다.

### 1도

백1로 죽음.

### 2도

흑1로 놓아도 백2로 마찬가지입니다.

### 3도

물론, 둘러싸여 있는 돌이 확실히 살아 있는 것이 전제. 이런 경우 종국——바둑이 끝난 다음, 백은 a, b등으로 놓아 흑을 잡을 필요는 없습니다.

### 4도

1도의 상태에서라면 흑돌 5개를 반상에서 빼어, 흑집을 메우기 위해 사용한다는

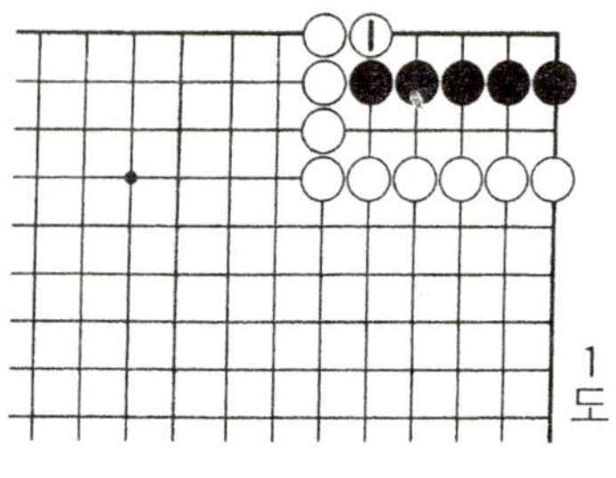

1도

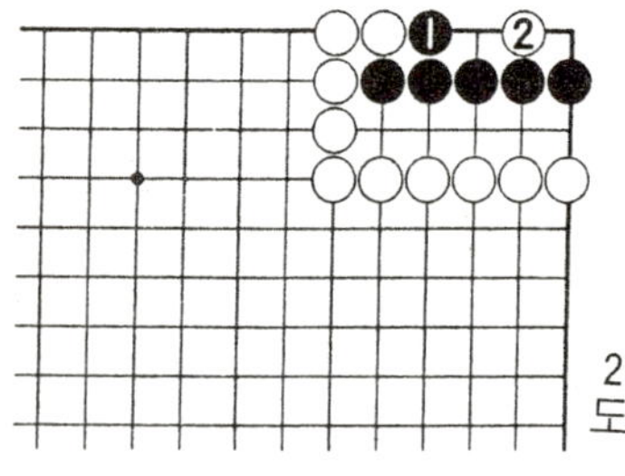

2도

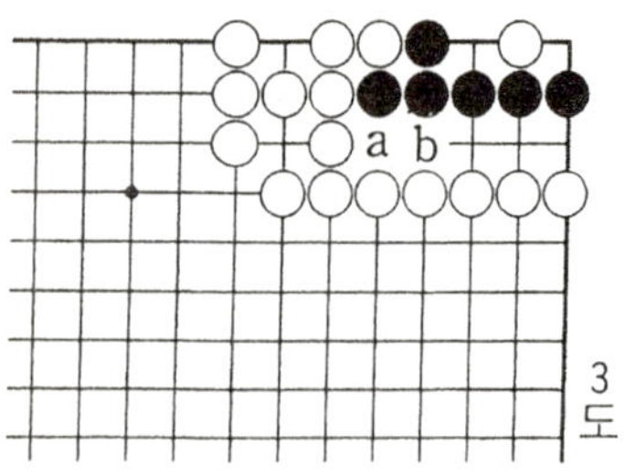

3도

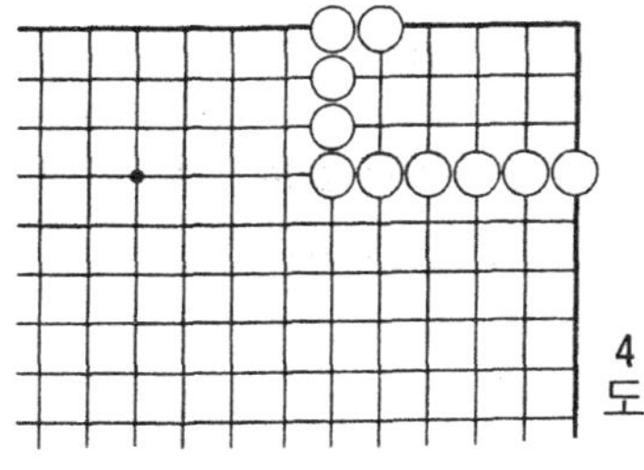

4도

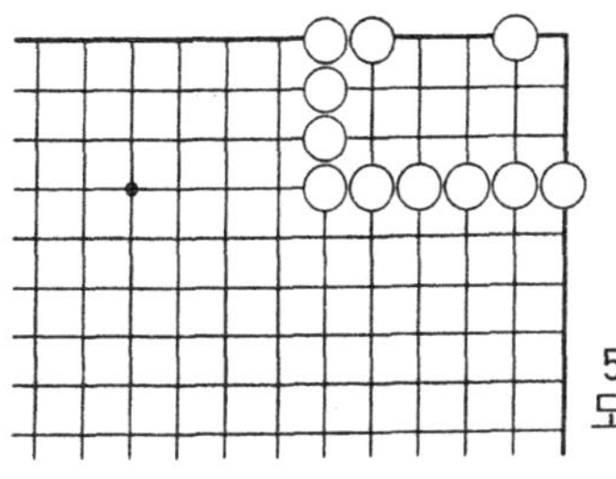

5도

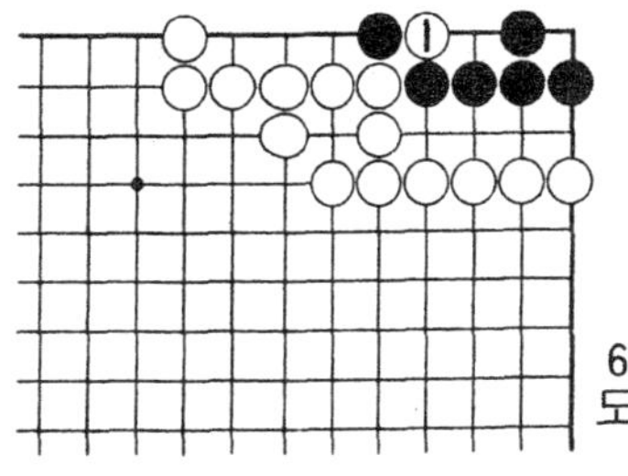

6도

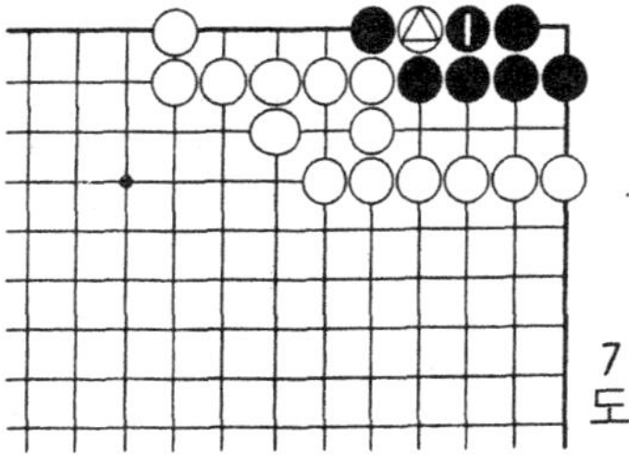

7도

것은 이미 알고  있을
겁니다.

### 5도

2도의  상태에서라
면 흑돌 6개를 빼어,
이  모양이  됩니다.

### 6도

백1로 놓여져,이 흑
이 죽었읍니다.

### 7도

흑1로 잡아도 죽습
니다. 상대의 돌을 따
내는 것이므로, 흑1로
따내는 수가 득이라는
생각은 큰 잘못. △의
돌은 백의 집을  메꾸
기 위해 △의  점으로
되돌리는 것이므로, 흑
1로 놓아 종국  후에
따낸 돌을 늘이는 만
큼, 흑의 손해입니다.

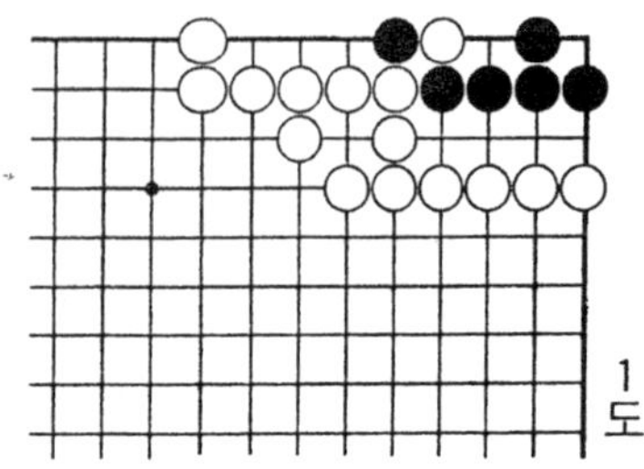

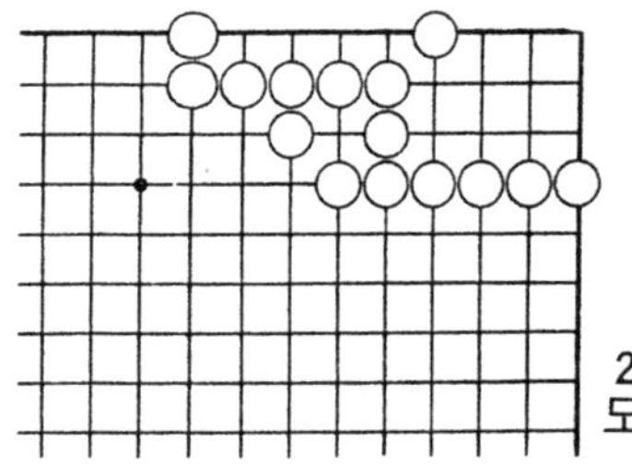

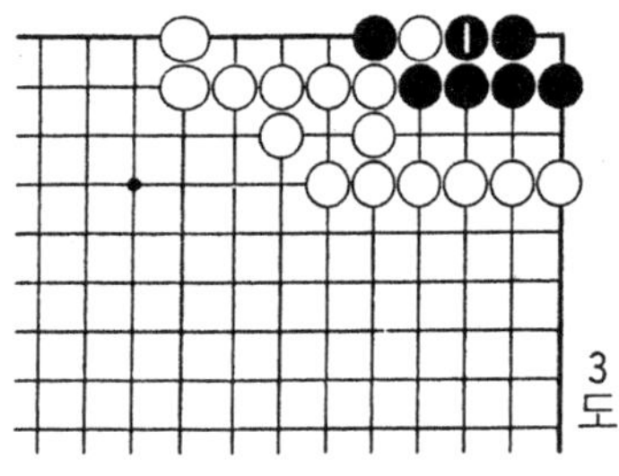

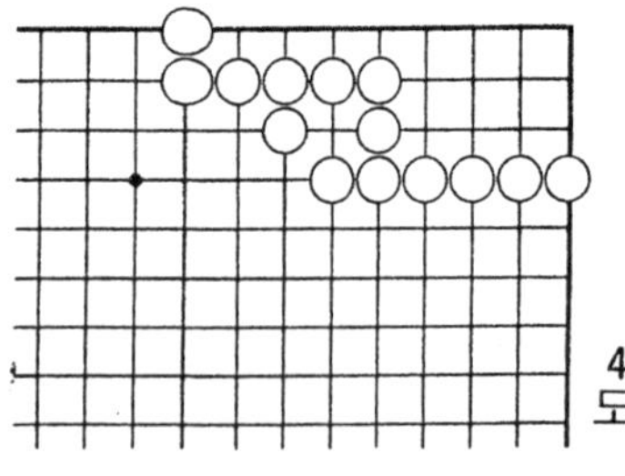

## 집의 계산

**죽은 돌은 2 배로 하여 계산한다.**

### 1도

혹은 죽어 있읍니다. 백이 둘러싼 안쪽은 몇 집의 땅이라고 보면 좋을까요?

### 2도

종국 후, 흑돌을 그대로 빼내었으므로 백집은 16집. 뺀 흑돌은 흑집을 메꾸는데 사용되므로, 상대의 마이너스 6 집. 상대의 마이너스는 자신의 프러스, 백집은 합계 22집입니다.

### 3도

혹1로 따내는 것은 쓸데없을 뿐만 아니라 손해입니다.

### 4도

백집이 17집. 뺀 흑

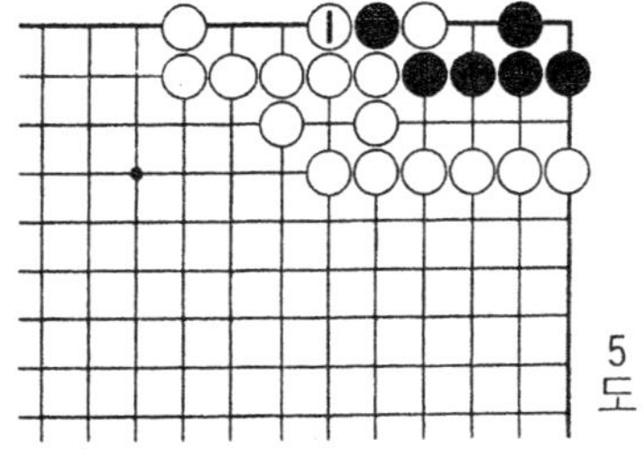

5도

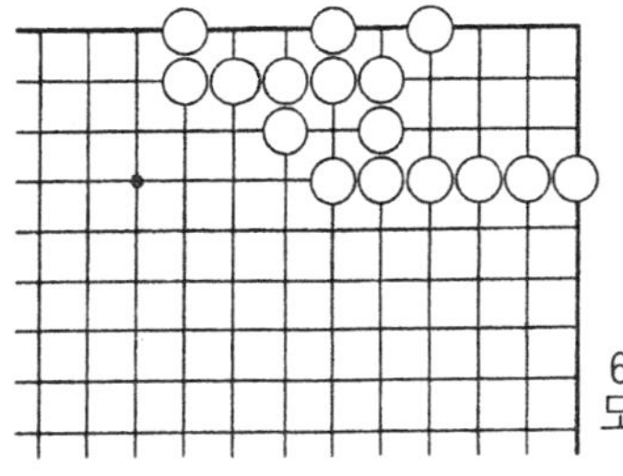

6도

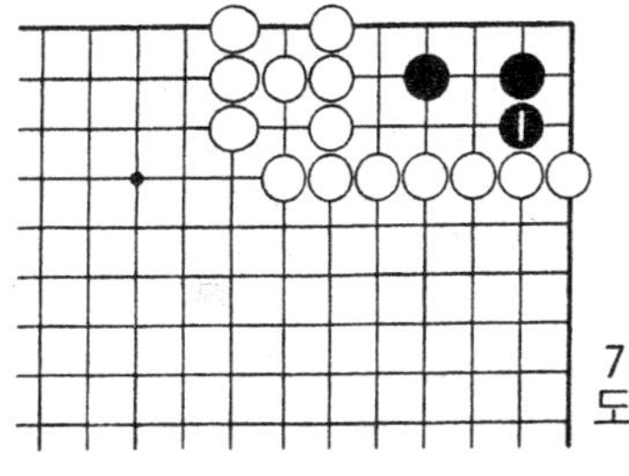

7도

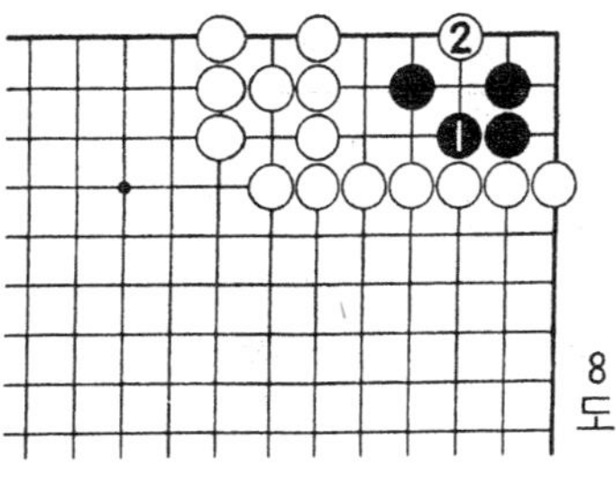

8도

돌이 7로 백돌이 1이므로, 백집이 23집이 됩니다.

### 5도

반대로, 1도에서 백 1로 따내는 것도 손해인 수입니다.

### 6도

백집 15집, 뺀 흑돌은 5로 빼었던 흑돌이 1, 합계 21집입니다. 1도 그대로 종국되면 22집이었을 백집이 1집 줄어 버린 것입니다.

### 7도

죽은 돌을 살릴 수는 없을까 하여 움직여 보는 것은, 상대에게 손을 빼어진 때 손해가 됩니다.

### 8도

흑1, 백2의 교환은 같은 것이 됩니다.

# 위기의 이상한 변화

## 큰 돌도 죽는다

**아무리 큰 돌이라도 눈이 두 개 없으면 죽음.**

'큰 돌 죽지 않는다' 라는 바둑 격언이 있듯이, 큰 돌은 좀처럼 죽지 않습니다. 그러나, 아무리 큰 돌이라도 눈모양이 두 개를 만들 가능성이 없어지면 죽습니다. 잘 기억해 두어야 합니다.

중앙의 흑돌은 47개나 있지만, 살지 못한다는 것을 확인하기 바랍니다.

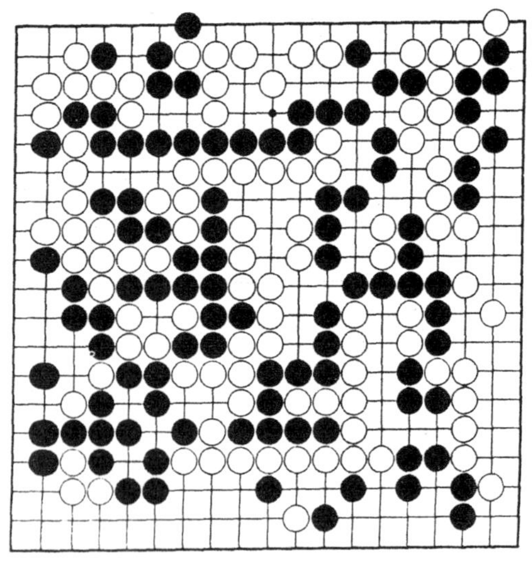

# 제4장

# 서로 공격

돌의 서로 공격은 돌의 생사보다도 어렵고, 그 결과에는 승리, 패배, 패, 빅의 네 종류가 있습니다.

또 '빅 안의 집'이라는 것을 확실히 잡아두지 않으면, 종국 계산 때 헷갈리게 됩니다.

## 1. 이기고 짐
## 서로 공격의 원리

단독으로 살 수 없는 형 동사(同士)는 잡을까 잡아질까.

### 1도

흑백 두 점씩이 단수가 되었읍니다. 이런 때, 먼저 놓는 쪽이 유리합니다.

### 2도

백부터 먼저 놓으면 1로 흑 두 점을 공격할 수가 있읍니다.

### 3도

흑부터 놓으면 1. 어느쪽이 먼저 상대의 돌을 잡을까, 그것이 서로 공격입니다.

### 4도

백 두 점의 주위에 공점이 두 곳. 흑 두점의 주위에 공점이 두 곳. 주위의 공점을 '공

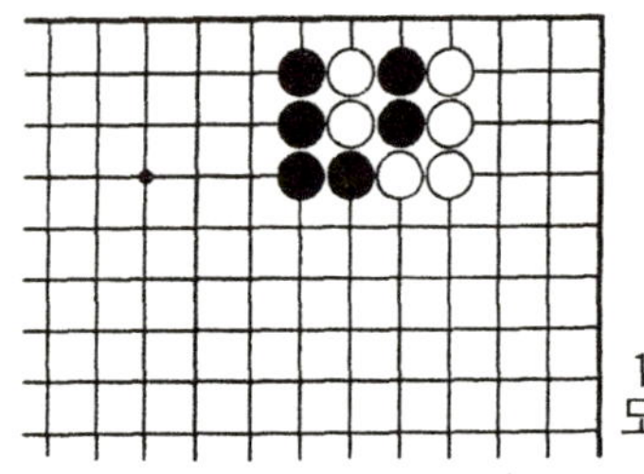

1도

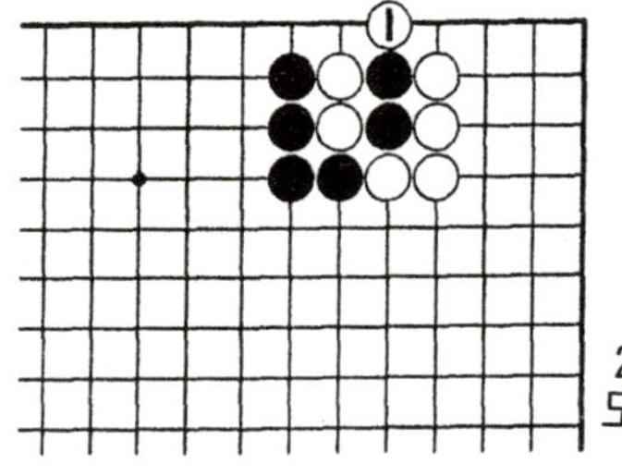

2도

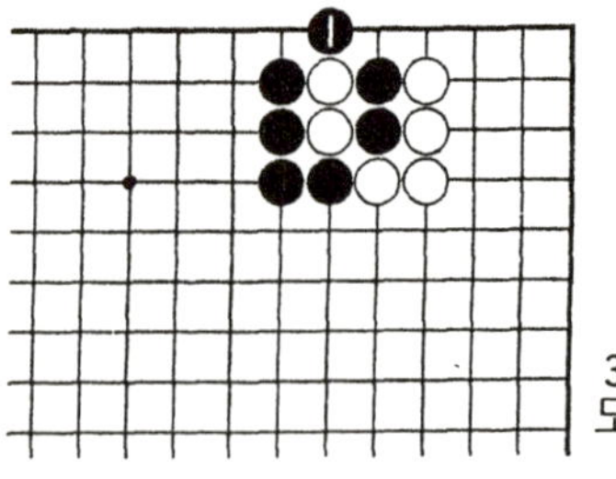

3도

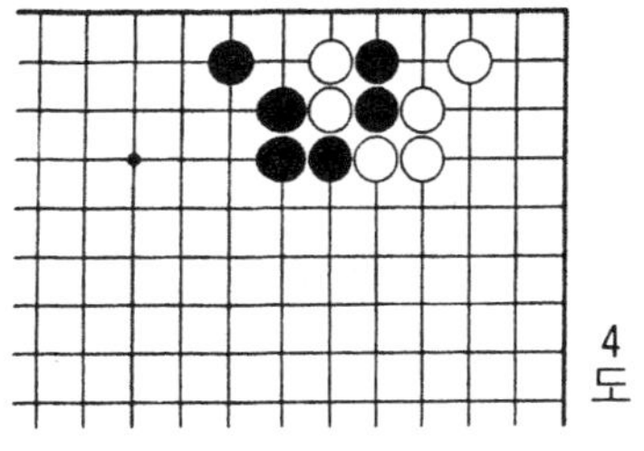

4 도

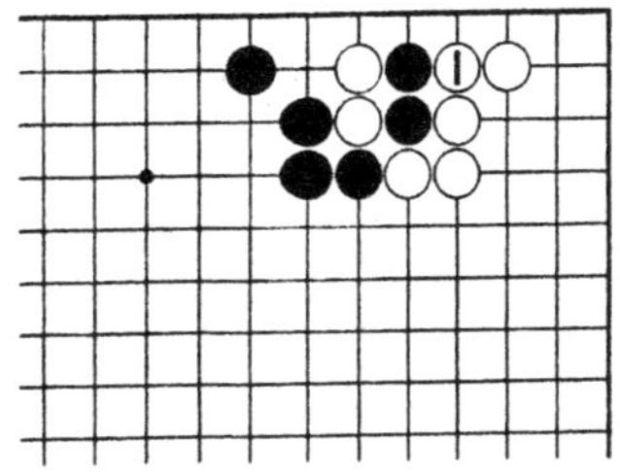

5 도

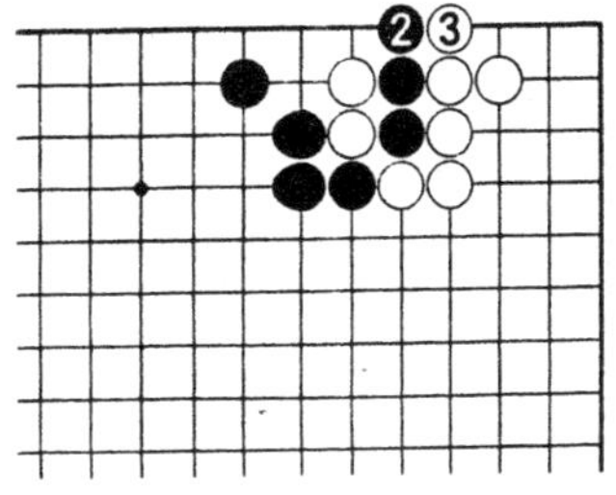

6 도

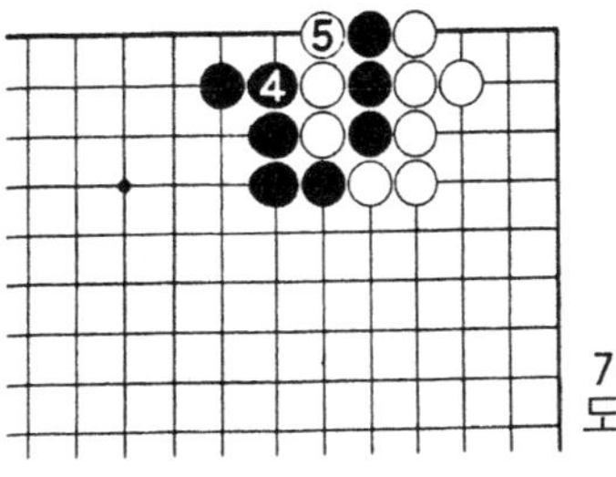

7 도

배'라고 부르고 있으므로, 이 형은 흑백 모두 공배수가 둘인 서로 공격입니다.

### 5 도

공배수가 같으면 먼저 놓는 쪽이 상대의 돌을 잡을 수가 있읍니다. 백 1 로 놓으면 공배수 1 : 2 의 서로 공격. 단수이므로 백은 서로 공격에서 이깁니다.

### 6 도

흑 2 로 도망쳐도 백 3 으로 추격하여 단수를 걸어, 서로 공격의 승리 관계는 변함이 없읍니다.

### 7 도

흑 4 로 단수를 내어 되돌리면 백 5 로 빼앗기까지입니다.

### 8 도

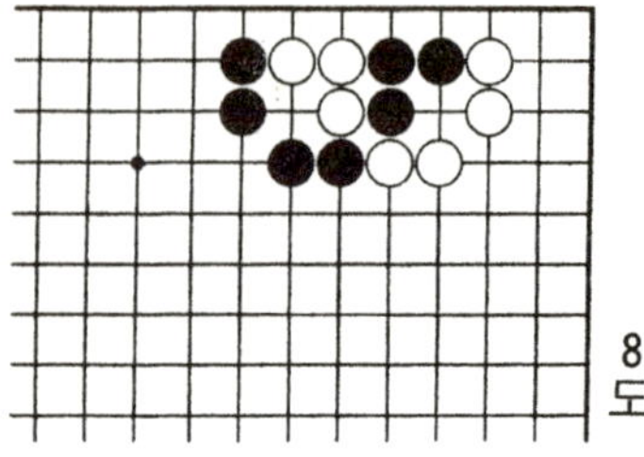



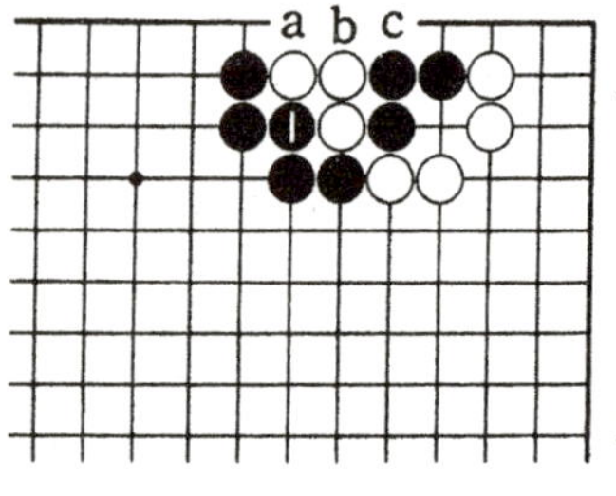



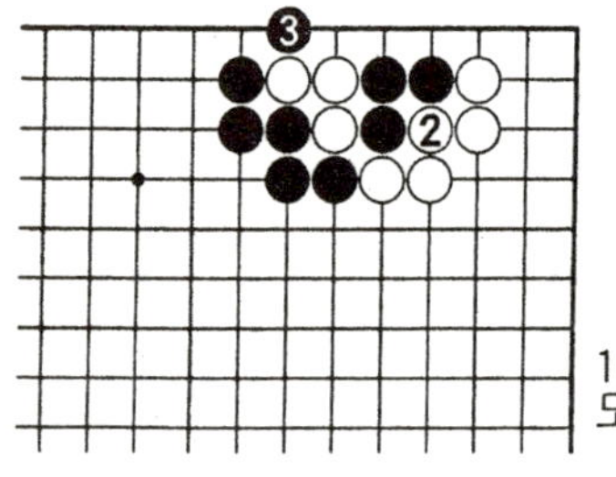



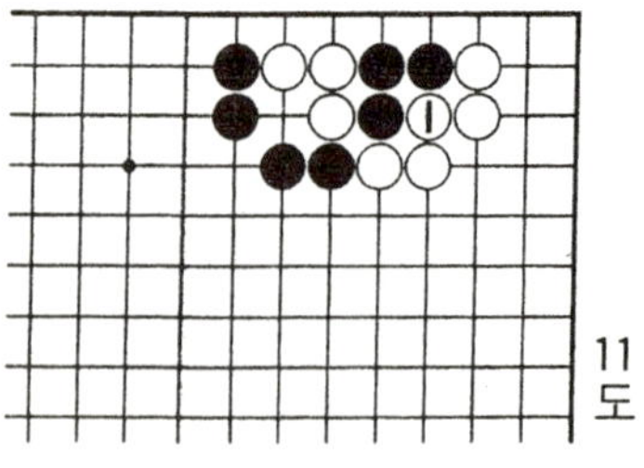



공배수가 3 : 3인 서로 공격입니다. 단순한 형을 하고 있으므로 평범하게 공격해도 좋을 것입니다. 흑부터 놓으면——

**9 도**

1로 공배를 메꾸고, 이에 2 : 3. 이 흑1을 달리 a, b, c 등으로 놓아도 서로 공격에서 이기지만, 어려운 수를 선택할 필요는 없읍니다.

**10 도**

이어서 백2라면 흑3으로 1 : 2의 서로 공격.

**11 도**

백부터 놓으면 1로, 반대로 공격의 승리가 됩니다.

**12 도**

백의 공배수는 4,

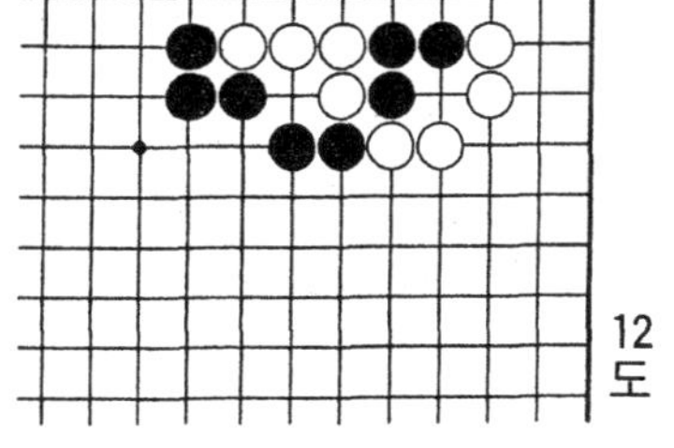

12도

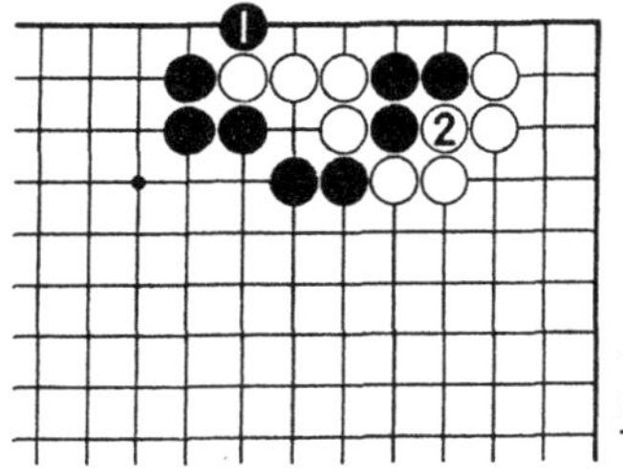

13도

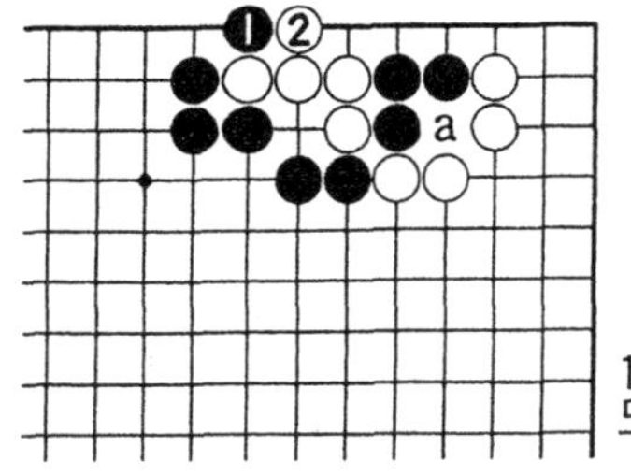

14도

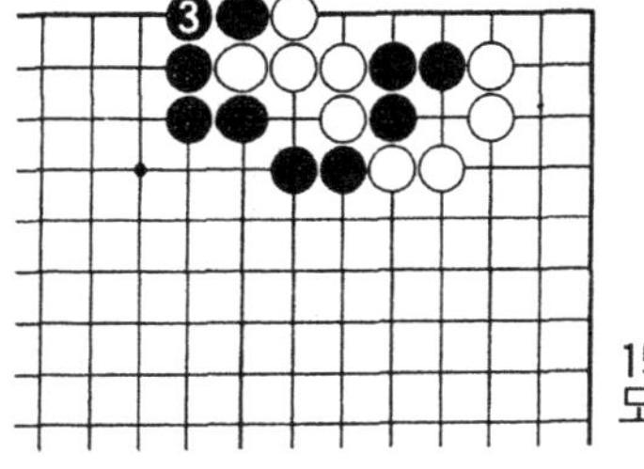

15도

혹의 공배수는 3. 이런 때는 무엇인가 특수한 조건이 없는 한 수수가 적은 쪽이 집입니다.

### 13도

혹부터 1로 놓아 보았는데, 백2로 2 : 3의 서로 공격. 최종적인 단수를 거는 것도 먼 이야기는 아닙니다.

### 14도

혹1에 깜박 백2로 누르면, 순간 서로 공격이 역전되므로 무섭습니다. 백2는 자신의 수를 줄이고 있읍니다.

### 15도

이어서 혹3으로 이어진 다음의 형을 보면, 백 2수 대 혹 3수의 서로 싸우기입니다.

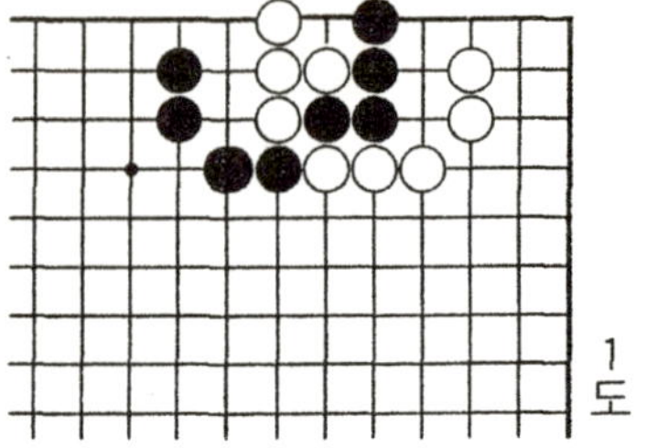

1 도

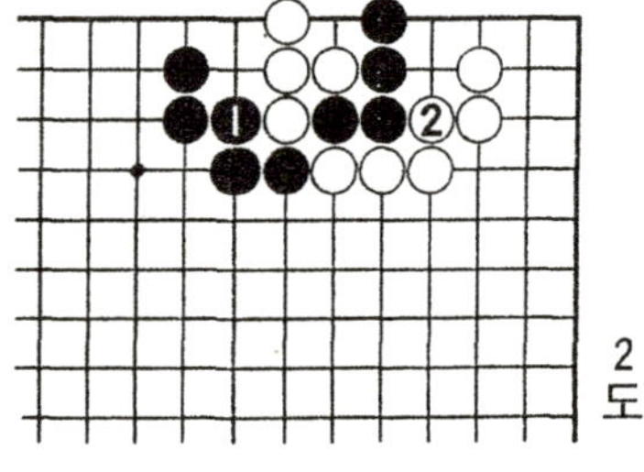

2 도

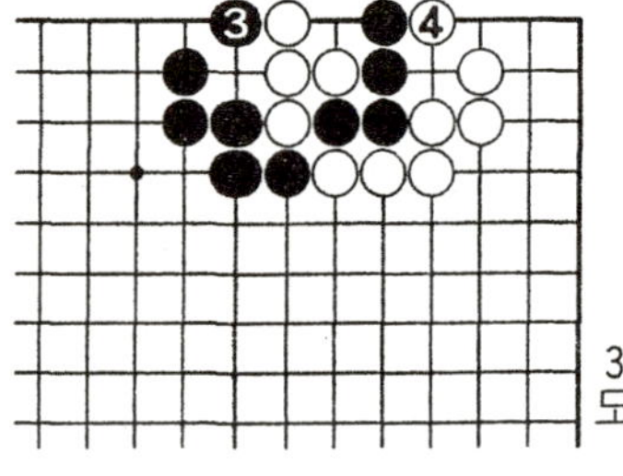

3 도

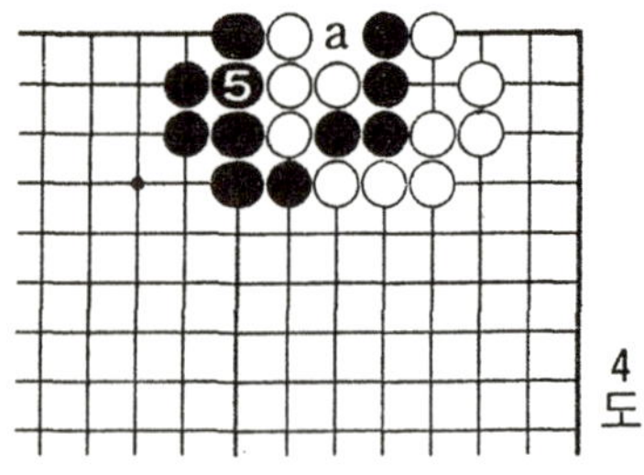

4 도

# 외 공배와 내 공배

서로 공격하고　있는 사이의 공통 공배가　내 공배, 특수한 작용이 있다.

## 1 도

흑부터 놓는 바른공 배 메꾸기의 순서를 생 각해 봅시다.

## 2 도

흑1로 바깥쪽의 공 배를 메꿉니다.

## 3 도

흑3, 백4로 서로공 배를 메꾸고 있지만―

## 4 도

흑5로 최종적인　단 수를 걸어 서로공격의 승리가 되었읍니다.

## 5 도

흑1로 내 공배부터 메꿔가면 뜻밖의　일이 일어납니다.

## 6 도

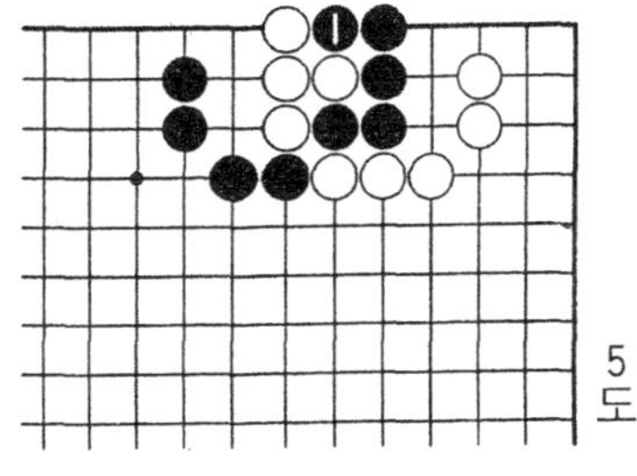

5도

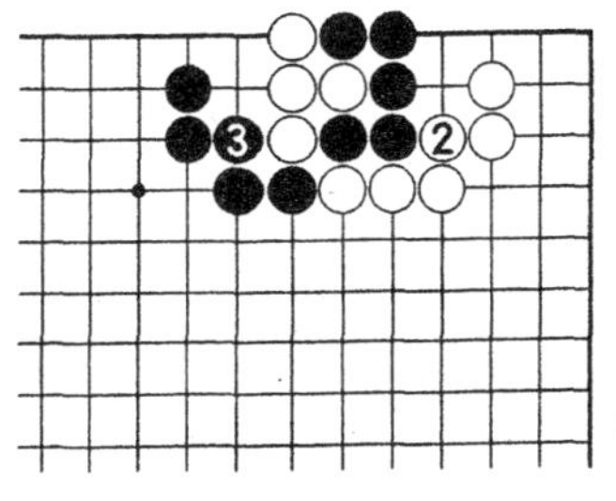

6도

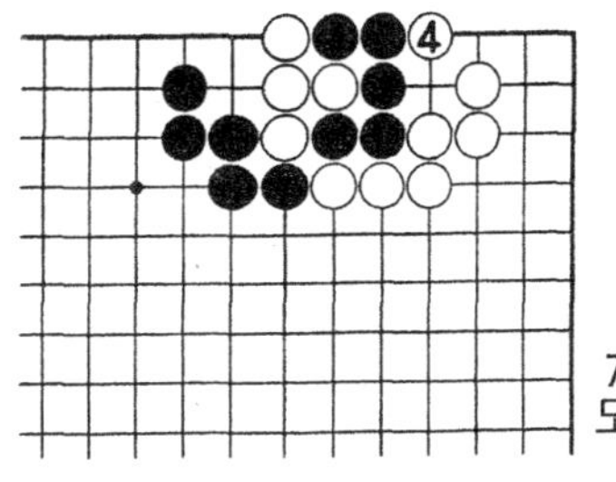

7도

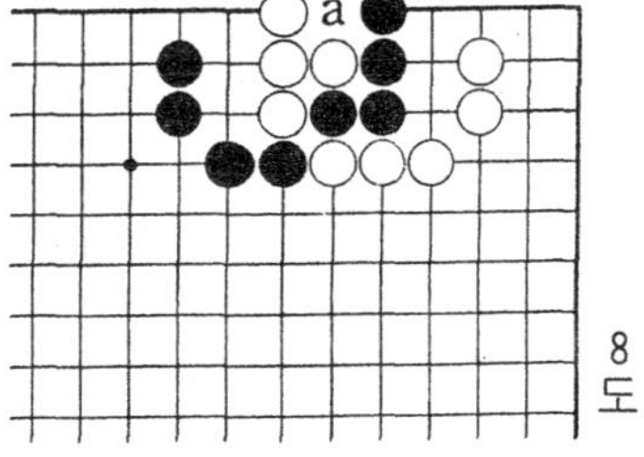

8도

백 2, 흑 3 으로 공배를 서로 메꿔——

**7도**

백 4 로 최종적인 단수가 걸쳐져 버립니다.

**8도**

a와 같은 안쪽 공배부터 메꿔가는 수를 '몸공격' 이라고 해서, 서로 공격에서는 엄금입니다. 몸 공격은 상대가 공배를 메꾸기도 하지만, 동시에 자신의 공배도 메꿔, 한 수 쉬는 것과 같은 결과가 됩니다.

서로 공격은 우선 외공배부터. 내 공배는 최후에 메꾸도록 합니다.

**9도**

백 4 수, 흑 3 수의 서로 공격입니다. 보통이라면 흑부터 놓아도 이길 수 있지만, 백에

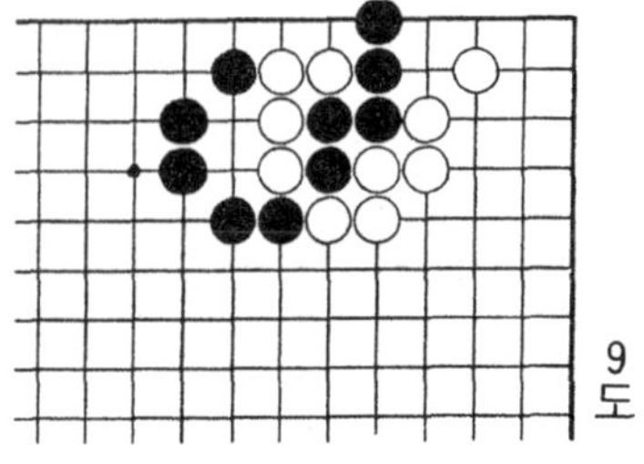

9도

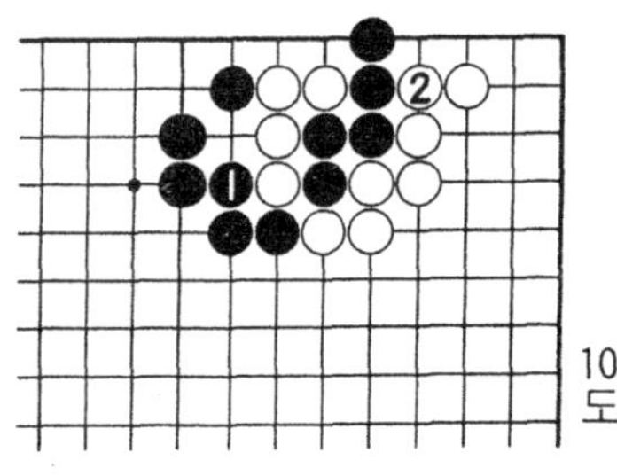

10도

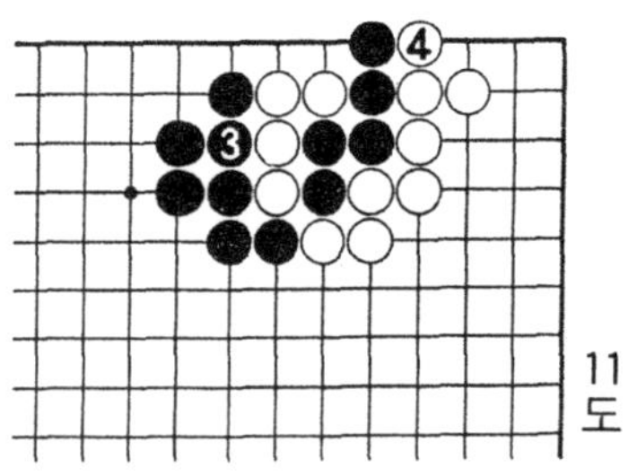

11도

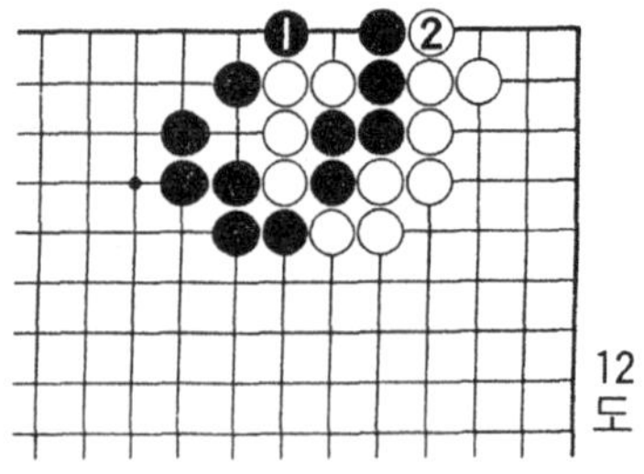

12도

'몸 공격'을 강제하는 교묘한 맥이 있어, 역전 승리를 얻을 수가 있을 것입니다.

**10도**

흑1, 백2로, 순번으로 공배를 메꿔가서는 이길 수 없읍니다.

**11도**

백4로 최종적인 단수가 걸쳐져 흑이 한수 지게 됩니다.

**12도**

10도에서 흑1로 공배를 메꿔도 백2로 놓여져 빼앗기입니다.

이렇게 되고 보면 흑의 스타트 수순에 문제가 있었던 것 같습니다.

**13도**

흑1로 놓은것이 '몸 공격'을 유인하는 절묘한 한 수입니다.

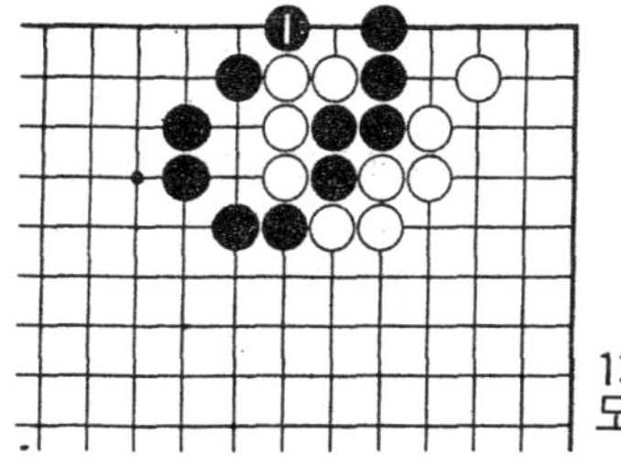

13<br>도

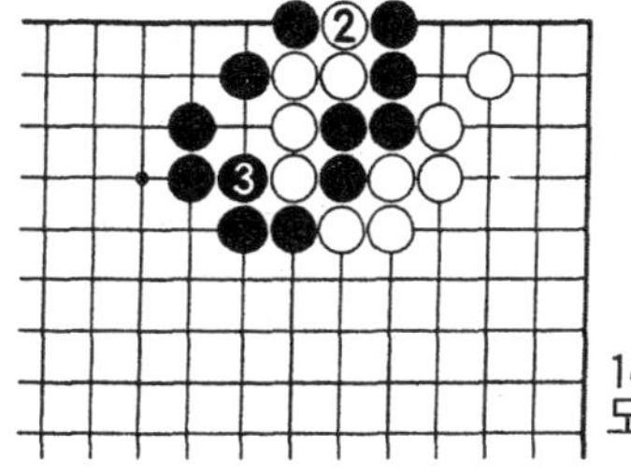

14<br>도

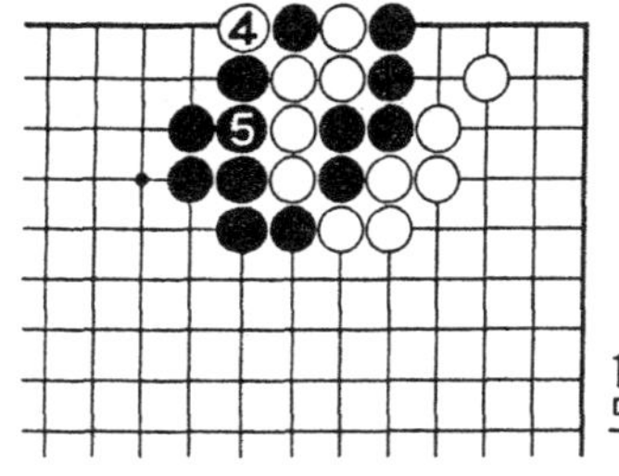

15<br>도

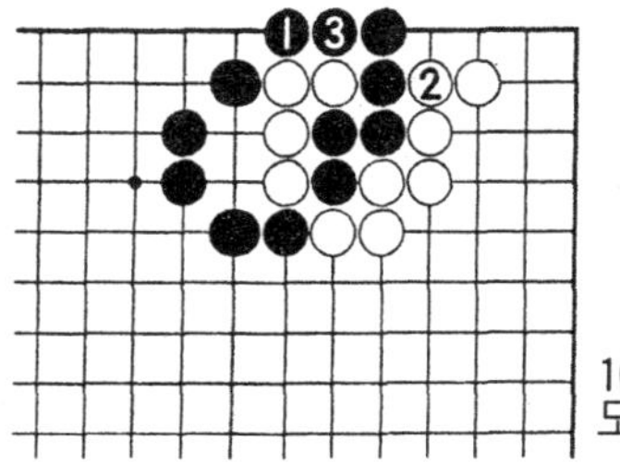

16<br>도

## 14도

백은 2로 놓지 않으면 안되고, 그 백2가 '몸 공격'과 같은 원리가 된 것입니다. 일부러 자신의 공배를 메꿔 주었기 때문에, 흑 3의 공배 메꾸기가 단수가 되었읍니다.

## 15도

백4로 한 점이 잡힌다해도, 흑5로 빼앗기. 일발의 차로 서로 공격의 승리입니다.

## 16도

흑1로 놓은 때, 백2라면 흑3으로 잇읍니다. 백 네 점이 잡혀져 있다는 것을 알 것입니다. 먼저 흑1로 놓은 효과였읍니다.

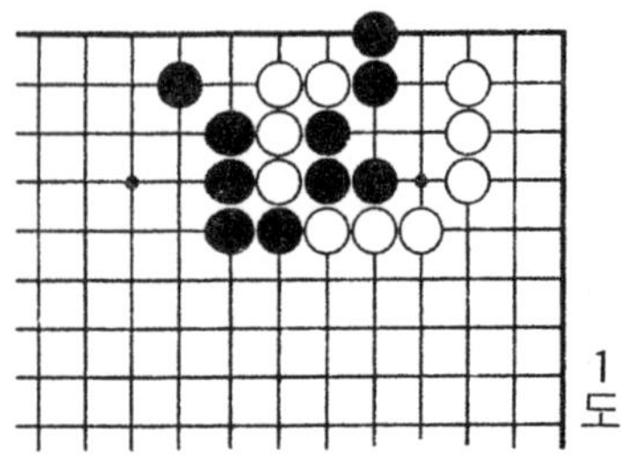

1도

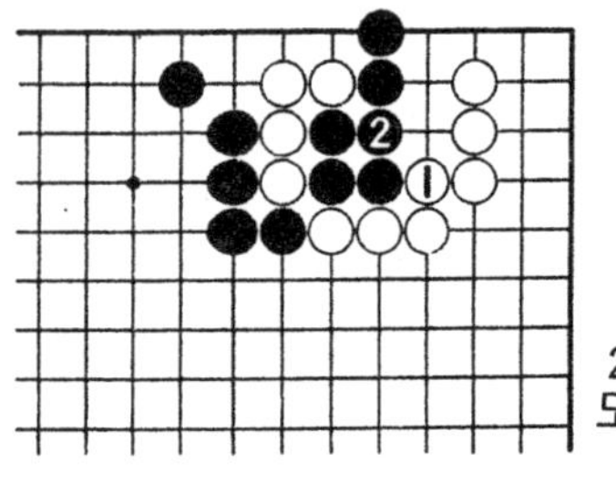

2도

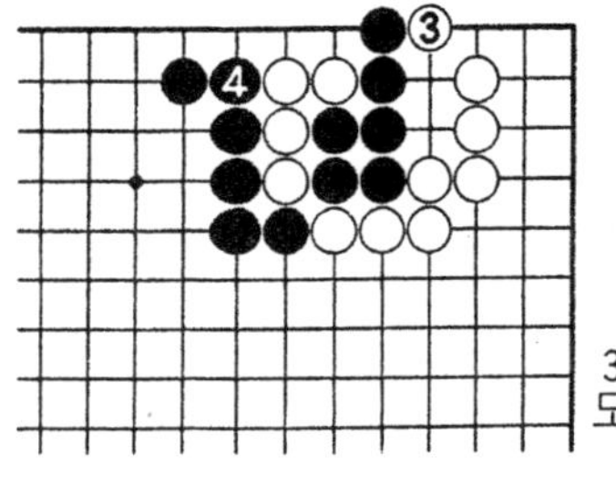

3도

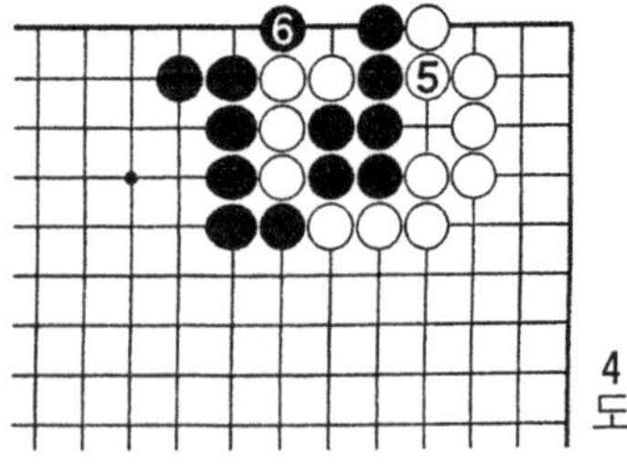

4도

## 서로 공격의 기술

서로 공격의 기본적인 맥을 두세 개 소개하겠다.

### 1도

백은 3수, 흑의 수수는 몇 수일까요? 상대의 수수를 줄이는 맥을 행사하여, 백이 서로 싸우기의 승리입니다.

### 2도

백1의 단수는 기분 좋은 수. 그러나 이것으로 이길 수 있을까요?

### 3도

백3, 흑4로 공배를 서로 메꿔——

### 4도

백5, 흑6까지 수순을 전진시키는 것은 확실합니다. 이런 평범한 공배의 서로 메꾸기

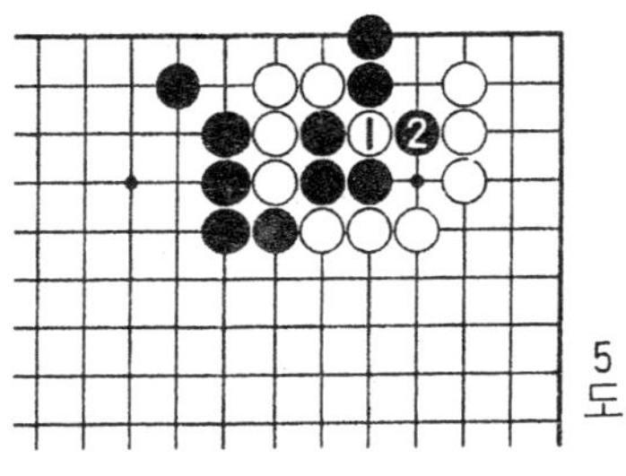

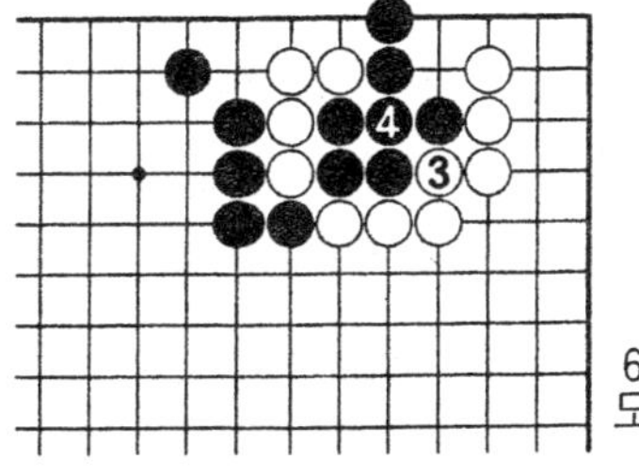

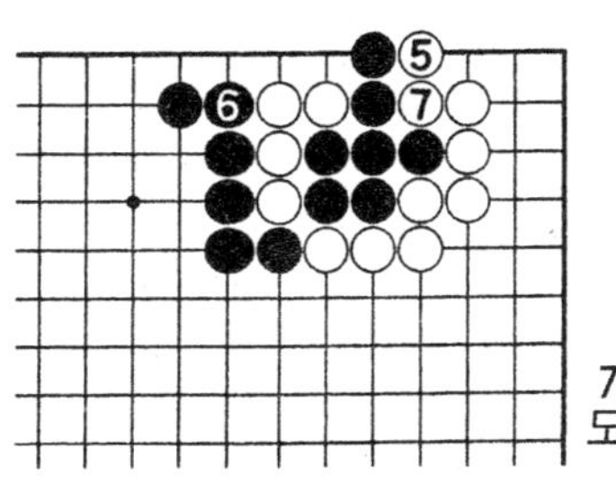

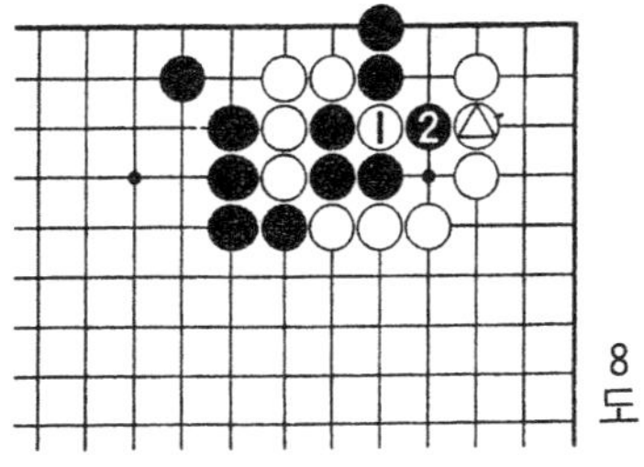

는 백이 승리할 수 없읍니다.

**5 도**

곧 단수를 걸지 않고, 백 1 로 '던져 넣기'의 희생타를 놓는 것이 맥입니다. 흑은 2 로 잡을 것입니다.

**6 도**

새로이 백 3 으로 단수하고 흑 4 로 잇게 합니다.

**7 도**

그리고 백 5·7 로공배를 메꾸어 가면 극히 알기 쉬운 서로 공격 한 수 승리입니다.

**8 도**

'던져 넣기' 가 맥이 되는 비밀은 △의 존재에 있읍니다. 백 1 로 놓고, 흑 2 로 잡기를 강요하는 것에 의해 흑 돌의 덩어리가 △에 접

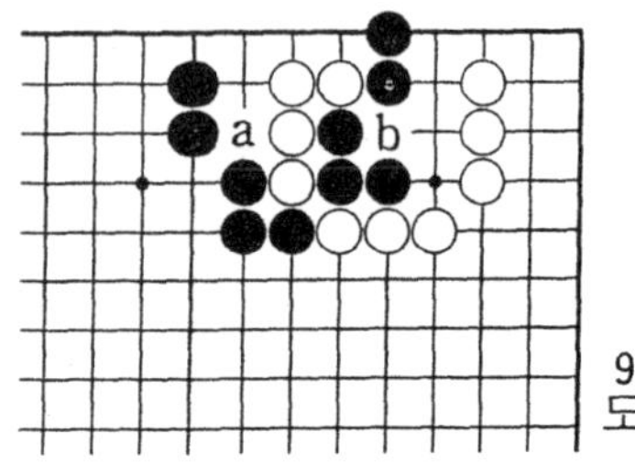

9도

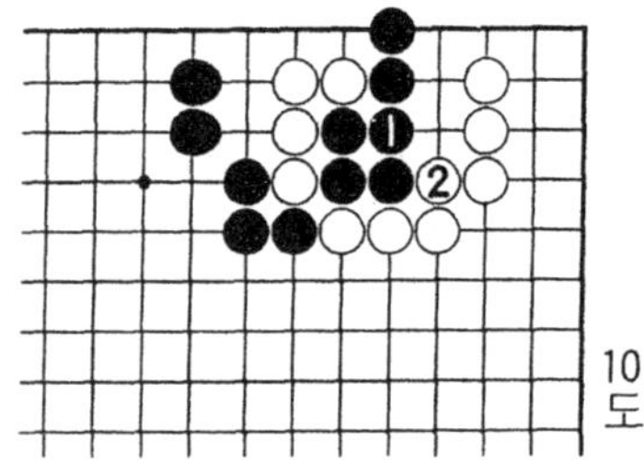

10도

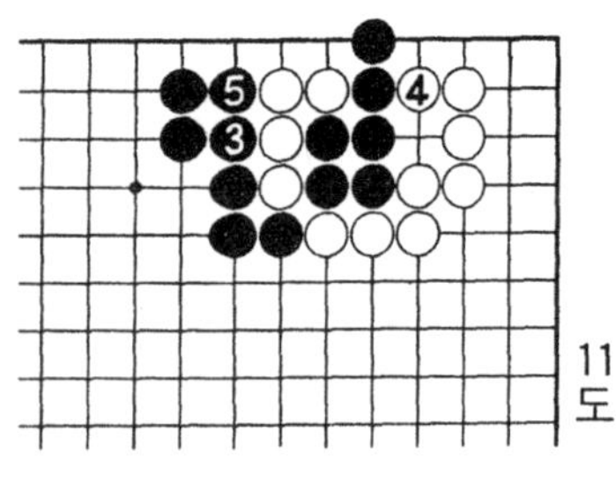

11도

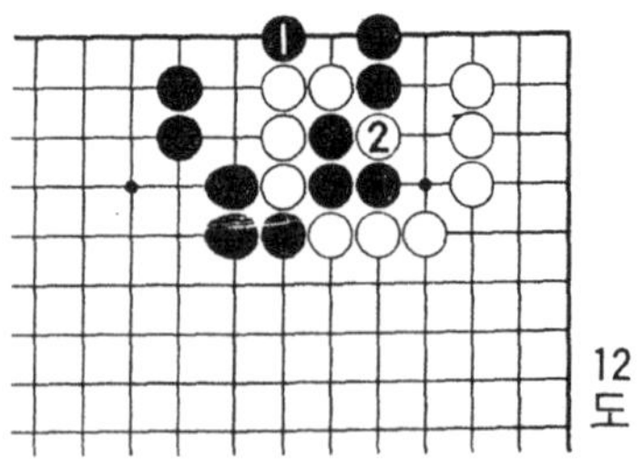

12도

촉하여, 그 때문에 자동적으로 흑의 공배가 하나 메꿔진 것입니다.

## 9도

형이 조금 바뀌어, 이번에는 흑부터 놓는 차례입니다. 흑a로 놓으면 백b 이하로 서로 공격에서 패배가 된다는 것은 확실합니다.

## 10도

던져 넣어져 곤란한 장소를, 흑1로 이어 지키는 것이 자신의 수수를 뻗는 맥입니다. 이미 백으로써도 2 이하로 공배를 메꿉니다.

## 11도

흑3, 백4로 메꾼 단계에서 공배수가 3:3.

## 12도

흑1로 붙이는 것도 맥이지만 백2의 던져 넣기가 보다 강렬.

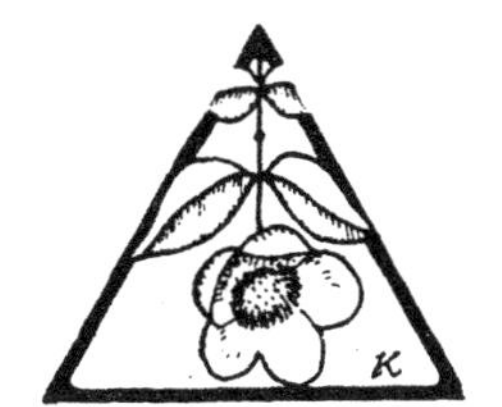

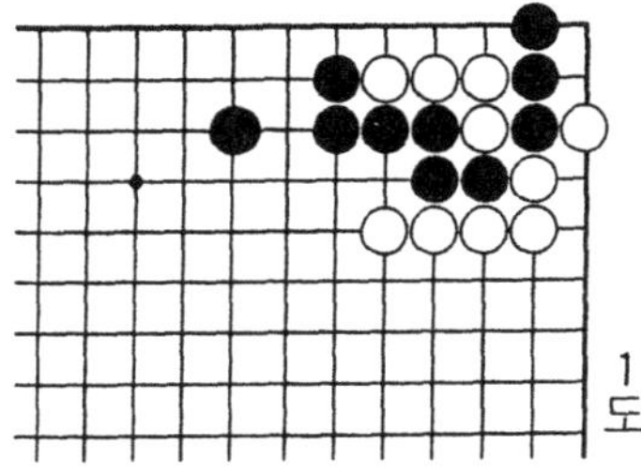

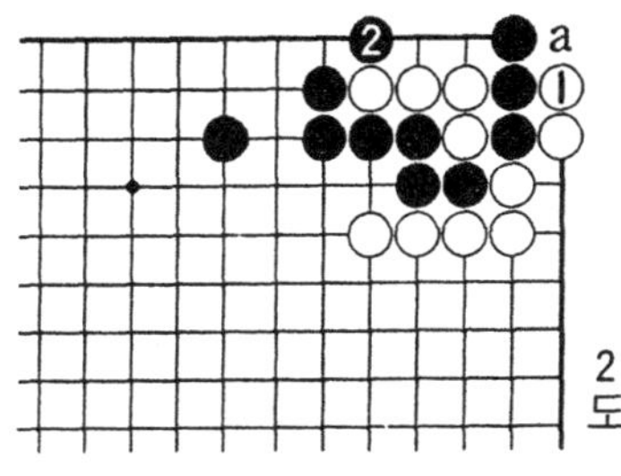

## 2. 넣을 수 없는 장소

### 잇기가 필요

**서로 공격의 맥의 백미는 '넣는 수 없음' 과 '눈 있고 눈 없음'**

1도

**1도**

3 : 3의 서로 공격이지만, 이 형은 백이 이길 수 없습니다.

2도

**2도**

백 1에는 흑2. 다음에 백은 '맨발' 로 a의 점에 놓을 수 없는 것입니다.

3도

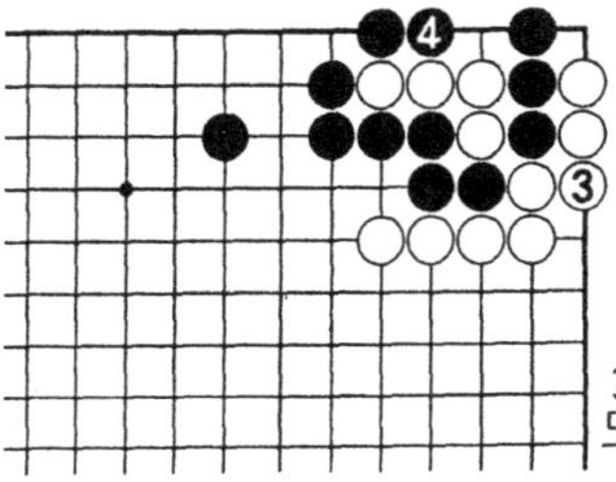

**3도**

백 3의 잇기 전에 흑 4의 단수가 와버리는 것입니다.

**4도**

흑에서 어떻게 놓으면 서로 공격에서 이길 수 있을까요. 일단

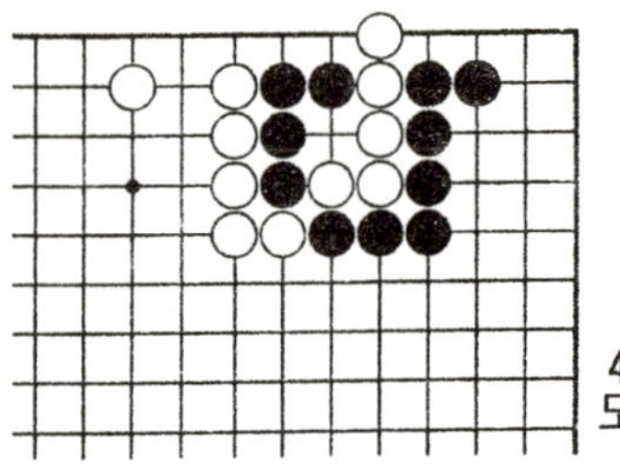

4도

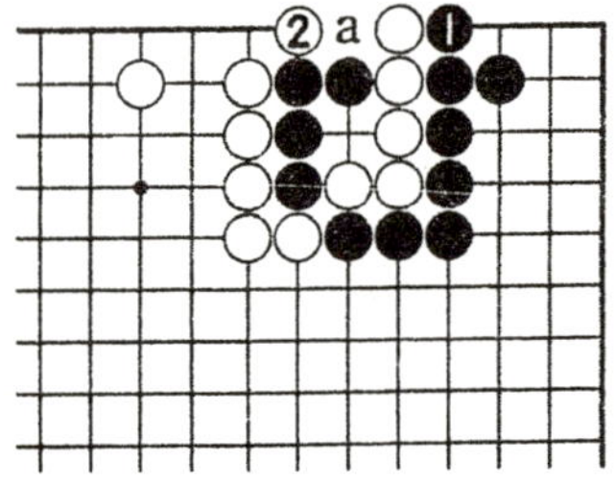



5도

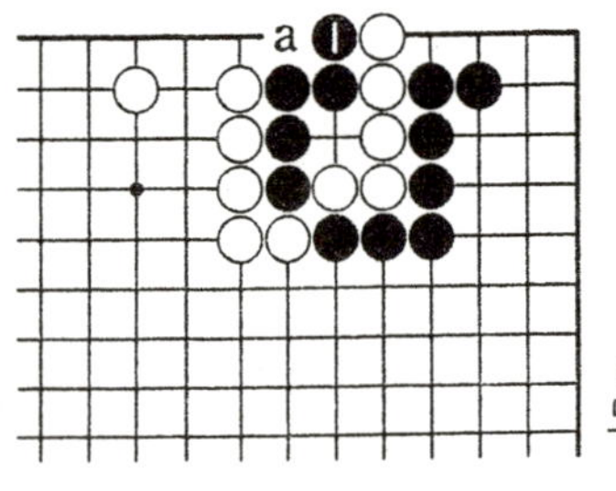



6도

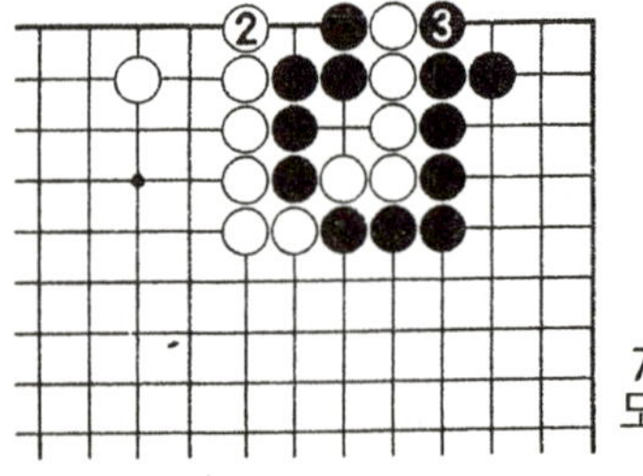



7도

3：3이지만 내 공배 하나가 심상치 않읍니다.

**5도**

흑1로 외 공배를 메꾸는 것은 백2로 놓여 서로 공격의 패배. a에 흑부터 놓을 수 없는 형이 되어 있읍니다.

**6도**

이 경우는 흑1이 호수. 몸 공격은 있어도 a의 점에 '넣는 수 없음'의 장소를 만들고 있기 때문에, 자신의 공배는 메꾸고 있지 않은 것입니다.

**7도**

백2로 잡으려는 사이에 흑3으로 단수를 걸어 서로 공격에서 승리가 되었읍니다. 제1선은 '넣는 수 없음'에

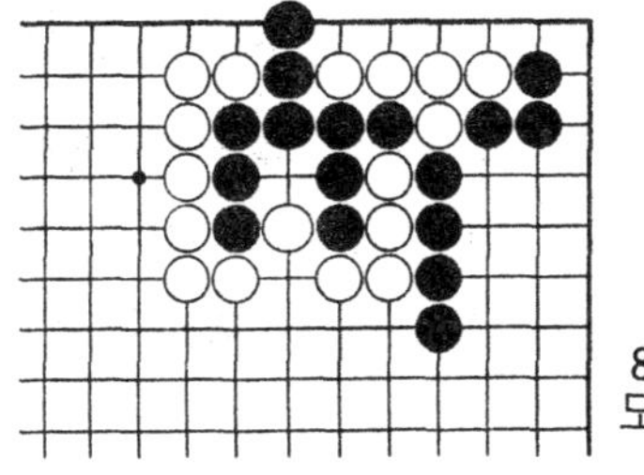

8
도

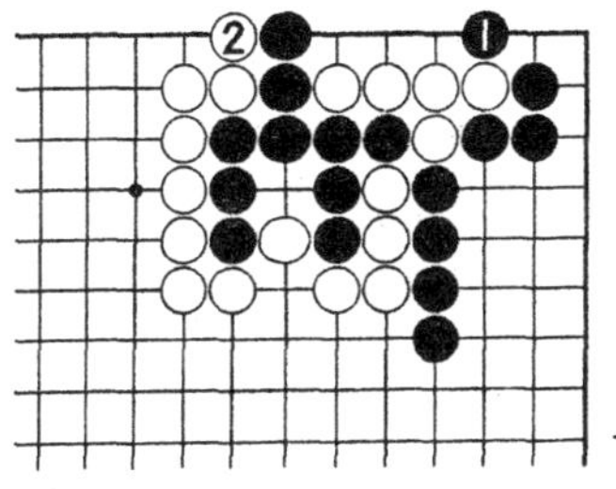

9
도

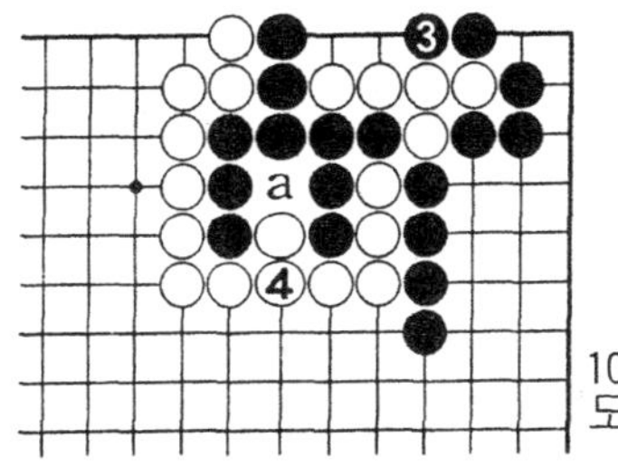

10
도

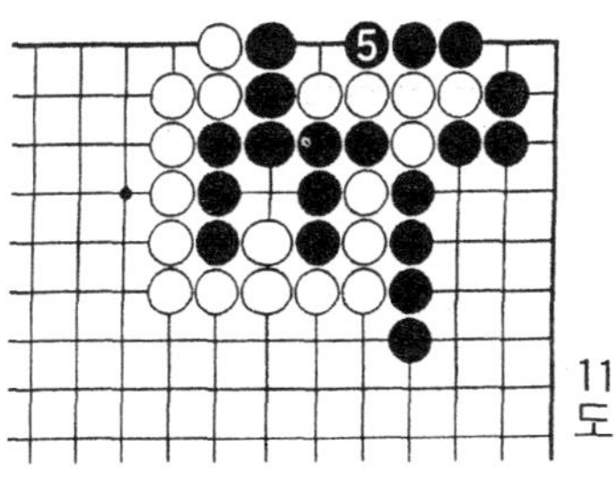

11
도

때때로 사용됩니다.

8도

중앙에서의 '넣는 수 없음' 입니다. 보기에는 흑 3수, 백 4수이지만, 흑부터 놓으면 서로 공격의 승리입니다.

9도

흑1로, 보통 바깥쪽에서 공배를 메꾸고, 2 : 3이 되는데——

10도

흑3 때 백은 4로이어야 하는 것이 약점. a의 점에는 맨발로 넣는 것입니다.

11도

일순 빠르게 흑5로 단수를 걸어, 서로 공격의 승리가 되었읍니다. 넣을 수 없는 장소를 발견하고, 만드는 것이 서로 공격의 승리 요령인 것입니다.

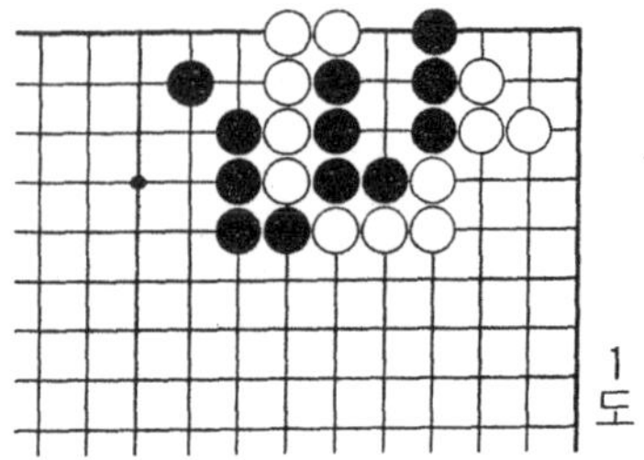

1 도

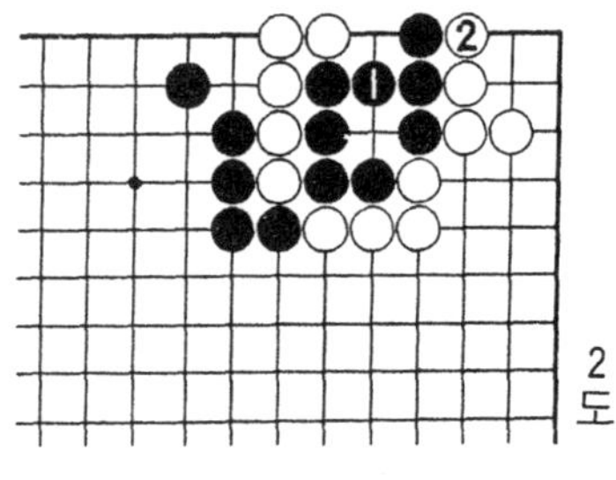

2 도

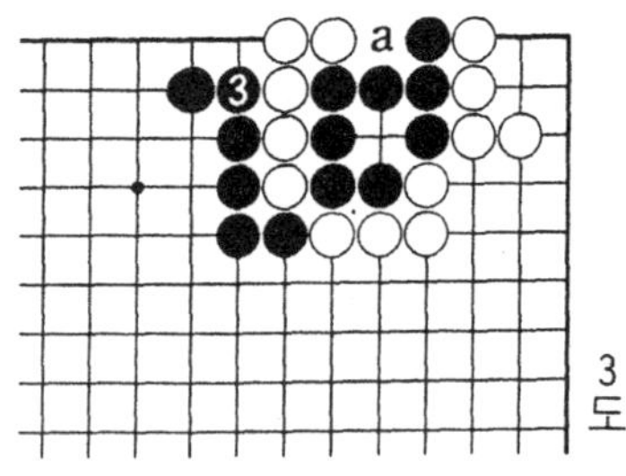

3 도

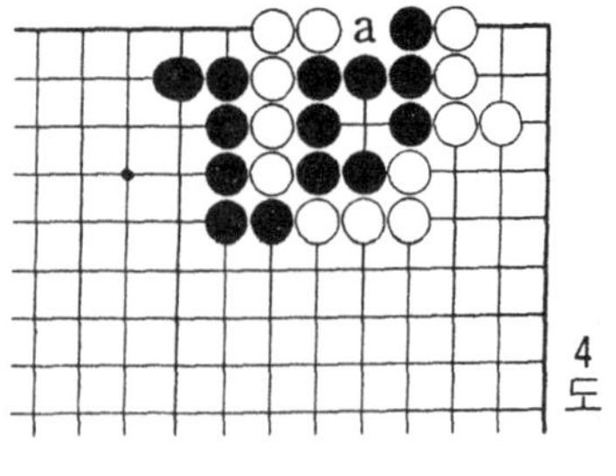

4 도

## 눈 있고 눈 없음

상대가 넣을 수 없는 내 공배를 만드는 것이 눈 있고 눈 없음의 맥.

### 1 도

흑부터 놓아 서로 공격에서 이길 수 있는 수가 있을까요?

### 2 도

흑1로, 잠자코 눈을 만드는 것이 호수입니다. 백2라면——

### 3 도

흑3으로 놓고, 백은 a의 점에 공배를 메꿀 수 없습니다.

### 4 도

이대로의 형에서 서로 공격의 승리. 흑은 눈모양을 만드는 것에 의해 a의 점인 내 공배를 자신의 편이 되게 한 것입니다.

### 5 도

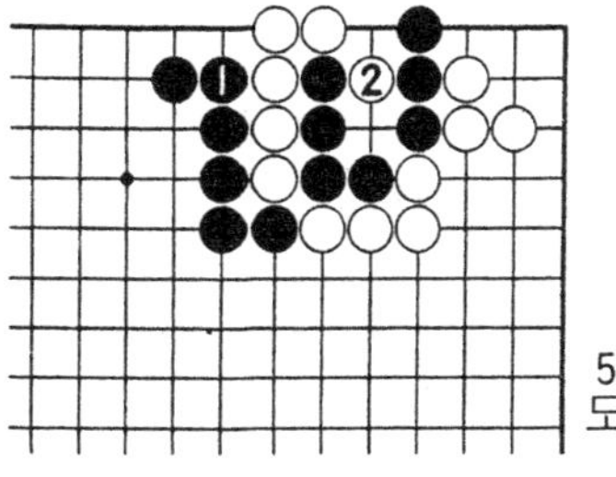

5 도

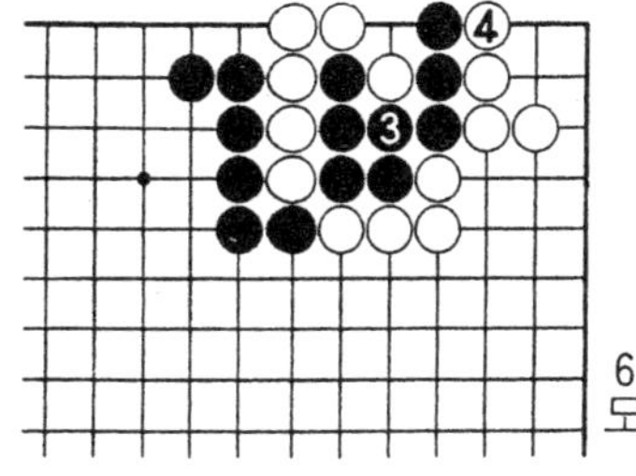

6 도

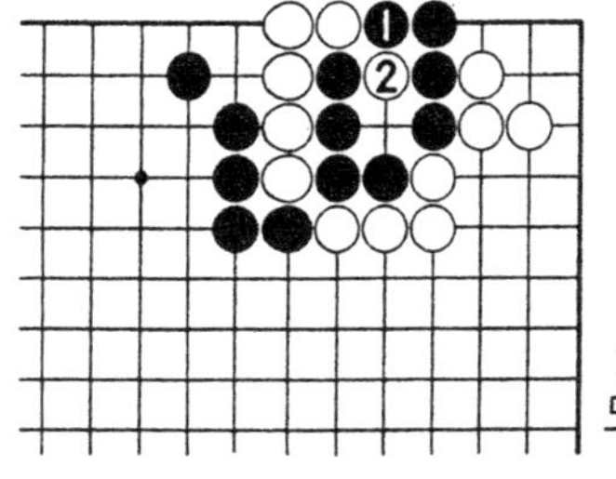

7 도

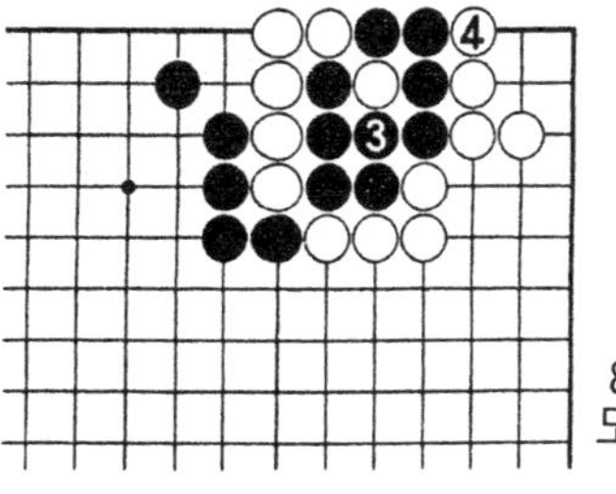

8 도

　흑1로, 서둘러 외공배를 메꿔가면 이길 수 없읍니다. 백2의 단수가 옵니다.

　**6 도**

　흑3으로 이은 때, 백4로 바깥쪽에서부터 단수를 걸어 흑은 꼼짝할 수 없게 되었읍니다.

　**7 도**

　또, 흑1로 안쪽에서부터 공배를 메꾸는 것도 안됩니다. 역시 백2의 단수가 옵니다.

　**8 도**

　흑3으로 잡은 때, 백4로 단수 걸어 이것도 서로 공격의 패배입니다.

　눈이 있는 돌은 내 공배를 자기편으로 할 수 있다는 것을 알면, 까다로운 형의 서로 공

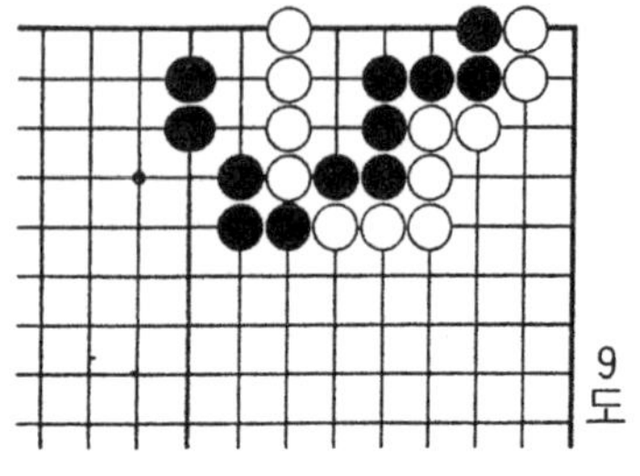

격에서도 수수의 계산
이 편해집니다.

**9도**

백이 6수, 흑이 4
수, 도저히 이길 수 없
을 것 같은 형입니다.

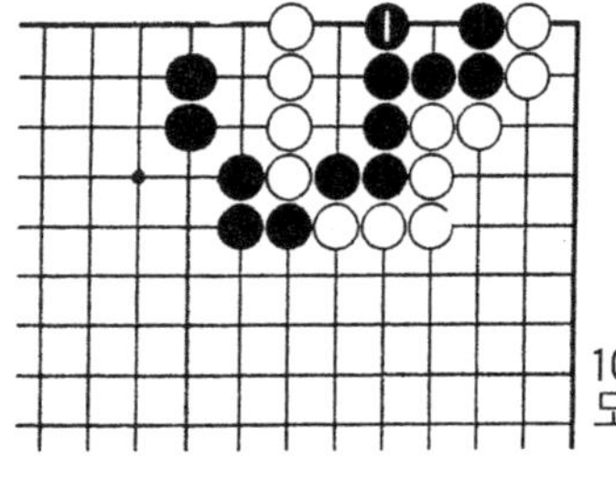

**10도**

흑1이 좋은수. 이것
으로 내 공배가 자기편
이 됩니다.

**11도**

내 공배의 a, b, c를
흑의 수수로써 세면,
흑에는 4수 있읍니다.
한편, 백은 외 공배만
3수. 그렇다면, 흑 승
리는 당연할 것입니다.

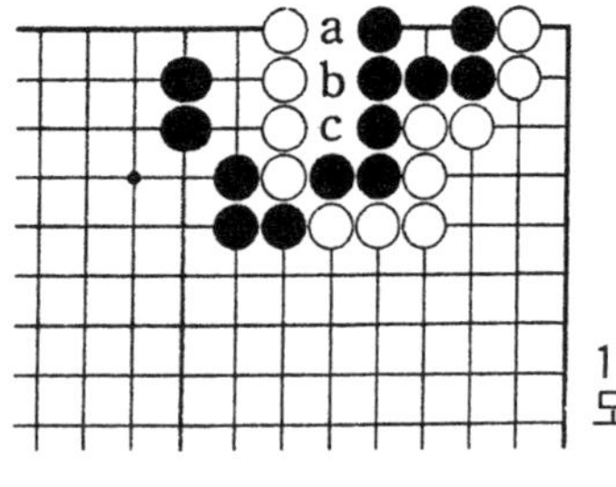

**12도**

백2 이하, 공배를 메
꿔 확인해 보도록. 흑
승리입니다.

**13도**

'눈 있고 눈 없음'은

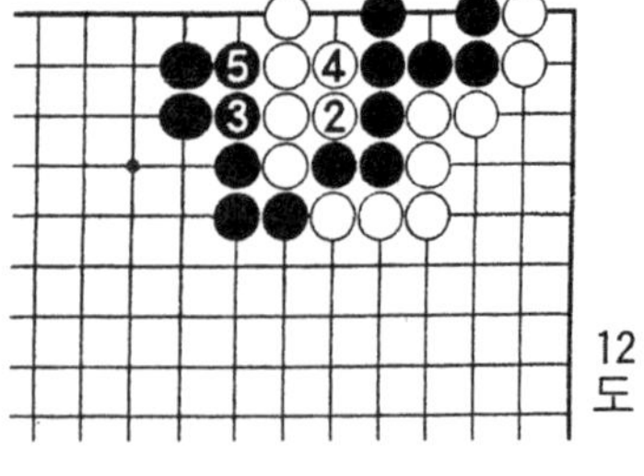

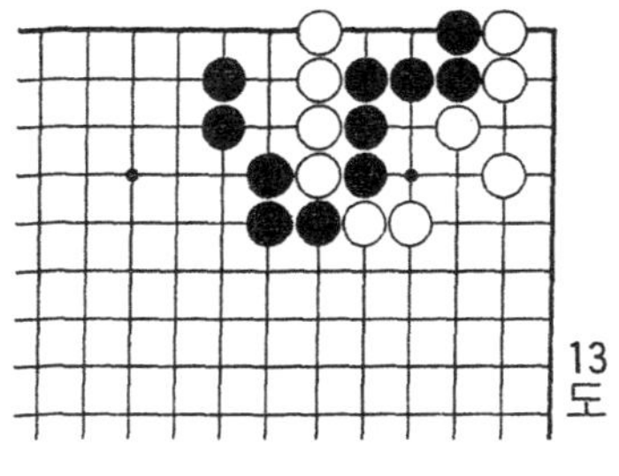

13도

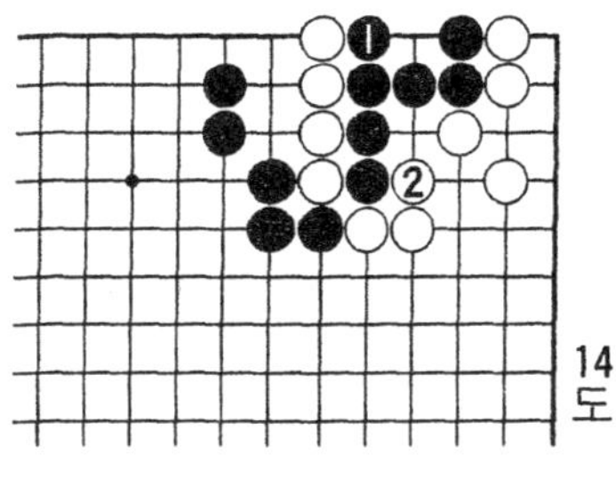

14도

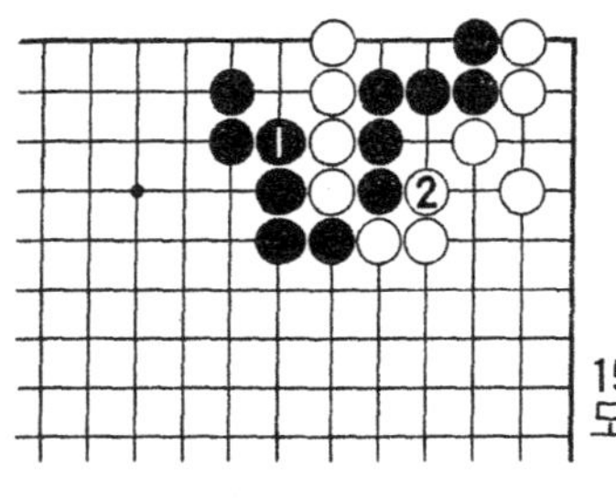

15도

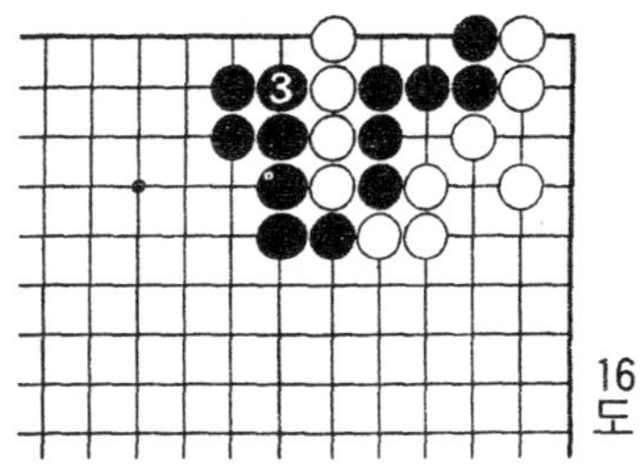

16도

내 공배를 자기편으로 하는 것이므로, 만일 내 공배가 없을 때는 아무런 도움도 되지 않는 것입니다. 흑부터 어떻게 놓으면 서로 공격에서 이길 수 있을까요?

**14도**

흑1로 눈을 만드는 수는 내 공배가 없어 의미가 없읍니다. 오히려 '몸 공격'이 되어 백2로 지게 됩니다.

**15도**

잠자코 흑1로 외 공배를 메꿔 서로 공격하면 이길 수 있는 것입니다. 백2로 놓여져도, 3：3으로 흑이 선수.

**16도**

흑3으로 놓아 한 수 승리는 분명해집니다.

# 3. 빅

## 서로 공격의 빅

서로 공격의 빅은 생사의 빅과는 다르다. 한 편이 한 편을 에워싸고 있지 않다.

### 1도

흑 세 점과 백 네 점은 빅의 형. 모두 눈이 없으므로 서로 공격이지만, 모두 수 내기가 불가능.

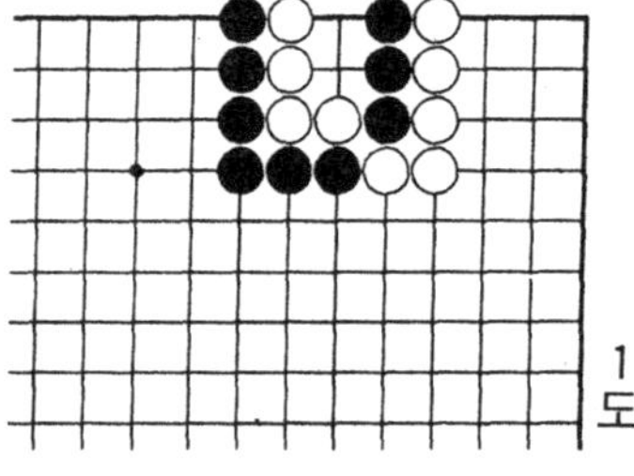

### 2도

a, b 어느쪽도 놓은 쪽이 잡힙니다.

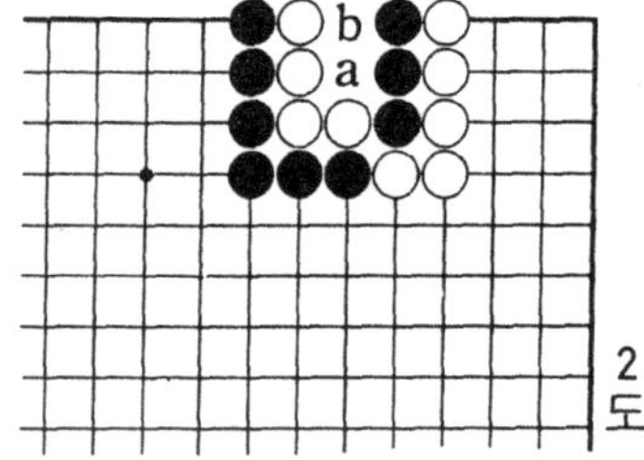

### 3도

엄밀하게 말하자면, 바깥쪽의 돌이 분명히 살아 있다는 조건입니다.

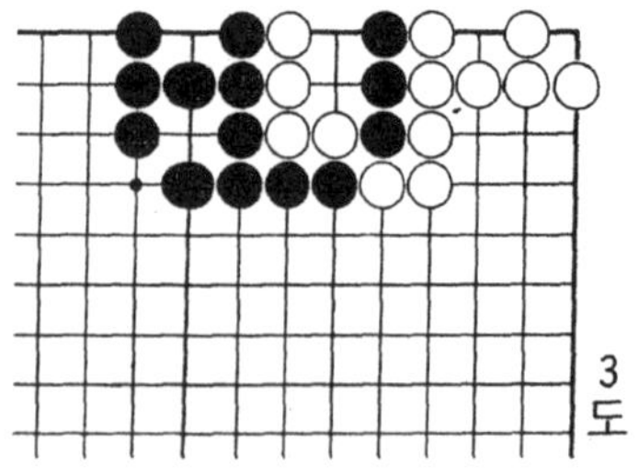

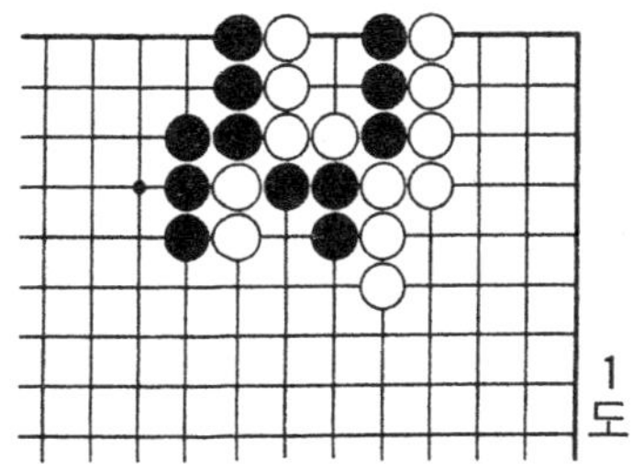

## 빅 무너짐

빅은 바깥쪽이 깨지면 빅 무너짐이 일어난다.

### 1 도

백부터 놓으면 어떤 일이 일어날까요?

### 2 도

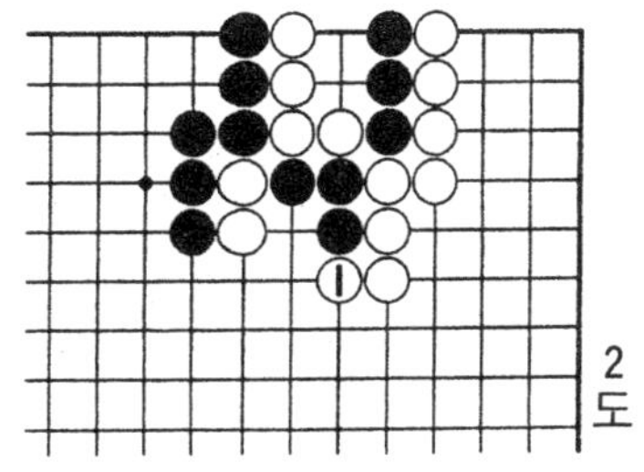

상변의 빅은 변함없이 수 낼 수 없지만, 바깥쪽의 흑 세 점을 백 1로 잡읍니다.

### 3 도

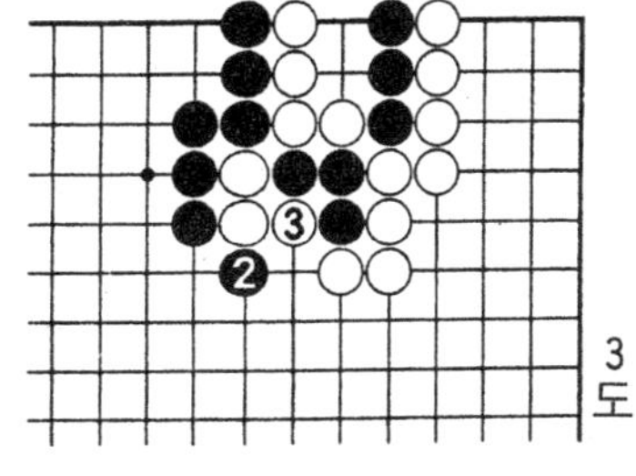

흑 세 점은 꼼짝할 수 없어, 결국 백 3으로 잡힐 것입니다.

### 4 도

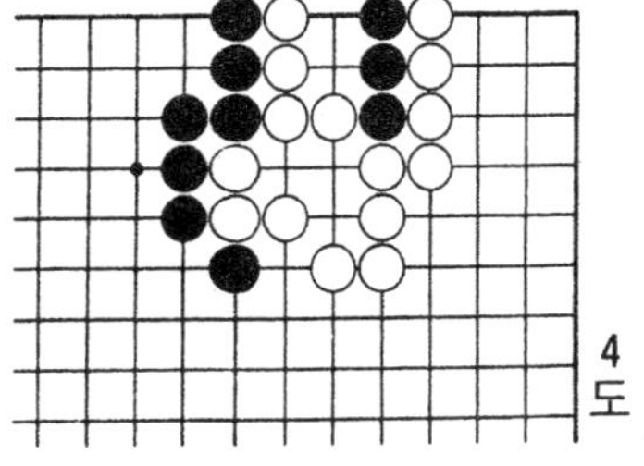

잡힌 모양을 봅시다. 백은 환생하고, 흑 세 점은 남겨졌읍니다. 이것이 빅 무너짐이라는 무서운 현상입니다.

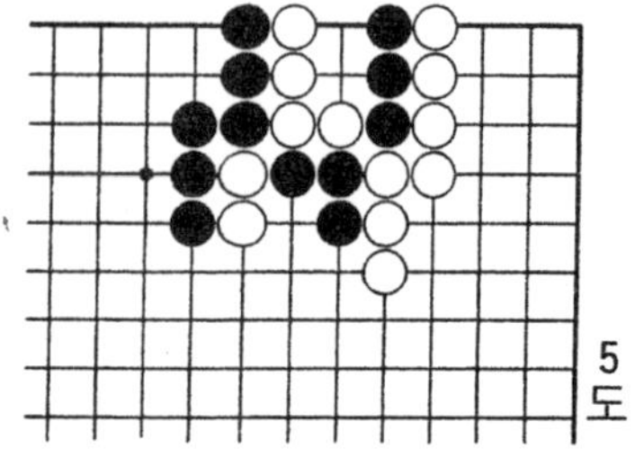

5도

1도와 같은 형으로, 이번에는 흑부터 놓아 봅시다.

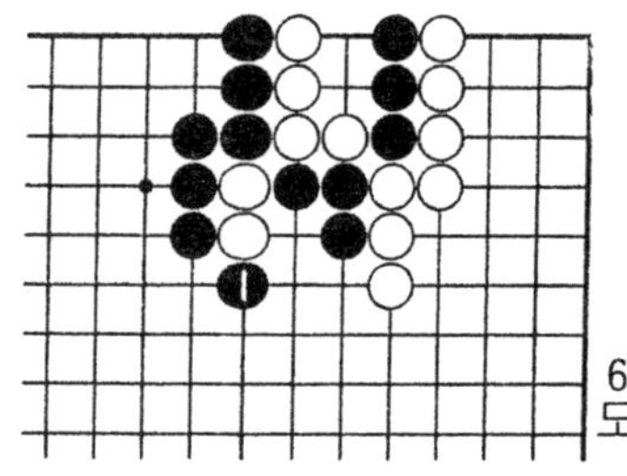

6도

흑1로 놓으면 백두 점을 잡을 수가 있읍니다.

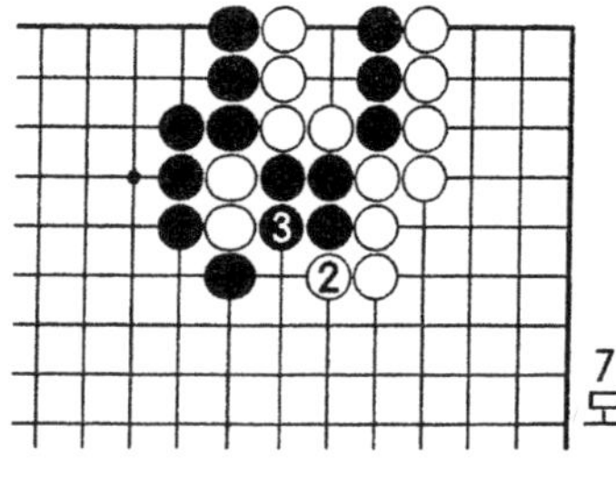

7도

흑3으로 놓으면 어떤 일이 일어날까요?

8도

아무 일도 일어나지 않습니다. 상변의 빅은 변함없이 빅인 채입니다. 이 점을 착각하지 않도록 주의합니다.

조금 더 규모가 큰 빅 무너짐의 형을 봅시다.

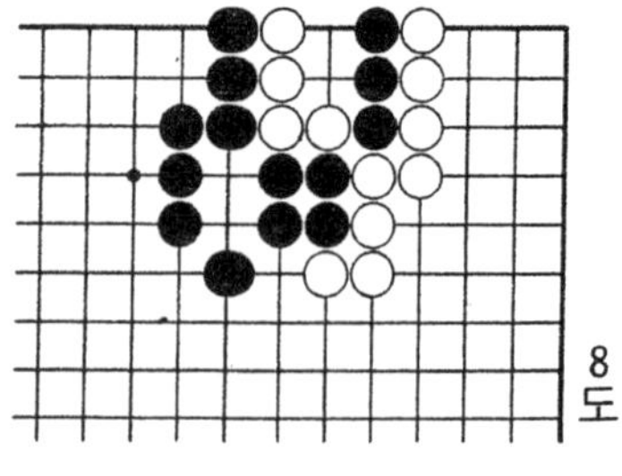

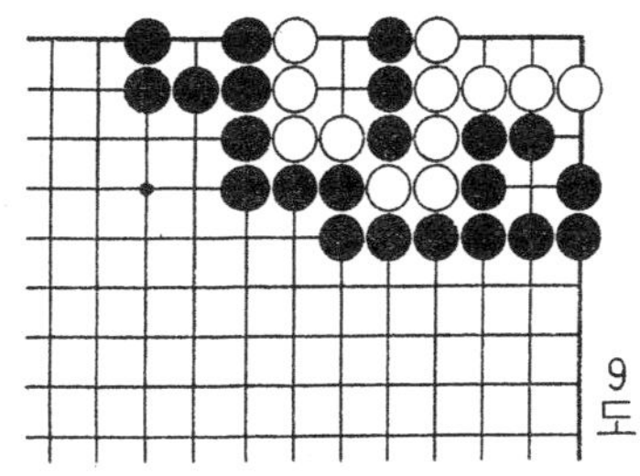

9도

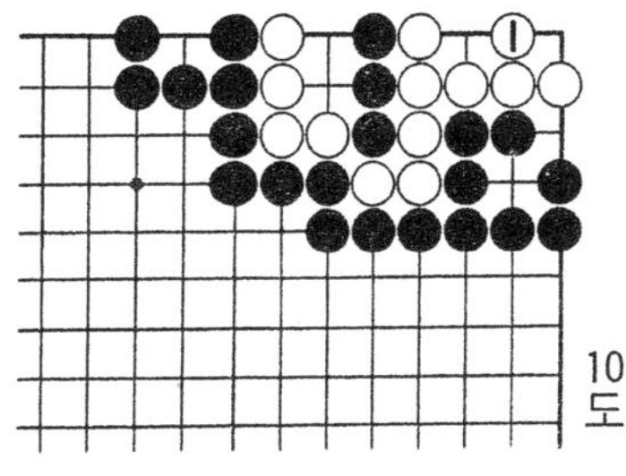

10도

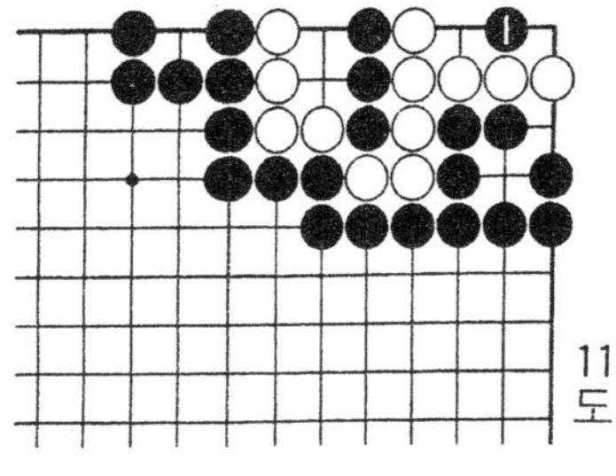

11도

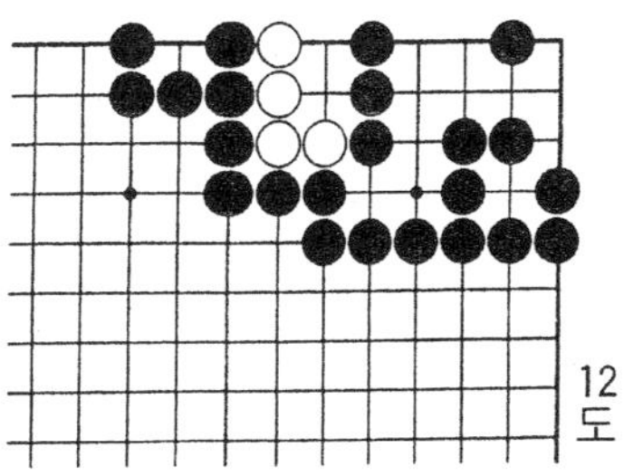

12도

## 9도

상변의 빅을 확정하기 위해 백은 서둘러야 할 수가 있읍니다.

## 10도

백1로 산 빅이 확정. 바깥쪽의 흑도 살아 있읍니다.

## 11도

백이 손을 빼어 흑1로 죽었다고 합시다.

## 12도

죽은 돌은 종국 후 그대로 집어 올릴 수가 있읍니다. 죽은 백돌을 빼 보면, 빅도 무너지고, 더욱 네 점도 그대로 집어 올려져 버립니다.

10도라면 빅의 돌은 종국 후에도 그대로 반상에 남습니다.

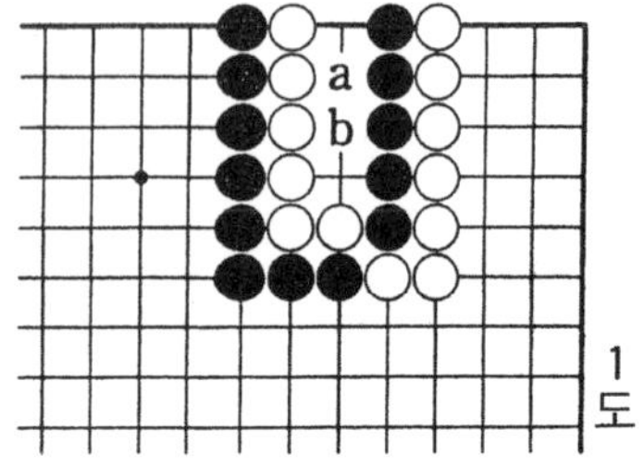

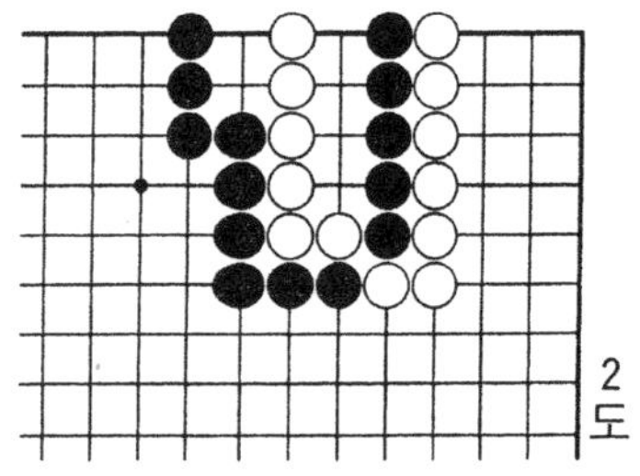

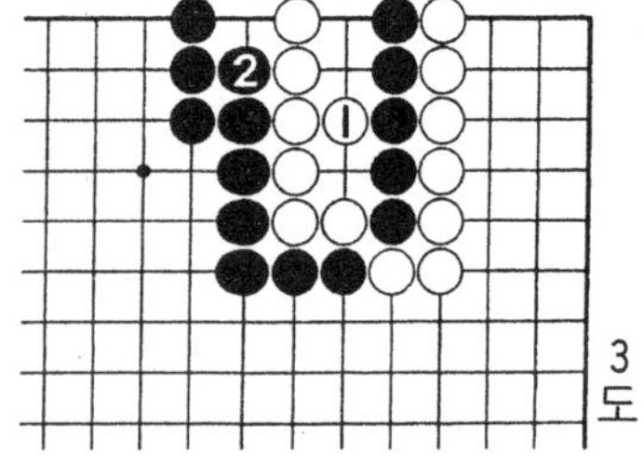

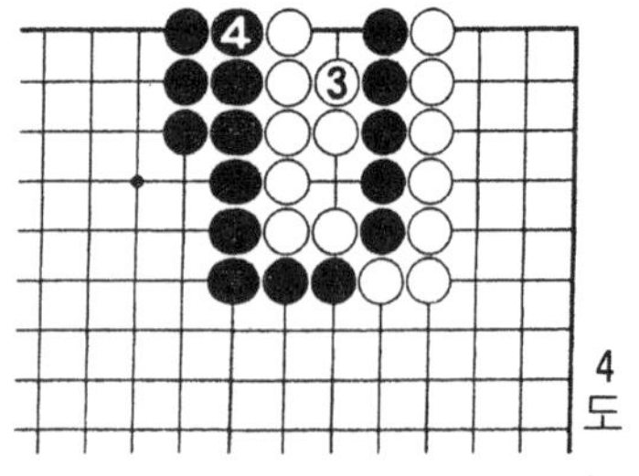

# 빅의 여러 가지

눈이 있는 빅 등, 빅의 형은 여러 가지.

### 1도

이대로 빅입니다. a, b 등 놓아도 좋지만, 아무런 의미도 없읍니다.

### 2도

어느쪽도 서둘러 놓지 않아도 빅이 됩니다.

### 3도

백1로 메꾸어가 서로 공격에서 이길 수 있을까요?

### 4도

결국 흑4 까지의 빅입니다.

2도에서 흑이 놓아도 물론 빅. 쓸데없는 수는 놓지 않도록.

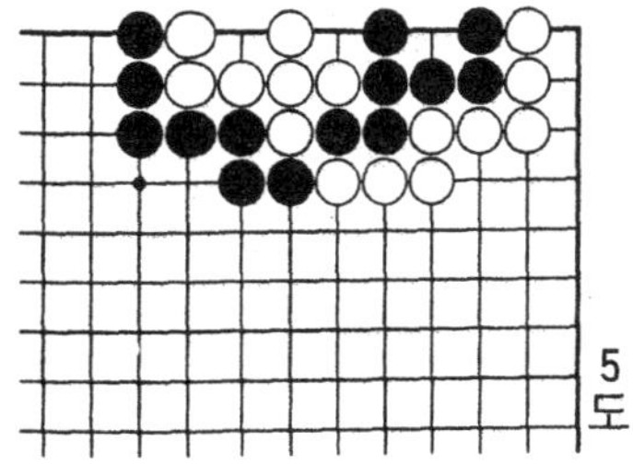

5
도

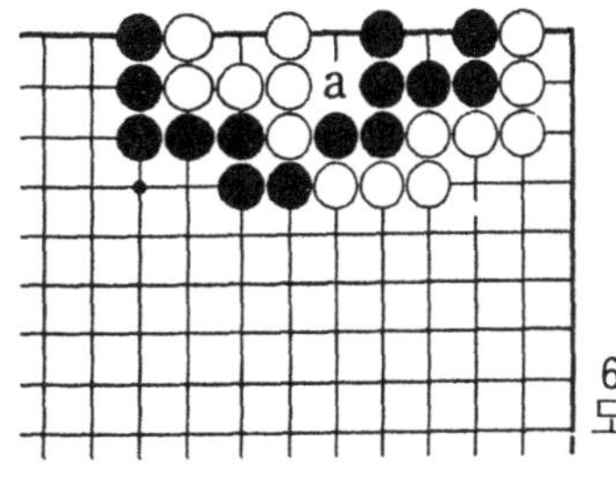

6
도

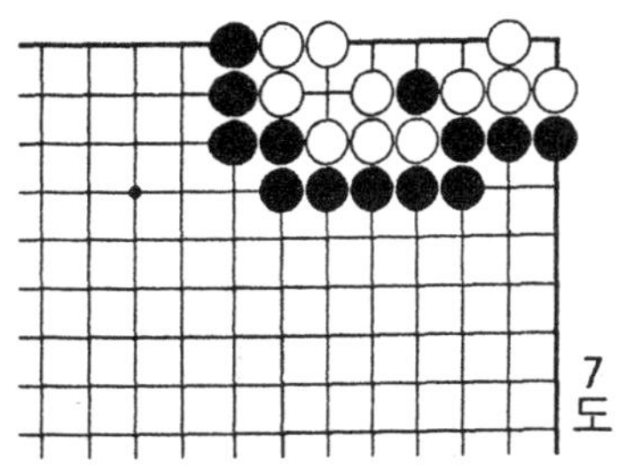

7
도

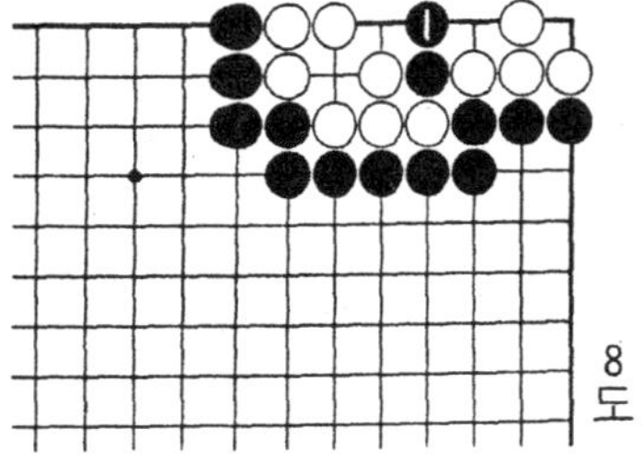

### 5도

눈이 있는 돌 끼리의 빅입니다.

### 6도

내 공배가 둘 있어도, 더욱 서너 개 있어도 빅에 변함은 없읍니다. 흑a 등으로 놓는 것은 쓸데없는 수가 됩니다.

### 7도

흑부터 놓아, 어떤 결과가 될 것인가요?

### 8도

흑1로 놓으면 모두 꼼짝할 수 없는 형입니다. 즉, 이대로 빅이 되어, 공격에서는 눈이 있는 형이 유리. 그러나 이와 같이 눈이 없는 돌이라도 작용시키기에 따라서는 눈이 있는 돌을 곤란하게 만들 수가 있을 것입니다.

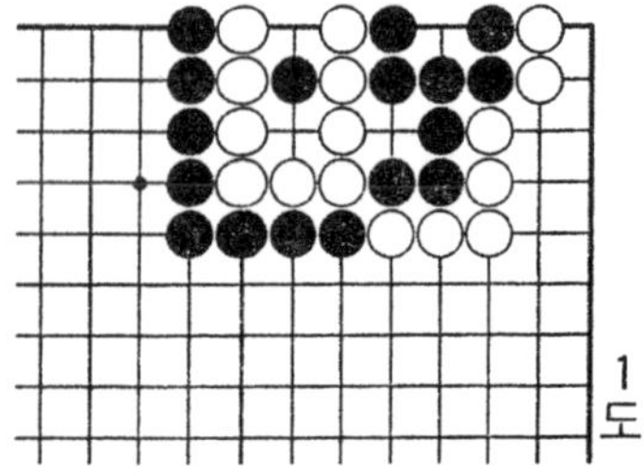

1도

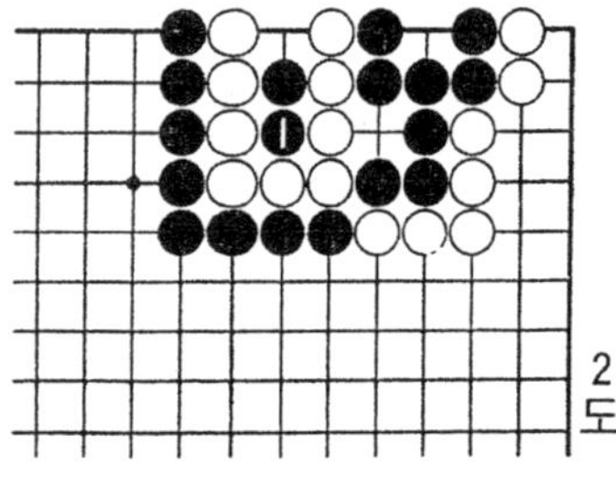

2도

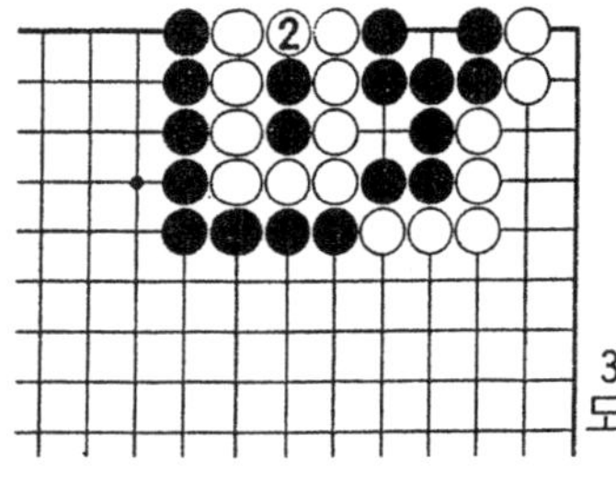

3도

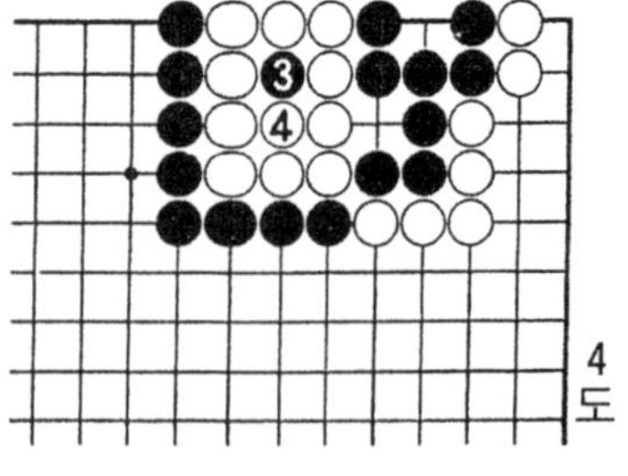

4도

## 빅의 집

빅의 눈은 '집'이 아닌, 딴 돌만이 집이 된다.

**1도**

이대로는 빅이 아닙니다. 흑부터 한 수 필요합니다.

**2도**

흑1로 놓아 빅입니다.

**3도**

백2로 2눈 잡으면 흑은 또 한 수 필요하게 됩니다.

**4도**

흑3, 백4로 빅이 확정. 그럼 이 형은 종국 후도 이대로인데, 3도에서 2눈, 본도에서 한 눈을 잡은 백쪽의 따낸 돌은 상대의 집을 메꾸기 위해 사용할 수 있는 것입니다.

**5도**

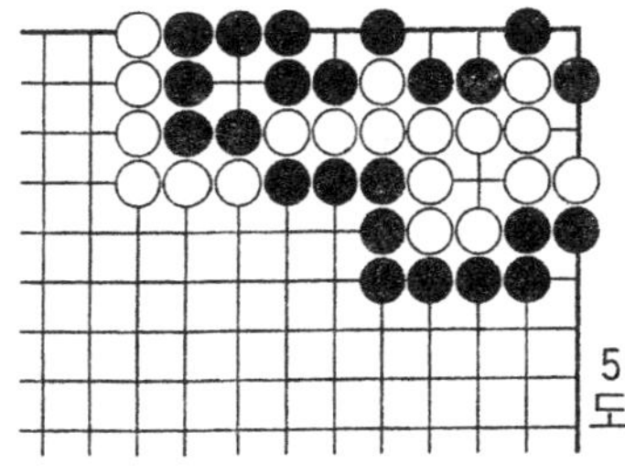

5도

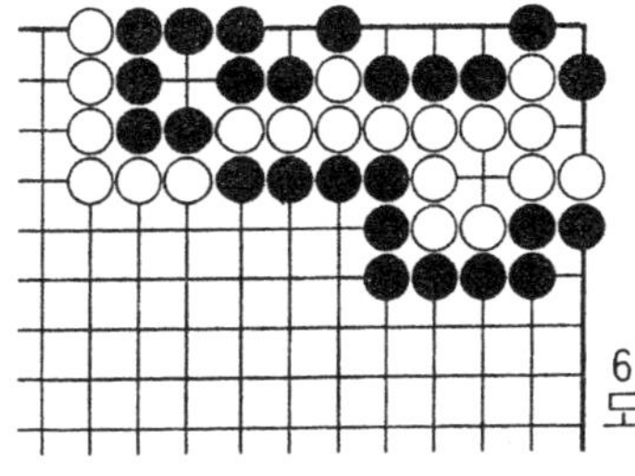

6도

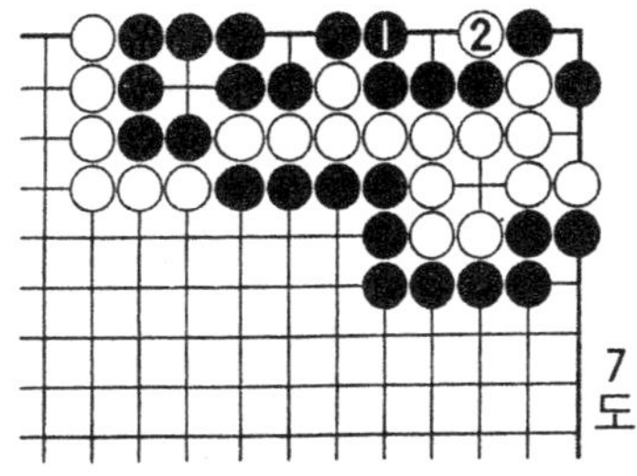

7도

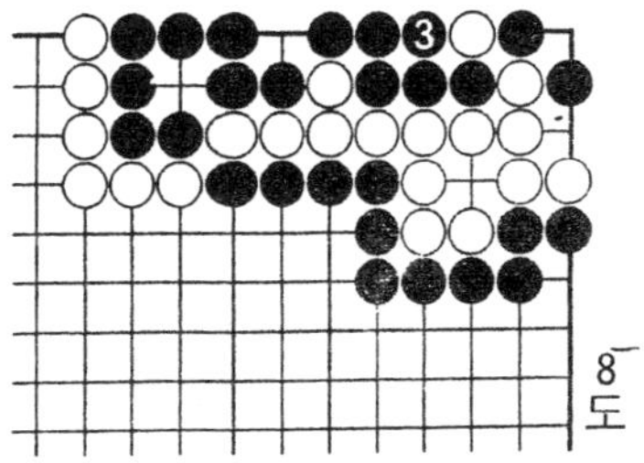

8도

빅의 속의 집이란, 상대의 돌을 잡는 권리라고도 바꾸어 말할 수 있을 것입니다. 이 집은 공집 (空目) 입니다.

**6도**

이 모양이라면, 흑집이 한 집 있읍니다.

**7도**

종국 직전이라도, 흑 1로 놓아 백 2 의 깎아내어 놓기를 유인합니다. 백 2 를 생략하면 살므로, 이것은 필연.

**8도**

흑 3 으로 잡아서, 1 집의 딴 돌을 얻읍니다. 딴 돌은 종국 후 상대의 집을 메꾸기 위해 사용되므로, 상대의 마이너스 1 집. 자신의 프러스 1 집으로써 계산해도 좋을 것입니다.

# 위기의 이상한 변화

## 양패

**두 개의 패가 생사에 관련되는 양패는, 여러 가지 형이 있다.**

두 개의 패가 쌍방의 생사에 관련되어 있는 것이 '양패'입니다. 단, 양패에는 빅, 삶, 죽음 등이 있고, 우선 그것을 구분할 필요가 있읍니다.

**1도**

빅. '양패 빅'은 상대가 패를 잡아 단수를 걸어오면, 또 하나의 패를 잡으면 좋고, 그 이상의 일은 불가능합니다.

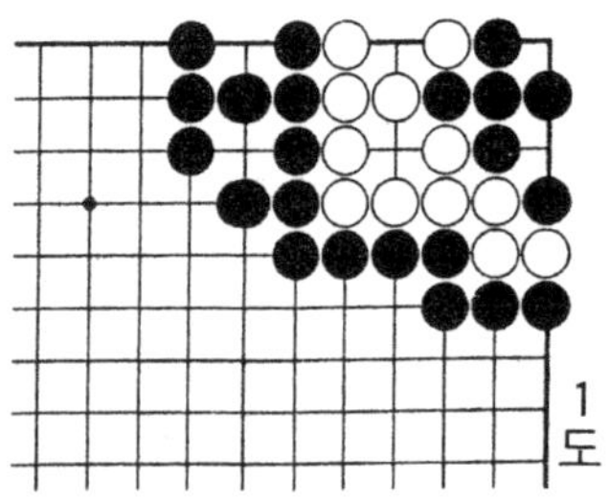

**2도**

혹에 눈이 없고, 혹은 '양패 죽음', 백은 '양패 삶'입니다. 단 혹은 여기에 무한의 패 세우기가 듣기 때문에 다른 방면의 패 싸움에 강하다라는 폐물(廢物) 이용법이 있읍니다. 백a로 잡아 두면 무사하지만, 1집 손해이고, 혹에 다른 방면에 놓여져 1수 손해입니다.

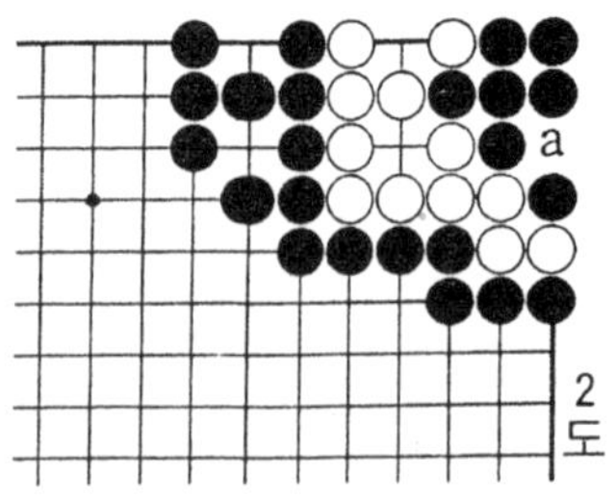

# 제 5 장

# 패와 패 세우기

패는 바둑 중에서 가장 어려운 싸움입니다. 생사의 패, 서로 공격의 패, 손익의 패 등이 있고, 패의 형에도 본패, 종반패, 2단패 등이 있읍니다.

패와 패 세우기를 이해하면 매우 강해질 것입니다.

## 1. 생사의 패

## 눈모양의 패

두 눈을 구분하는 패
와 한 눈 작성의 패.

### 1도

이 형은 앞에서도 나
왔었읍니다. 보통 곡
4궁이 아닙니다.

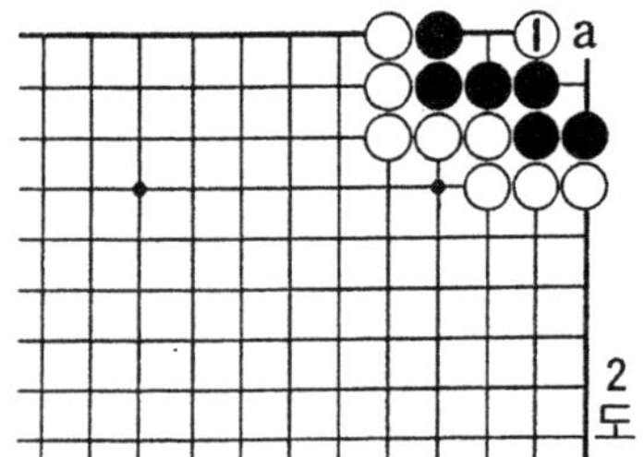

### 2도

백1로 붙이는 수가
있읍니다. 방치해 두
면 백a로 가운데 수의
죽음.

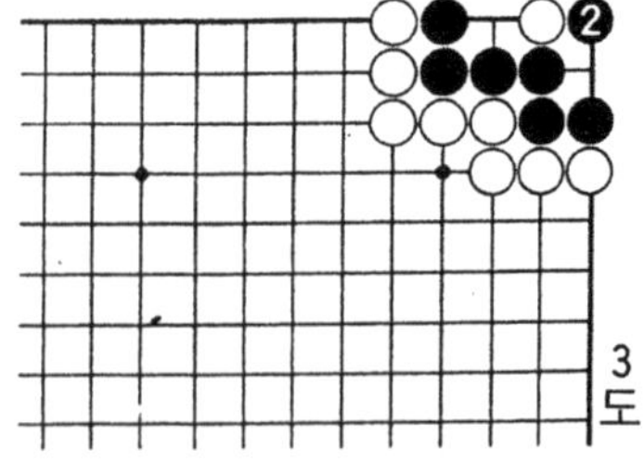

### 3도

흑2로 '던져 넣기'
밖에 없지만——

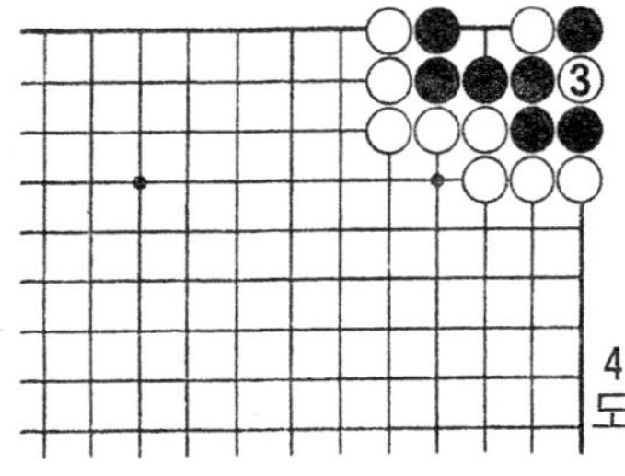

**4 도**

4 도

백3으로 따내어 '패'
인 것입니다.

**5 도**

흑은 곧 패를 따내
지 않고, 달리 패 세
우기를 구하게 될 것입
니다.

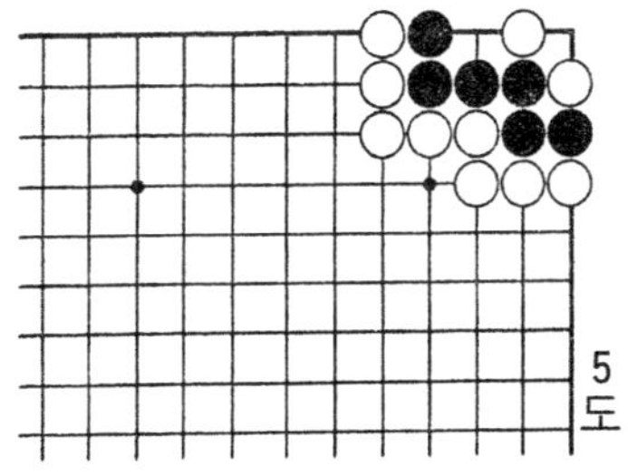

5 도

**6 도**

패와 비슷한, 패가 아
닌 형도 있으므로 주의.
외 공배가 비어 있을
때, 백 1 · 3 으로 놓았
다고 합시다. 이것으로
패라고 생각하는 것은
큰 실수입니다.

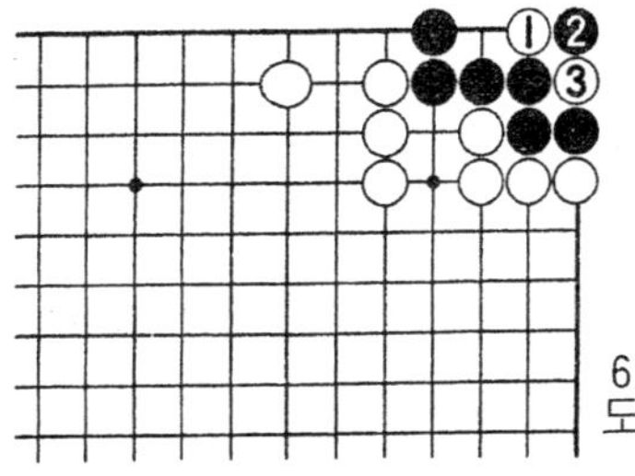

6 도

**7 도**

흑 4 로 단수를 걸고,
백은 a에 이을 수 없는
형입니다. 이것은 '빼앗
기'라고 불리우는 살
기의 맥. 패의 형만으
로 다루어져서는 안됩
니다.

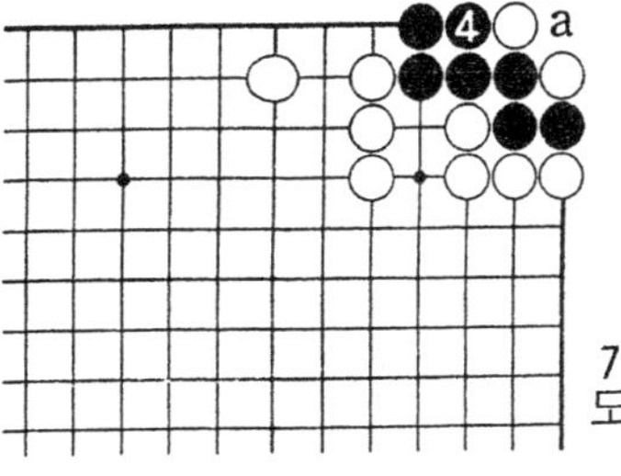

7 도

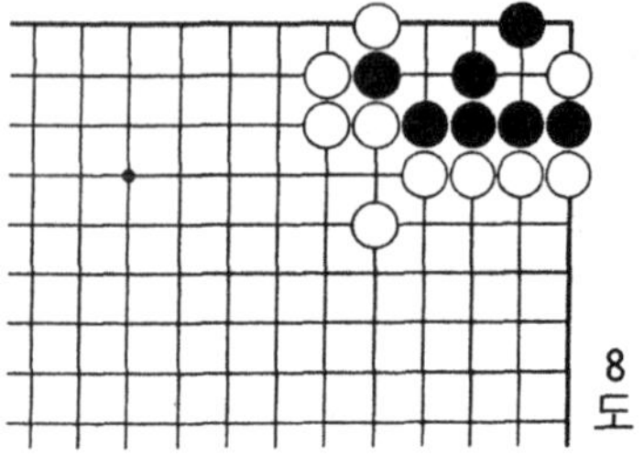

8 도

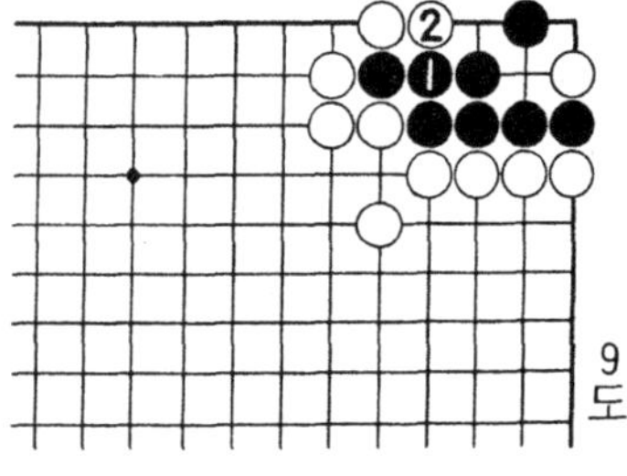

9 도

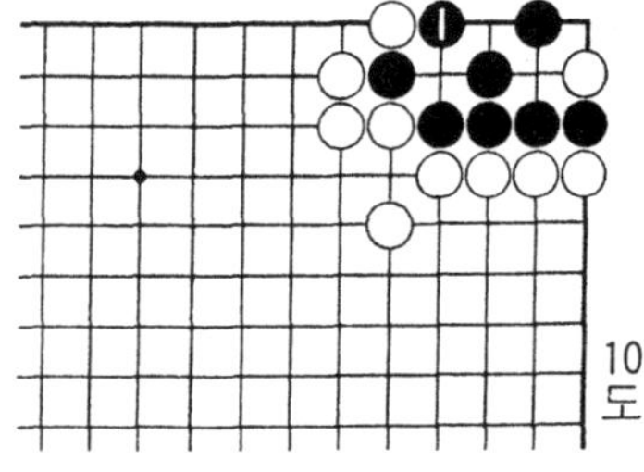

10
도

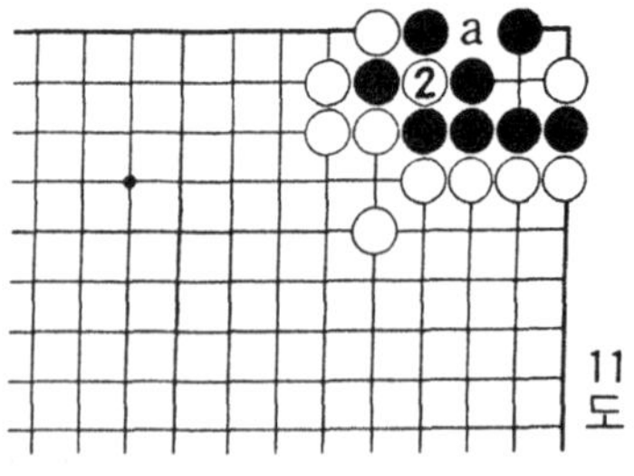

11
도

**8 도**

흑부터 놓아 귀의 일단은 어떻게 될까요?

**9 도**

단수를 흑1로 이으면 백2로 1집밖에. 이미 무조건 죽게 됩니다.

**10 도**

흑1로 패를 각오하고 내딪지 않으면 안됩니다.

**11 도**

백2로 취해진 패인데, 달리 패 세우기를 구해 패를 되따내어, a의 점을 눈으로 하기 위해 패싸움이 계속됩니다.

패의 경우에도 두눈 살리기를 구하는 패에는, 3도와 같이 눈모양을 구분하는 패와, 10도와 같이 한 눈 확보의 패가 있습니다.

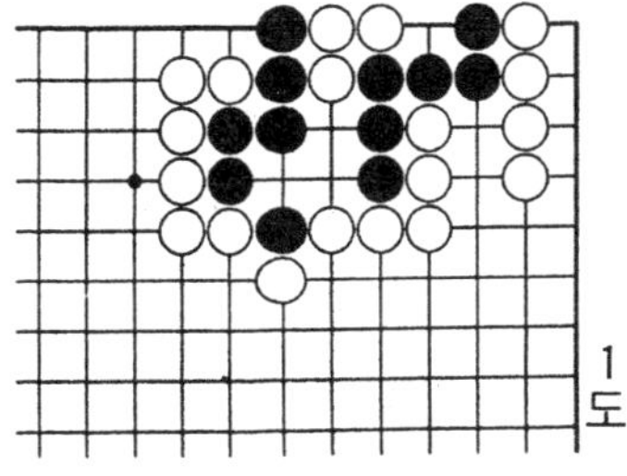

1 도

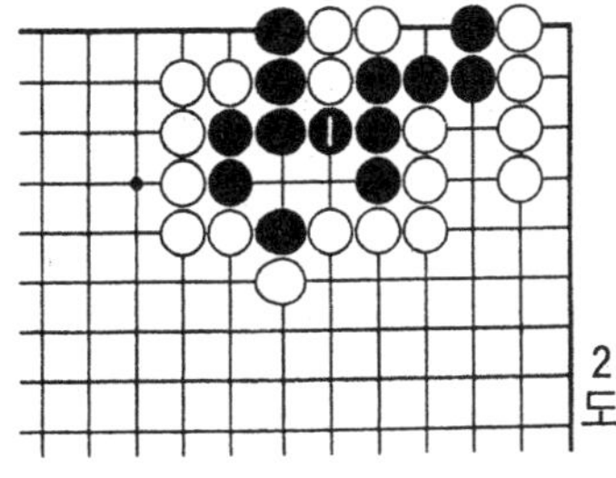

2 도

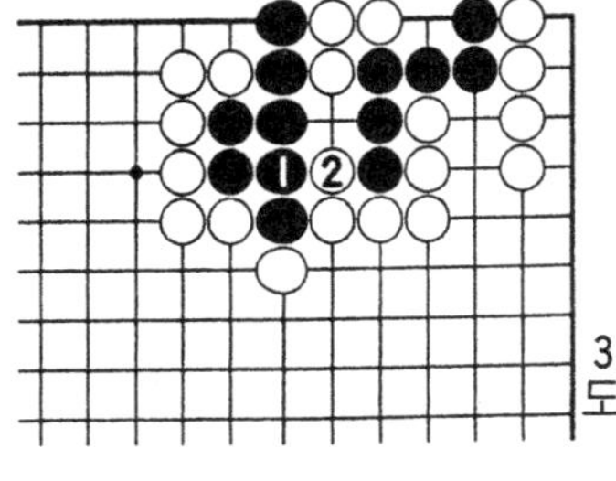

3 도

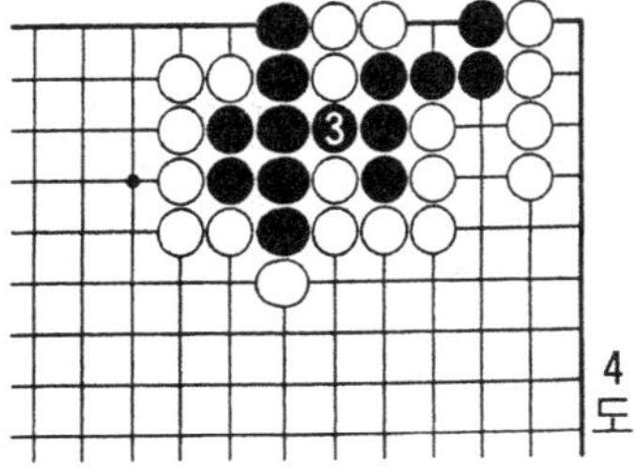

4 도

## 넓이의 패

넓이를 확보하기 위해 패의 탄력을 이용하는 경우가 있다.

### 1 도

흑부터 놓으면 어떻게 될까요?

### 2 도

흑1로 놓으면 백 세점이 단수이지만, 단수는 이 경우 아무런 의미도 없고, 그대로 3집 가운데 수의 죽음입니다.

### 3 도

흑1의 잇기도, 백2로 내어져 역시 품이 부족합니다.

### 4 도

흑3으로 놓아도 가운데 수의 죽음. 놓아도 죽을 때는 물론 놓지 않는 편이 좋습니다.

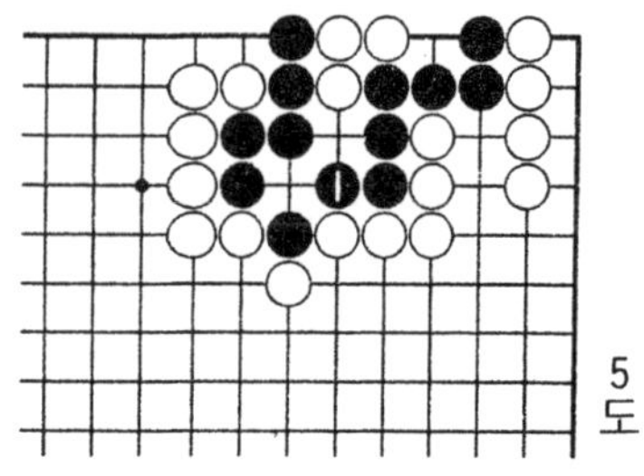

**5도**

　흑1로 놓아 패의 형을 남기는 것이 유일한 버팀입니다.

**6도**

　백2로 따낸 패. 이 패는 보기에는 훌륭해 보이지 않지만, 흑의 생사에 관계되는 큰 패인 것입니다.

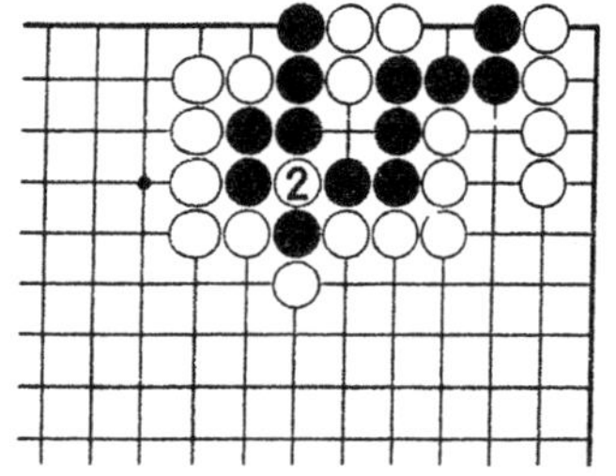

**7도**

　흑1로 이으면 이 일단은 빅이 됩니다. 빅이 되면 조금도　잡히지　않고, 집이　없는 만큼 살기도 변함이 없읍니다.

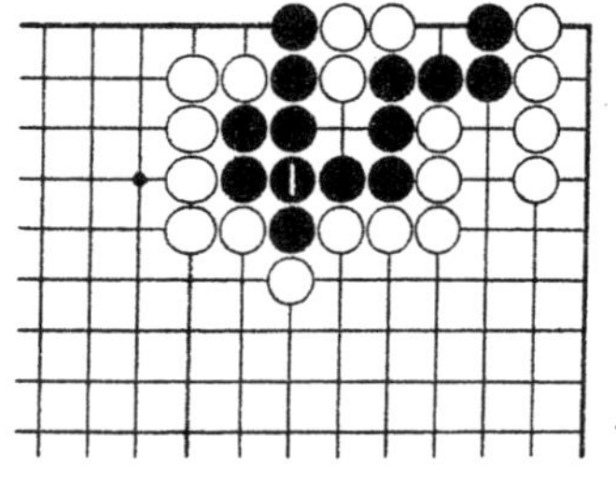

**8도**

　반대로 백1로 이으면 흑은 빅이 되지 않고 가운데 수의 죽음.장래 흑a로 놓지 않으면 안될 형이므로, 이대로 죽음이 되는 것입니다.

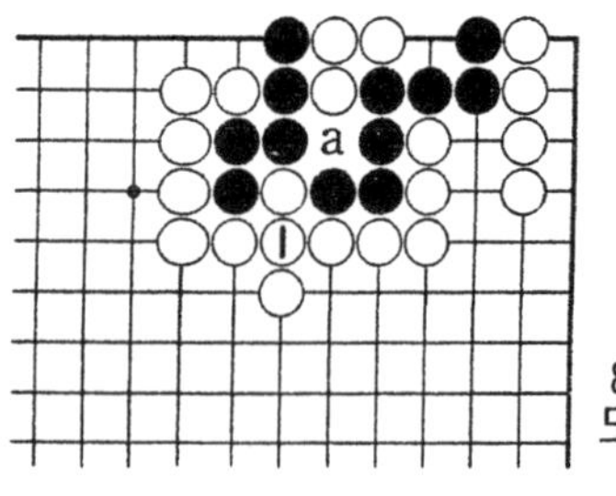

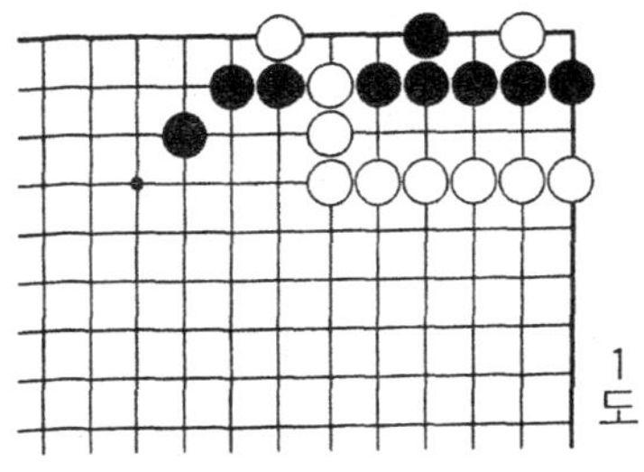

1도

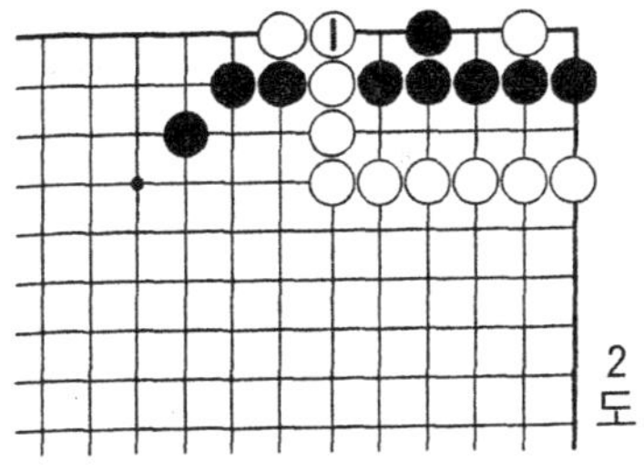

2도

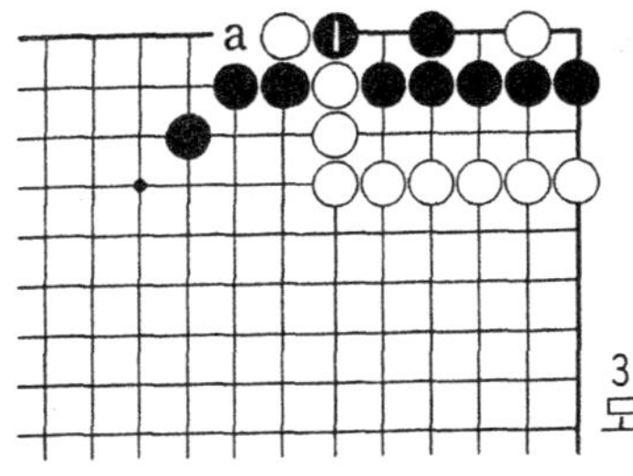

3도

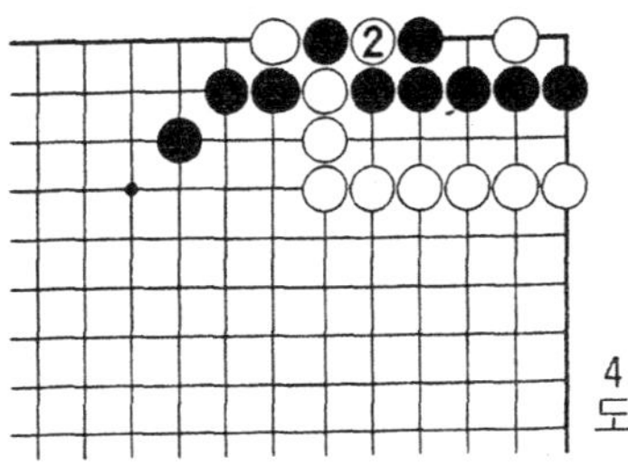

4도

## 연결의 패

돌이 연결되느냐 어떠냐 하는 문제에도  패가 관계된다.

### 1도

우상의 흑은 죽음. 그러나 아직 희망이 있읍니다.

### 2도

백1로 이어지면 절망입니다. 따라서 목표는 그 점.

### 3도

흑1로 던졌읍니다. 다음에 흑a로  잡으면 좌우 연결.

### 4도

따라서 백은 2로 잡고는 패를 다투게  됩니다. 백이 이 패를 이으면 귀의 흑은 자동적으로 죽읍니다.

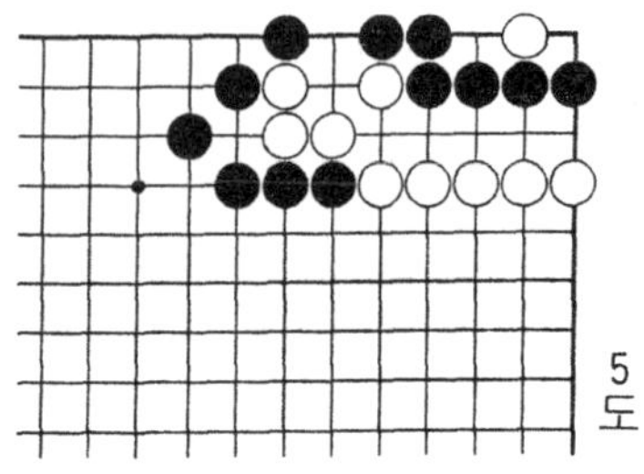

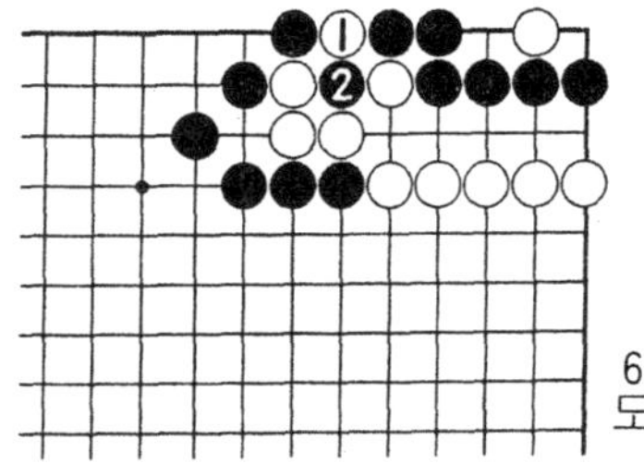

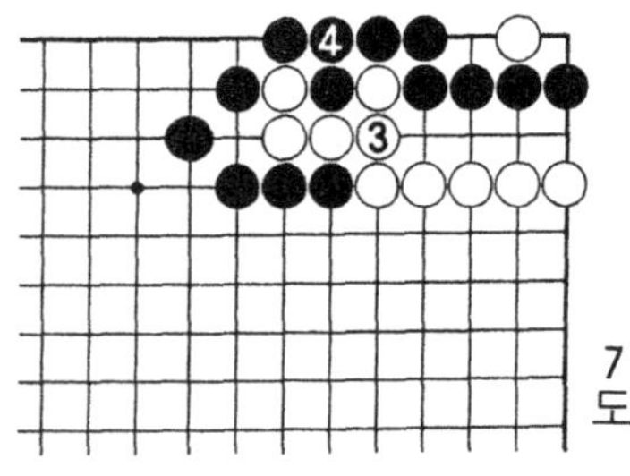

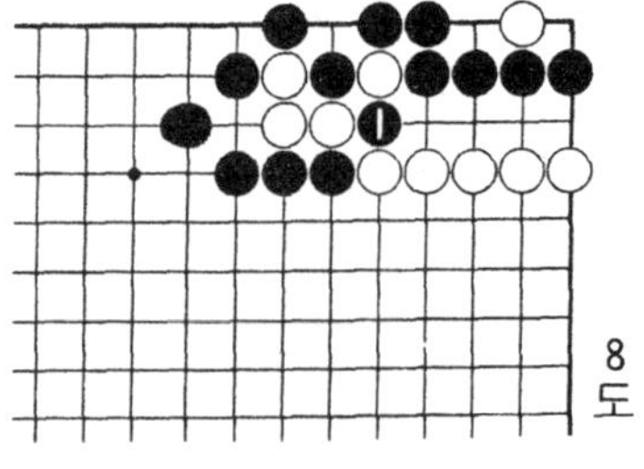

## 5도

백부터 놓으면 귀의 흑은 어떻게 될까요?

## 6도

백1로 던져 넣어 패가 됩니다. 패가 되면 최후까지 패를 버티지 않으면 안됩니다. 흑2로 패가 만들어져——

## 7도

백3으로 놓으면 흑4로 이어져 패에 던져 넣은 수가 의미가 없어집니다.

## 8도

지면 흑1로 잡혀, 적지 않은 손해를 봅니다. 이와 같이, 패를 장치할 때는 상대의 각오를 필요로 하는 경우가 많은 것입니다.

## 9도

흑부터 놓아, 이 일단의 생사는 어떻게 될

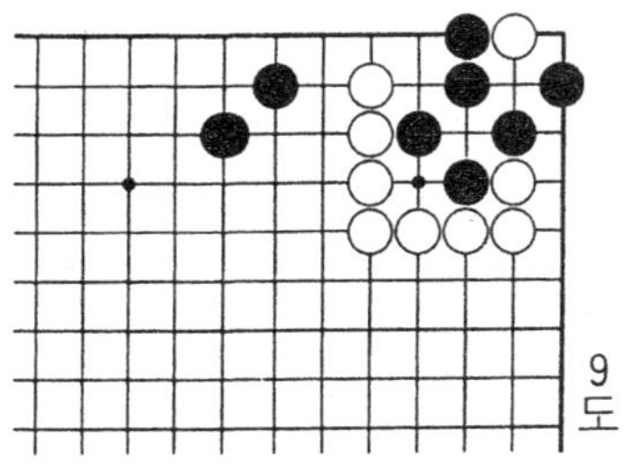

9도

까요?

**10도**

흑1로 놓아도 백2로 단수가 되어 죽읍니다.

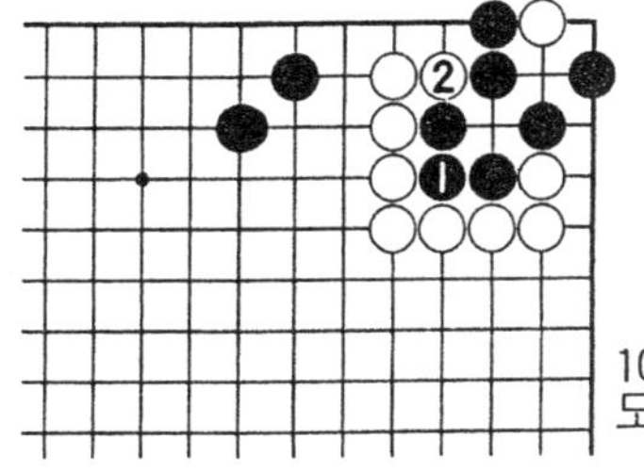

10도

**11도**

흑1 쪽에 놓아 백2를 유인, 그리고 흑3으로 왼쪽으로의 연결을 겨냥합니다.

**12도**

무조건 연결을 막기 위해서는 백4로 누르는 방법밖에 없지만, 흑5로 끊어 패에 넣었읍니다.

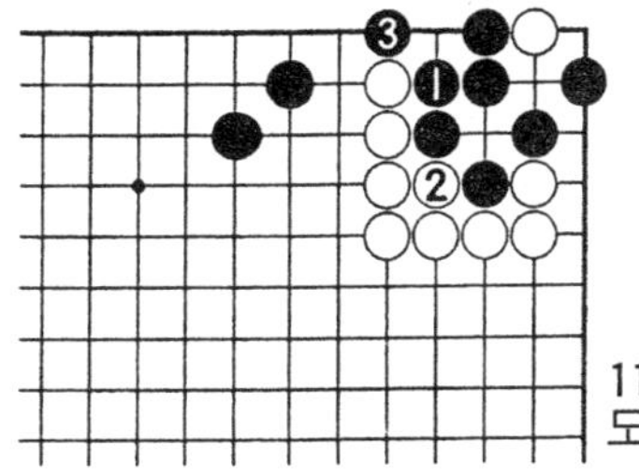

11도

흑5로 끊는 단계에서 패가 확정되었읍니다. 여기에서 잘 보아두지 않으면 안되는 것은 백이 패를 따내는 차례라는 것입니다.

**13도**

조금 어려워지지만,

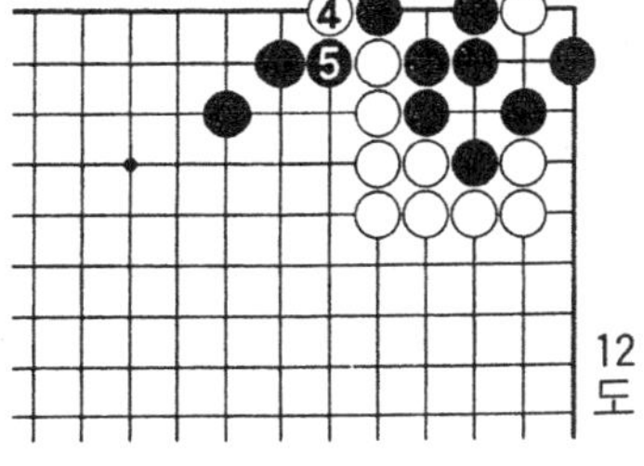

12도

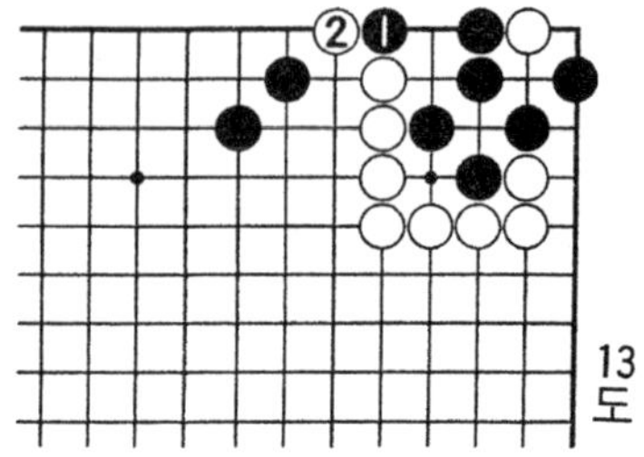

13도

9도의 형에서 흑이 패 따낼 차례가 된 수순을 탐색해 봅시다. 우선, 흑1로 이으면 백2는 필연입니다.

**14도**

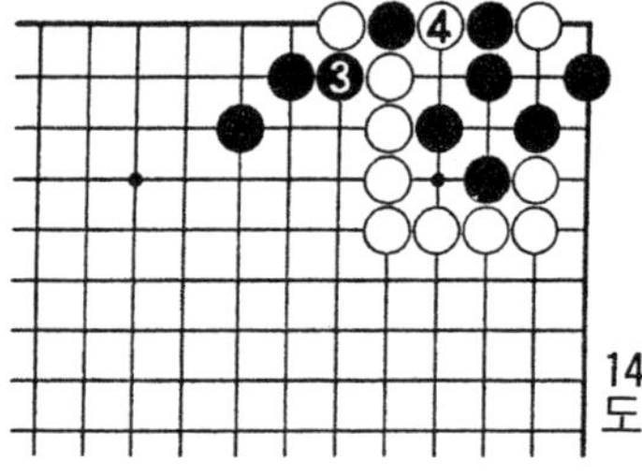

14도

흑3으로 끊고, 백4로 따내도록 한 단수는 어떻게 놓아야만 좋은지 모를지도 모르지만——

**15도**

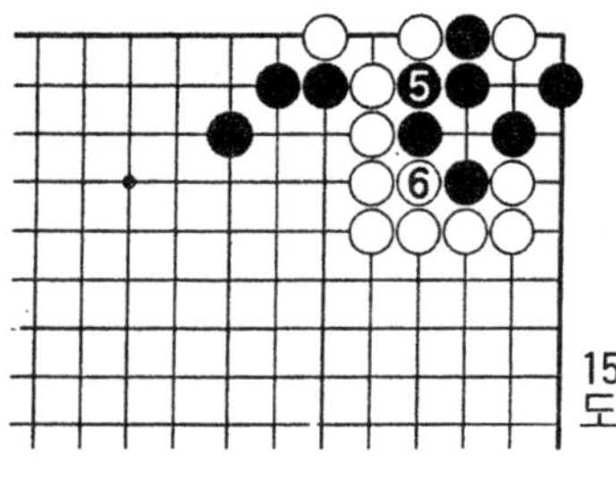

15도

흑5로 놓으면 이것까지의 수순의 의미가 명확해집니다. 눈모양을 빼앗으면 백6밖에 없습니다.

**16도**

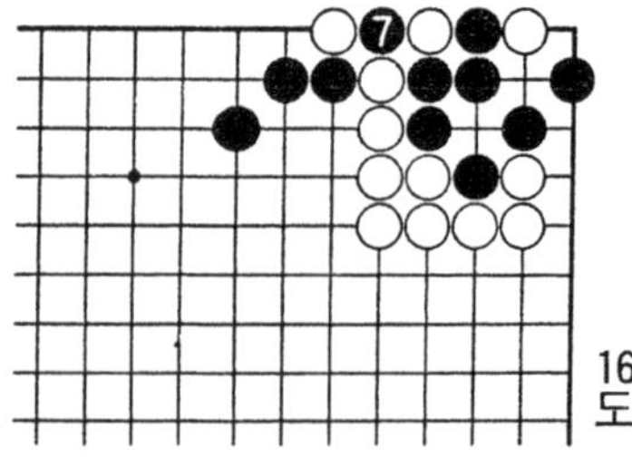

16도

흑7로 패 따낼 차례입니다. 최선의 수순이지만, 어려우므로 이런 수가 있다는 것만 알아 두도록 합니다.

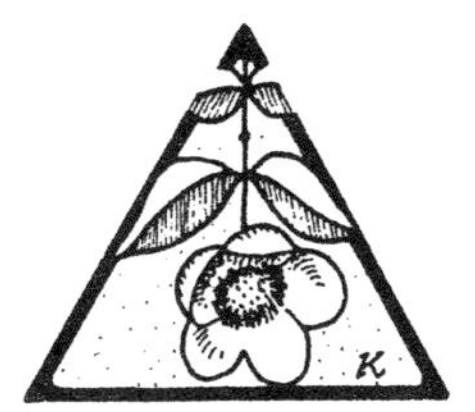

## 2. 서로 공격의 패

### 수를 막는다

상대의 수수를  패의 탄력에 의해 막는다.

**1 도**

백부터 놓아 서로 싸우기는 어떻게 될까요.

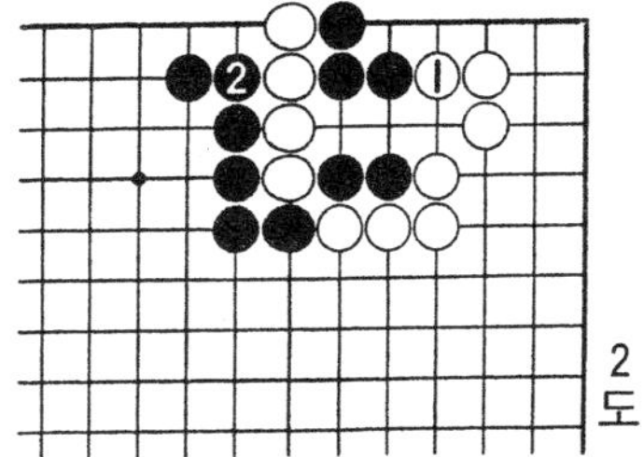

**2 도**

백 1 로 외 공배를 메꾸고, 흑도 2 로 메꿔지는 보통 수순은 양쪽 모두 잘못되어 있읍니다.

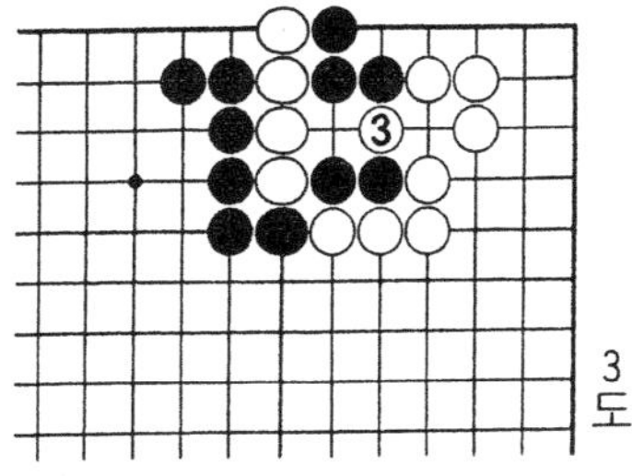

**3 도**

백 3 으로 빼앗기.

**4 도**

백 1 에 대해서는 흑 2 가 호수입니다. a 의

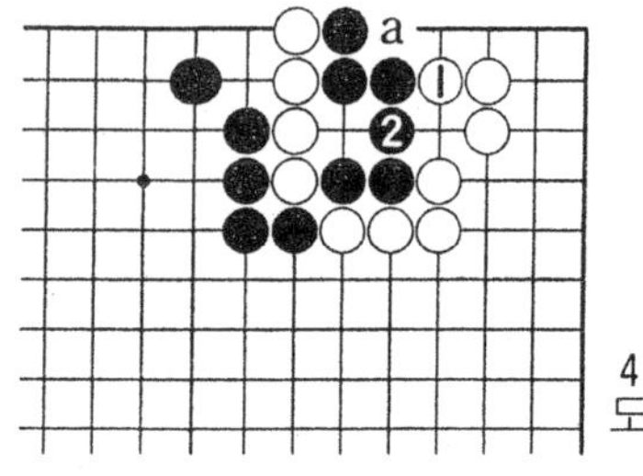

4도

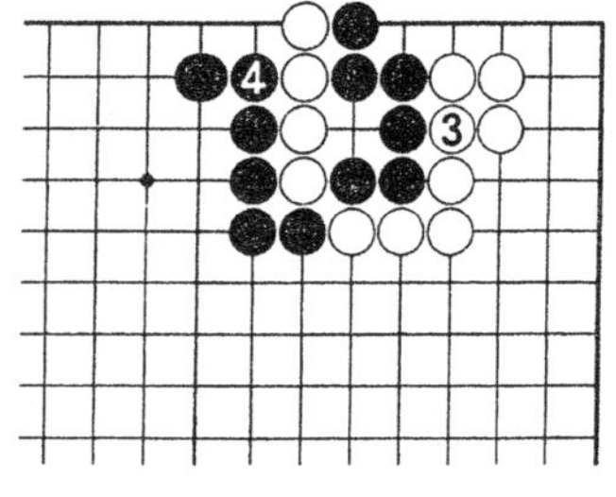

5도

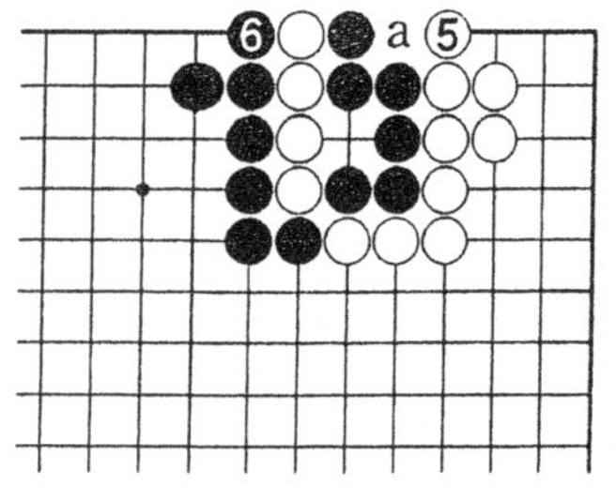

6도

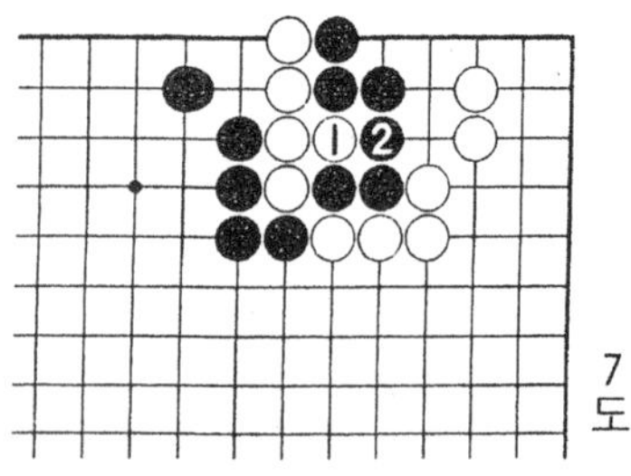

7도

점에 넣을 수 없는 장소를 만들고 있읍니다.

**5도**

이어서 백3이라면 흑4로, 순서대로 공배를 메꾸어 가면 승리입니다.

**6도**

a의 점에 맨발로 넣지 않고 백5로 여러 칸 취하는 동안 흑6으로 최종적인 단수를 겁니다.

**7도**

백1로 안쪽에서 놓는 것은 '몸 공격'입니다. 흑2로 받아져 그대로 2 : 3의 서로 공격에서 지게 됩니다.

보통 싸우기로는 이길 수 없다는 것을 알았을 때는, 패라도 되지 않을까 하고 생각하는 것이 순서입니다.

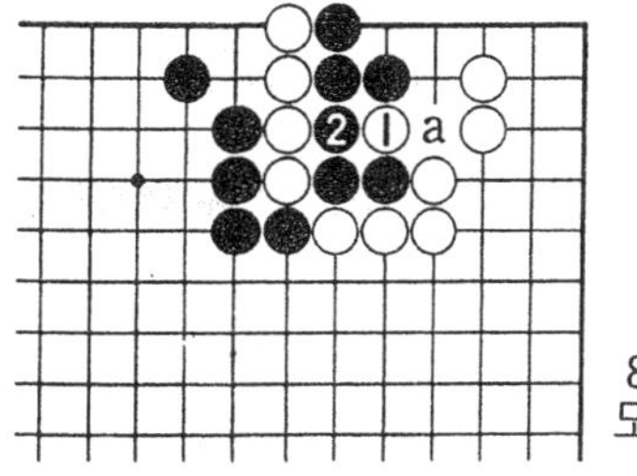

8도

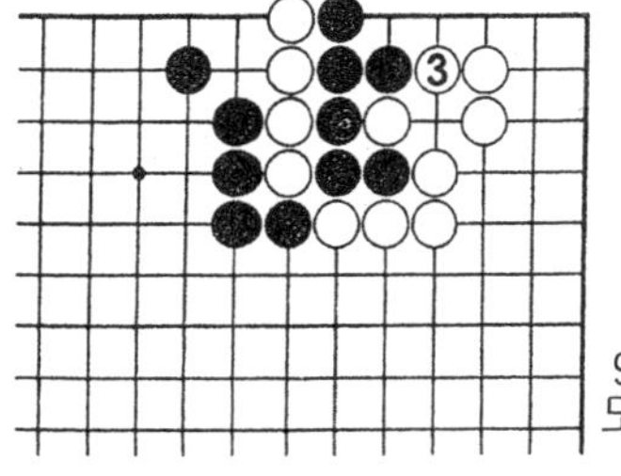

9도

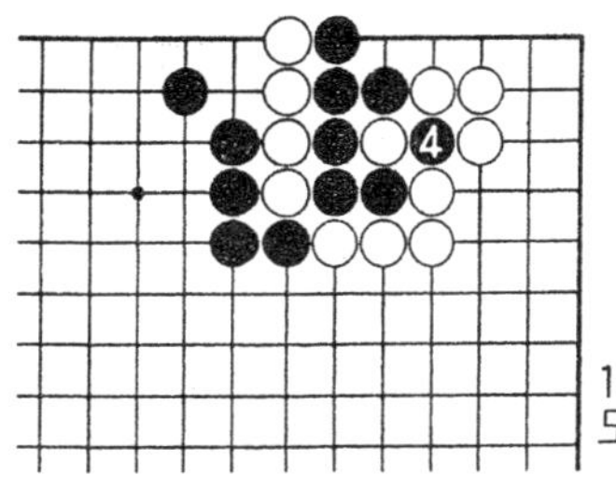

10도

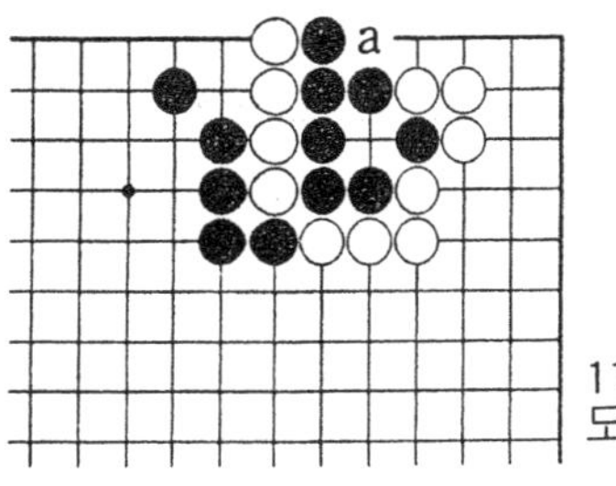

11도

## 8도

백1로 노골적으로. 단수합니다. 흑2로 이을 것입니다. 이어서 백 a로 이으면 서로 싸우기의 한 수 패배입니다.

## 9도

백3으로 패에 넣는 것이 호수. 이것으로 패가 확정됩니다.

## 10도

단수이므로, 흑은 4로 패를 따내는 수밖에 없습니다.

## 11도

패는 곧 되따내지지 않고, 백은 달리 패 세우기를 구하게 됩니다.

부분적으로 말하자면 백a로 놓는 패 세우기는 있지만, 패에 질 때 조금 손해본다는 것을 알기 때문입니다.

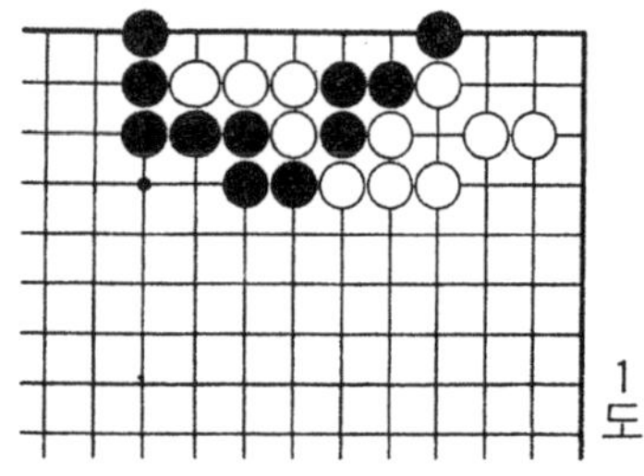

1도

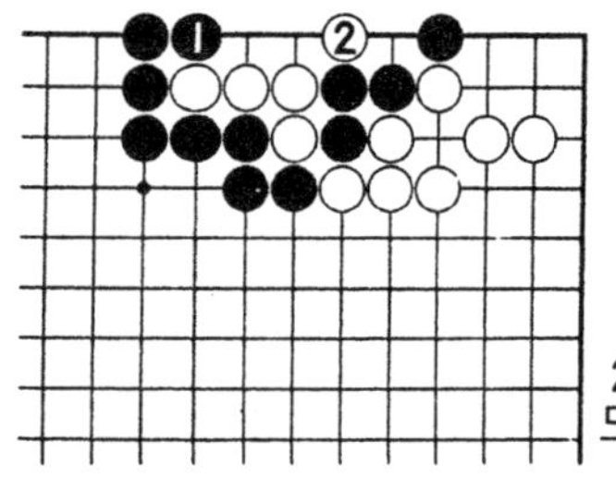

2도

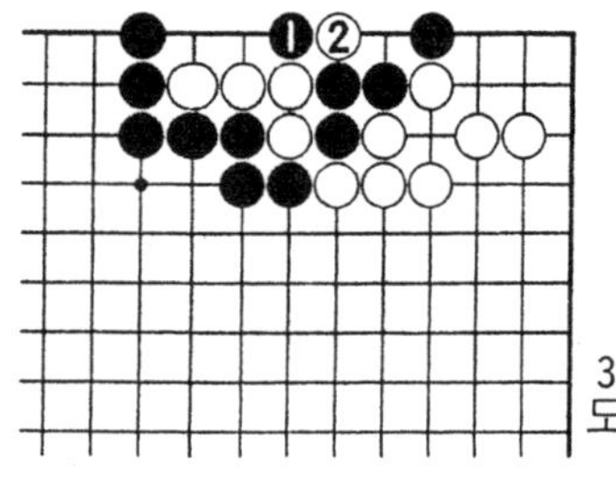

3도

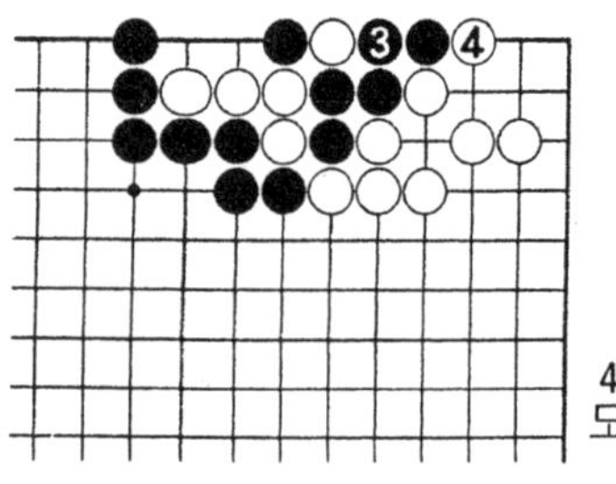

4도

## 수를 늘린다

자신의 수수를 패에의해 늘린다.

**1도**

흑부터 놓아 서로 싸우기는 어떻게 될까요.

**2도**

흑1은 백2로 패배.

**3도**

흑1로 놓여질 때는 방심이 없읍니다. 백2로 던져 넣는 것이 좋은 수로, 단수이므로 흑도 받지 않을 수 없을 것입니다.

**4도**

흑3으로 받게 하고, 백4로 등에서부터 단수를 걸어 빼앗기입니다. 직접 서로 싸우기는 흑에 이길 승산이 없읍니다.

**5도**

흑1로 놓아 수를 늘

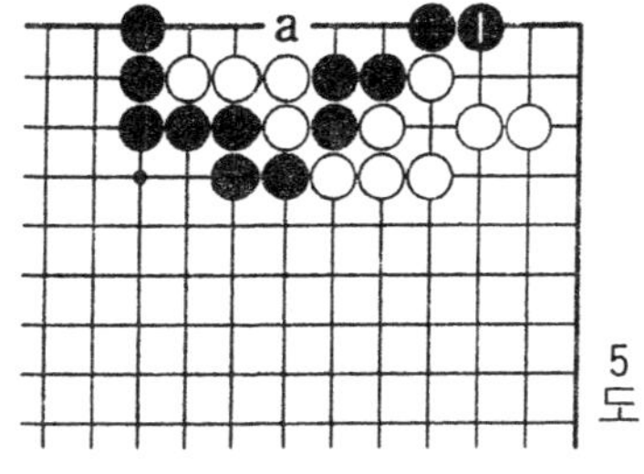

5 도

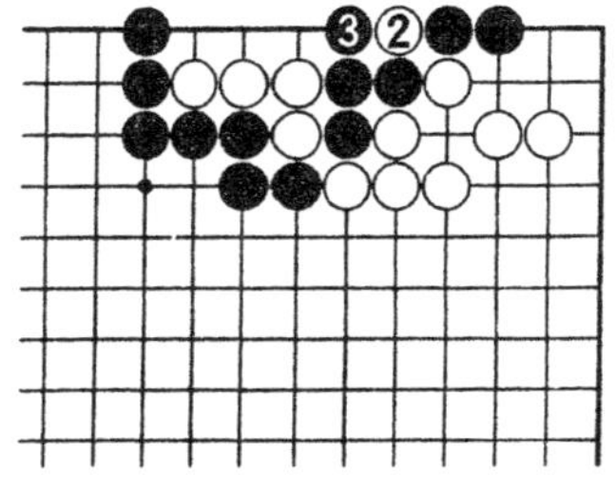

6 도

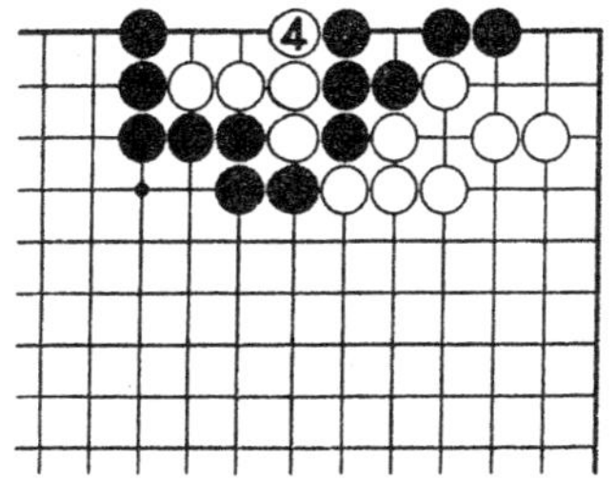

7 도

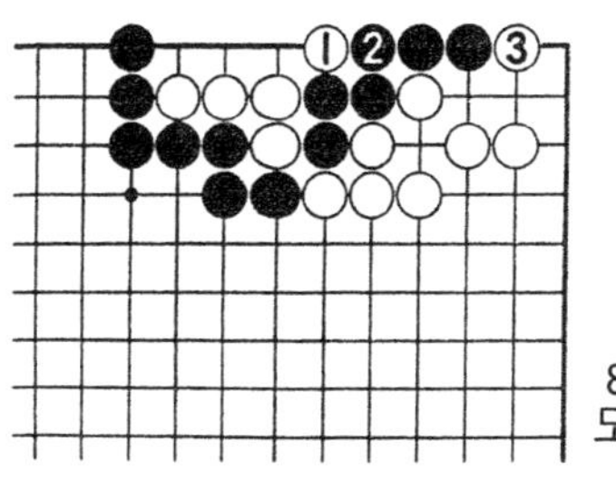

8 도

릴 수 있을까요? 백이 손을 빼면 이번에야말로 흑a로 승리

**6 도**

백은 2로 던져 넣습니다. 흑3으로 따내게 하여——

**7 도**

백4로 단수를 걸면 이것으로 숨통이 끊깁니다. 흑이 네 점을 이으면 두 수씩 서로 싸우게 되므로 백의 승리입니다.

**8 도**

5 도 흑1에 대해서는 백1로 대는(단수를 거는) 수로 있읍니다. 흑2로 잇게 하고, 이번에는 백3으로 빼앗기가 되었읍니다.

아뭏든 5 도 흑1로는 수수가 늘지 않습니다.

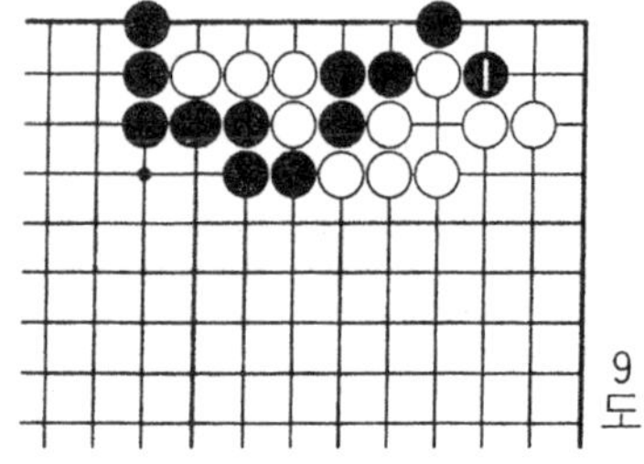

9
도

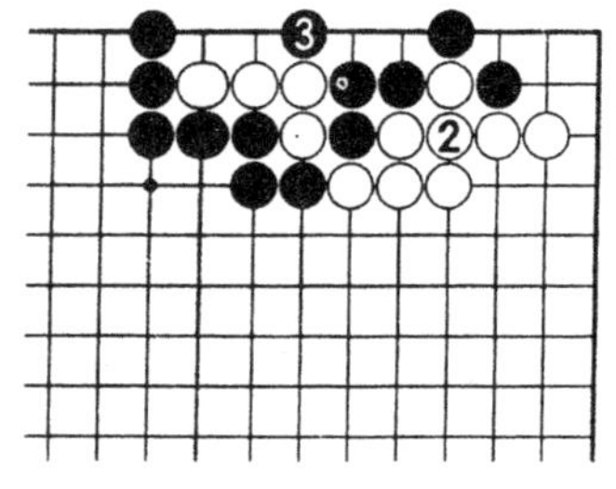

10
도

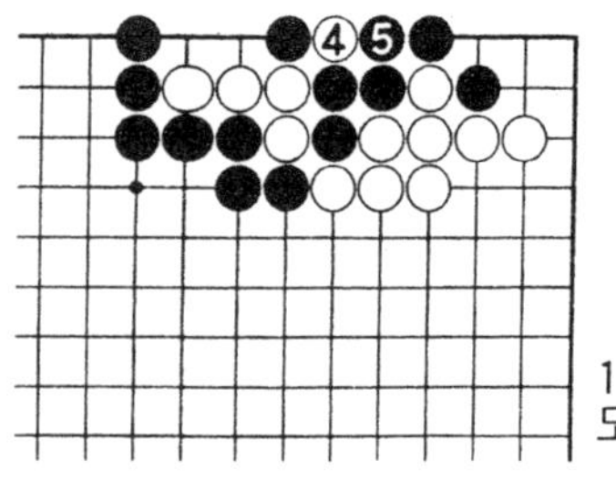

11
도

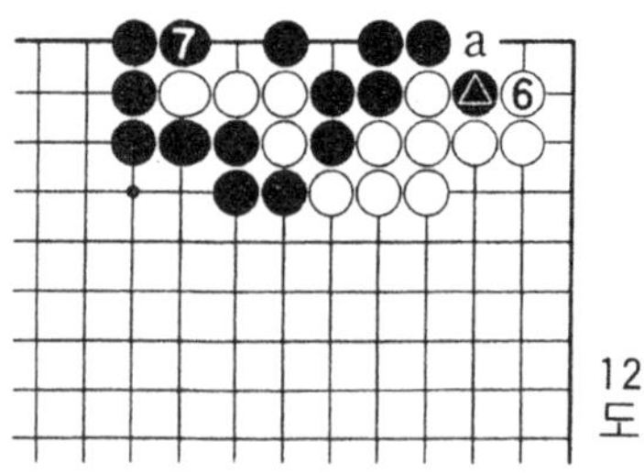

12
도

### 9도

흑1로 단수하여 버티기가 있읍니다. 이로써 수가 느는 것입니다.

### 10도

만일 백2로 이으면 흑3으로 놓아 서로 공격의 승리입니다.

### 11도

3도와 마찬가지로, 백4로 던져 넣기가 최강의 공격. 흑5의 따내기는 당연합니다.

### 12도

▲의 존재가 방해를 하여 백a로 단수하면 백6으로 길을 비켜가는 수밖에 없읍니다. 흑7로 놓고, 일순 먼저 최종적인 단수를 걸어 이깁니다.

따라서 백도 9도 흑1의 단수에 이어지면

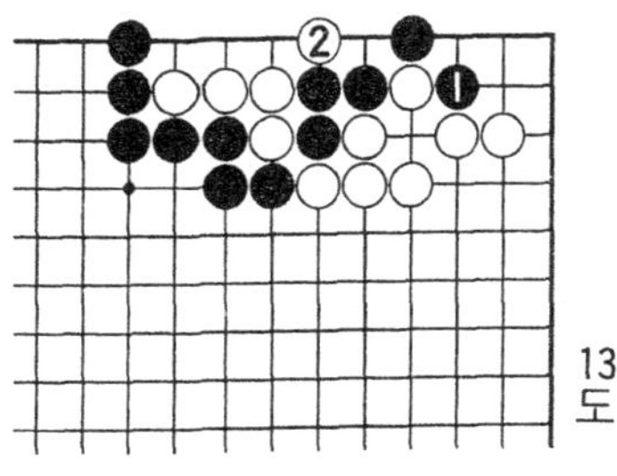

13
도

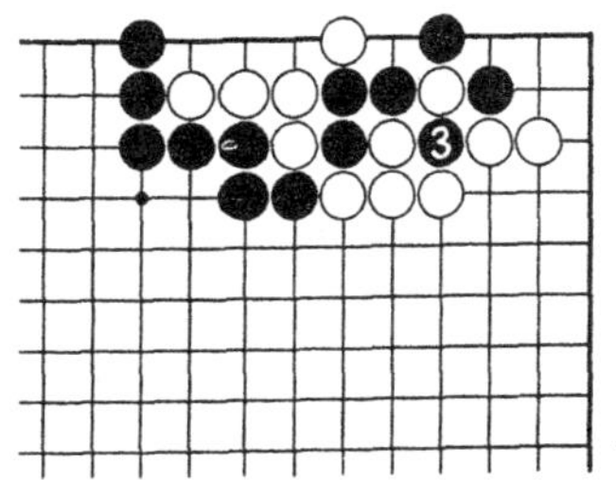

14
도

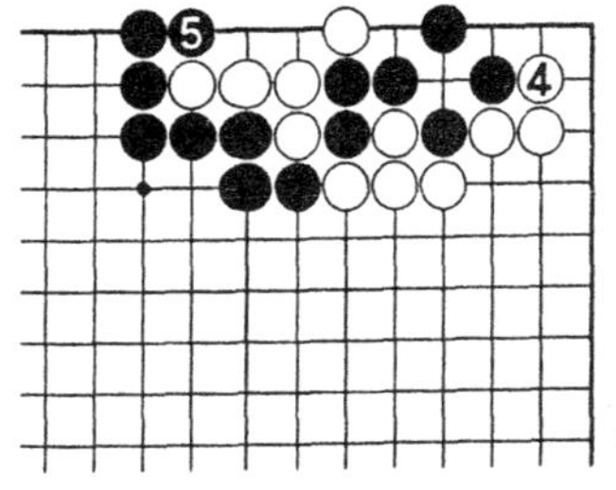

15
도

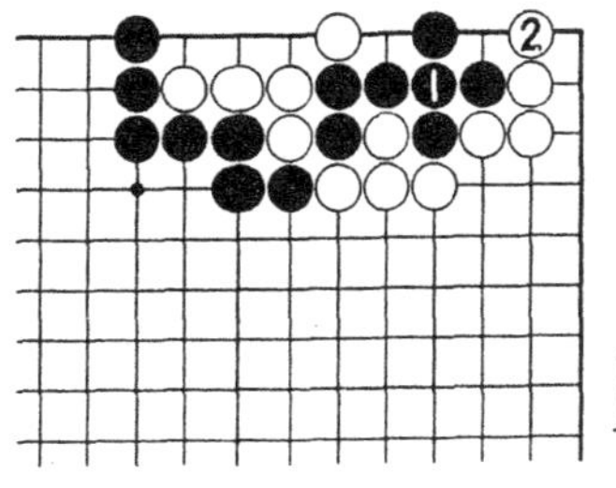

16
도

안된다는 것입니다.

### 13도

흑1의 단수에 이을 수 없다면 백2로 역습하여 패를 정복할 수가 있을 것입니다.

### 14도

흑3으로 따내고, 이 패를 싸웁니다. 단, 백이 만일 다른 곳에 적당한 패 세우기가 없을 때라도, 이 부분밖에 버틸 수가 없는 것은 아닙니다.

### 15도

백4로 놓고, 흑5로 공배를 메꿔, 이번에는 백이 패를 따낼 차례가 됩니다.

### 16도

전도 흑5에서 1의 잇기는 백2로 놓여져 한 수 패배입니다.

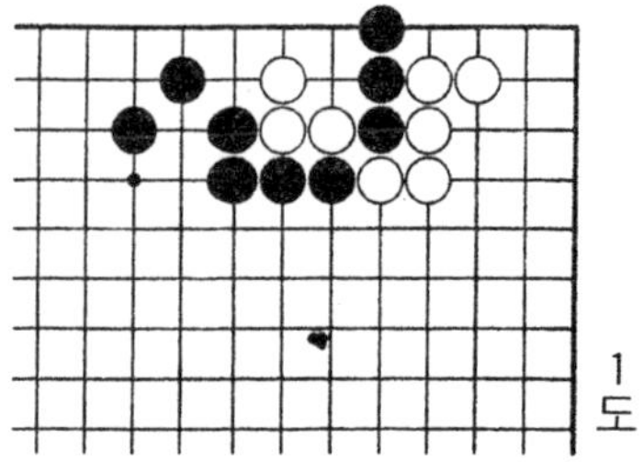

1 도

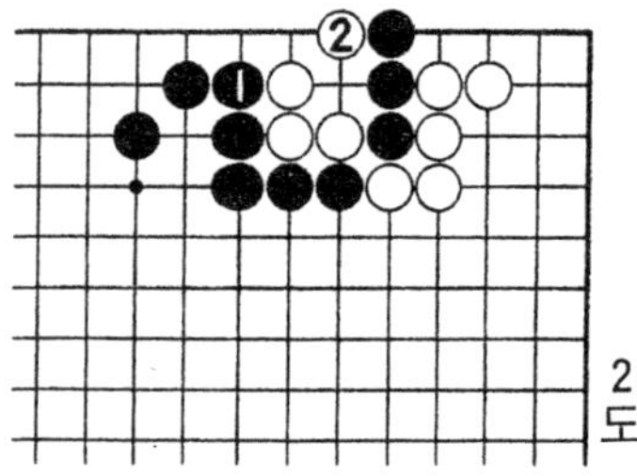

2 도

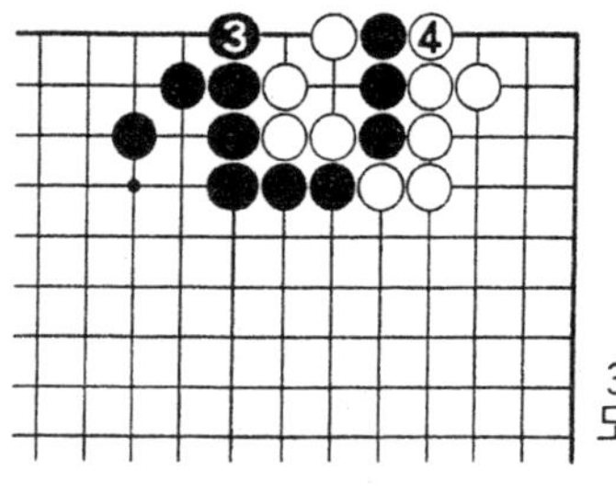

3 도

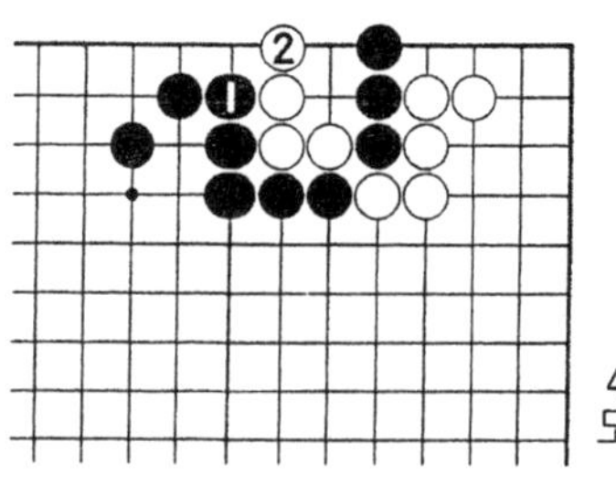

4 도

## 안쪽의 패

따낼 것이냐 따내질 것이냐, 정면에서의 패.

**1 도**

3 : 3 의 서로 공격인데 흑부터 놓으면 어떻게 될까요?

**2 도**

흑1로 외공배를 메꾸는 것은 백2가 '넣을 수 없는 장소'를 만드는 호수입니다.

**3 도**

흑3으로 돌 동안 백4로 공배를 메꿔 서로 공격의 승리가 되었읍니다.

**4 도**

흑1 때 백2 라면 빅. 그러나 백은 빅보다 서로 공격의 승리가 유리한 것은 물론일 것입니다.

**5 도**

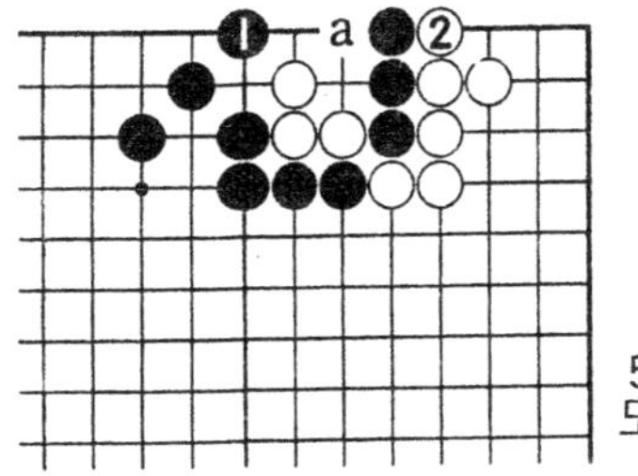

5 도

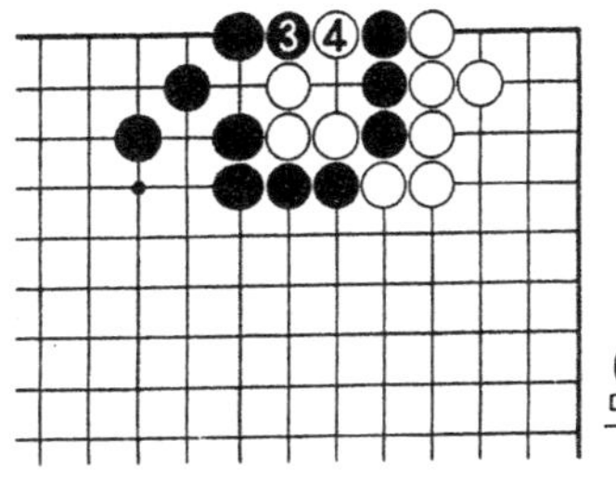

6 도

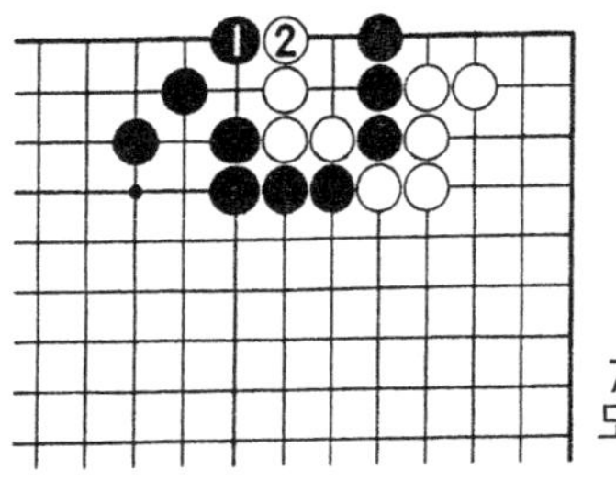

7 도

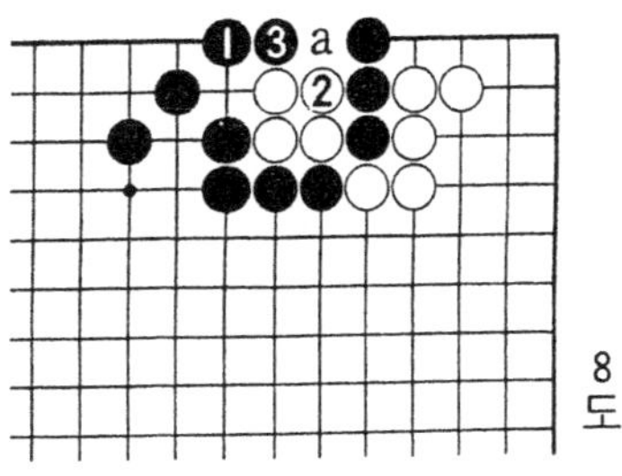

8 도

흑1로 공배를 메꾸지 않고 공격하는 것은 백2로 2：3의 서로 공격입니다. 백2에서는 a라도 승리입니다.

**6 도**

이어서 흑3이라면 백4로 던져넣어 되놓기입니다.

**7 도**

흑1에 백2는 4도와 같이 빅이 되어 버립니다.

**8 도**

흑1 때 백2의 공배메꾸기는 최악의 수단입니다. 흑3으로 놓여 a의 점에 놓을 수 없게 됩니다.

흑은, 바깥쪽에서 놓는 수는 전부 서로 공격의 패배. 안쪽에서 놓는 수밖에 없습니다.

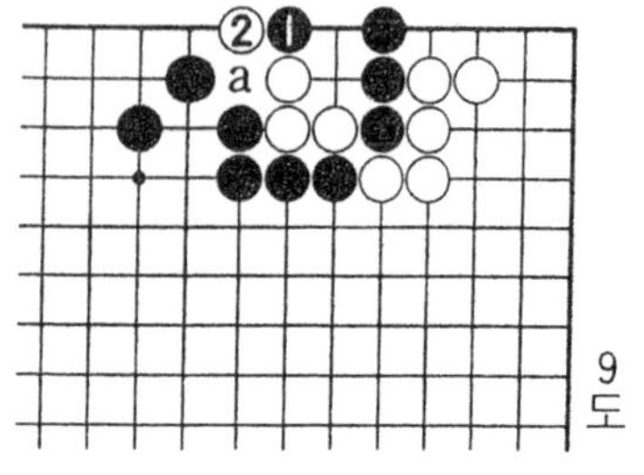

### 9도

흑1로 붙여 보았읍니다. 다음은 흑a로 단수이므로, 백2로 놓아 먼저 단수를 거는 것입니다.

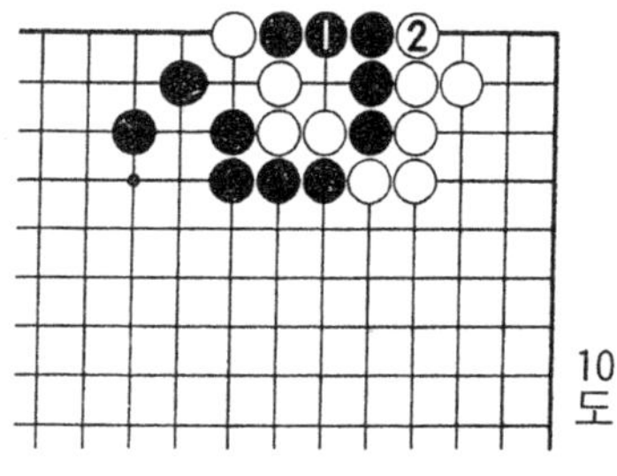

### 10도

이어서 흑1의 잇기는 백2로 최종적인 단수가 걸려집니다. 흑패배입니다.

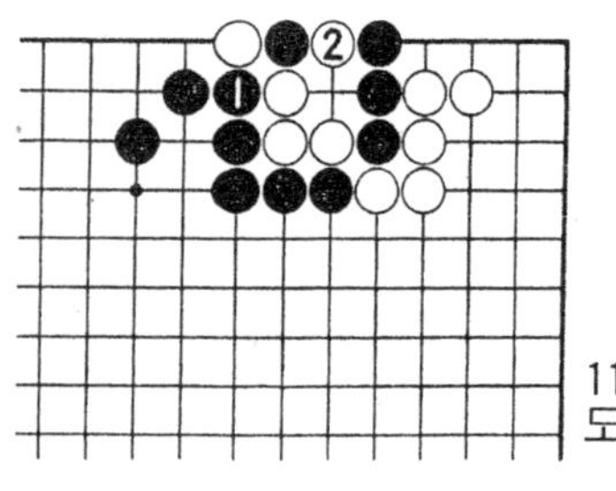

### 11도

그렇다고 흑1로 단수를 되거는 것도, 백2로 따내져 아무것도 되지 않읍니다.

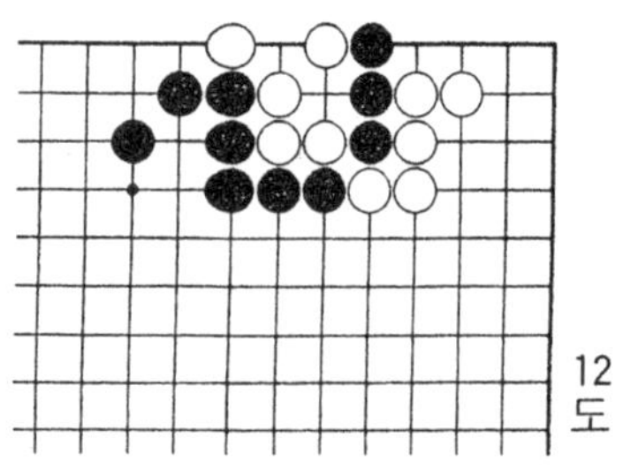

### 12도

이 형은 흑의 서로 공격의 한 수 패배가 분명합니다.

여기서, 흑은 무조건 서로 공격에서 이길 생각을 버려야 한다는 것을 알아차려야 할 것

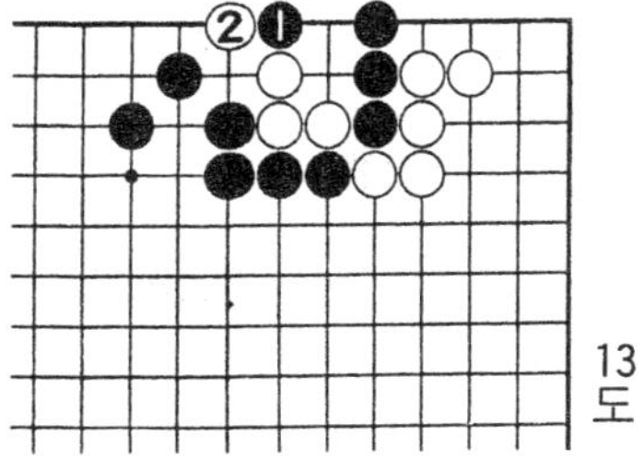

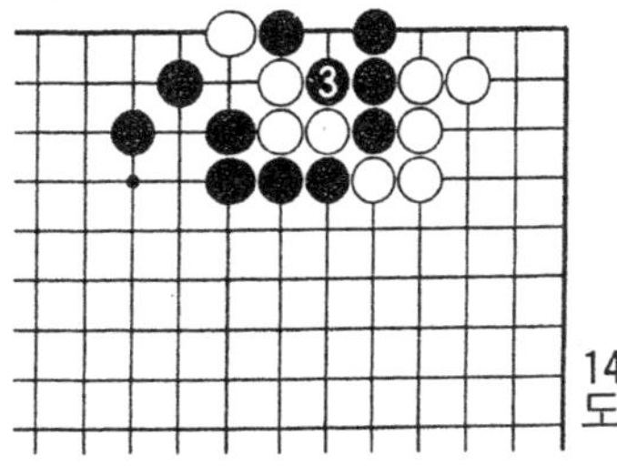

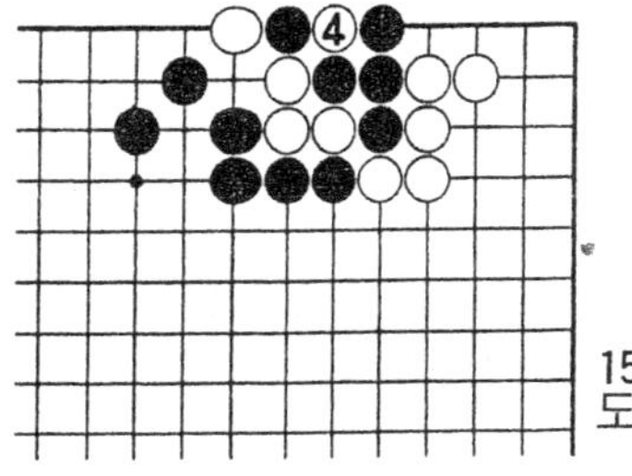

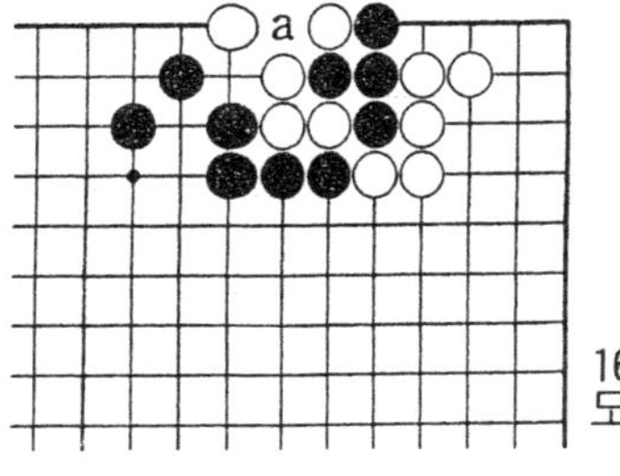

입니다.

### 13도

흑1로 놓고 백2를 강요하는 것은 좋습니다.

### 14도

이어서 흑3으로 놓고, 패의 형을 만들어 버티는 수를 알아차릴지 어떨지.

### 15도

단수이므로 백은 4로 패를 따내고, 이 패를 싸우게 될 것입니다.

### 16도

흑은 달리 패 세우기를 갖고, a의 되따내기를 겨냥하고 있읍니다. 양쪽 모두 패에 이기면 상대의 돌을 잡을 수 있는 경기가 좋은 패입니다.

## 3. 손익의 패

## 반패

가장 작은 패로 이겨
도 1 집의 득.

**1 도**

a의 점이 '반패'라
고 불리우는 최소의 패
입니다.

**2 도**

백 1 로 이으면 이것
으로 끝.

**3 도**

흑에 1로 따내는 수
순이 돌면 이것에서부
터 패 싸움이 시작됩
니다. 물론 바둑판의
다른 곳에 이익을 보는
장소가 없다는 것이 전
제입니다.

**4 도**

흑이 패를 따낸 때.
패의 룰은 '곧 되따내
서는 안된다' 입니다.

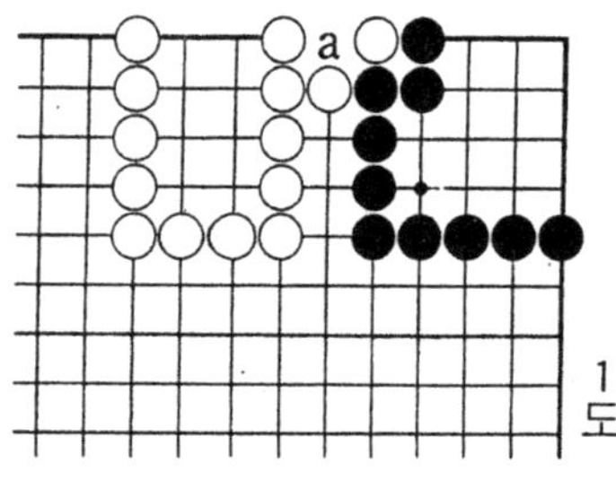

1 도

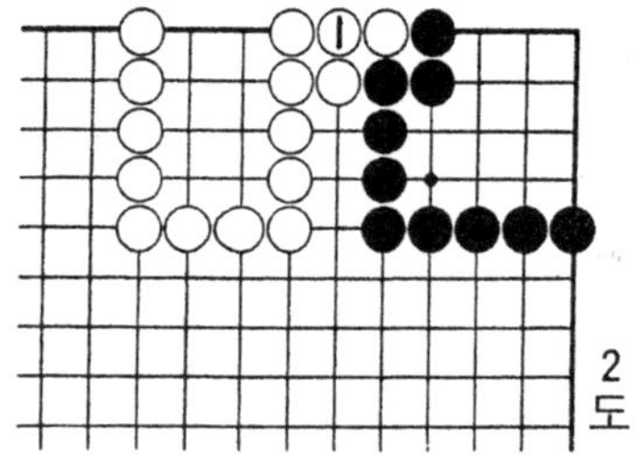

2 도

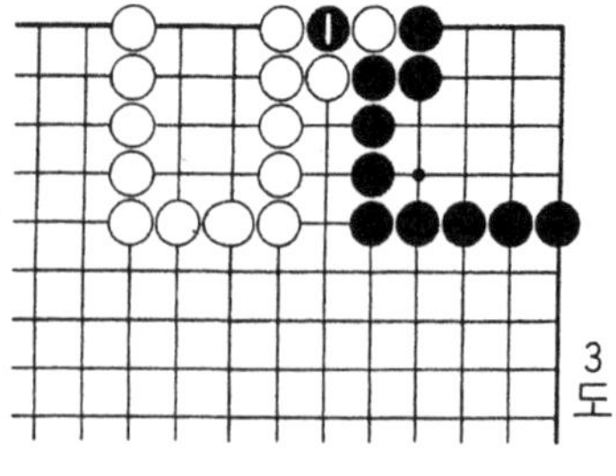

3 도

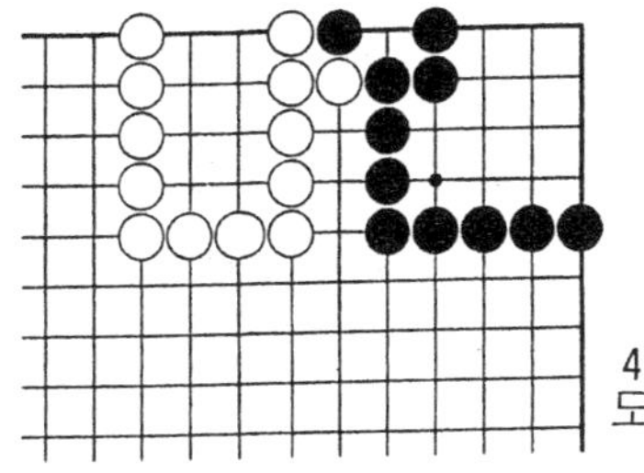

**4 도**

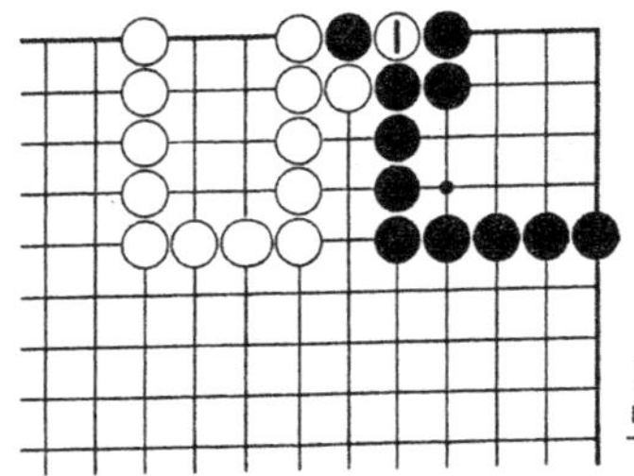

**5 도**

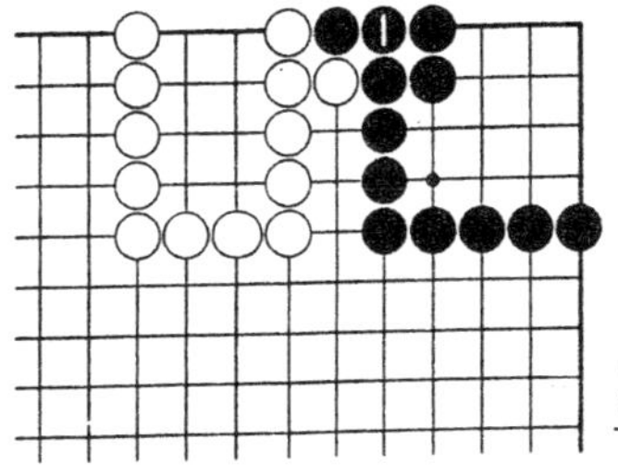

**6 도**

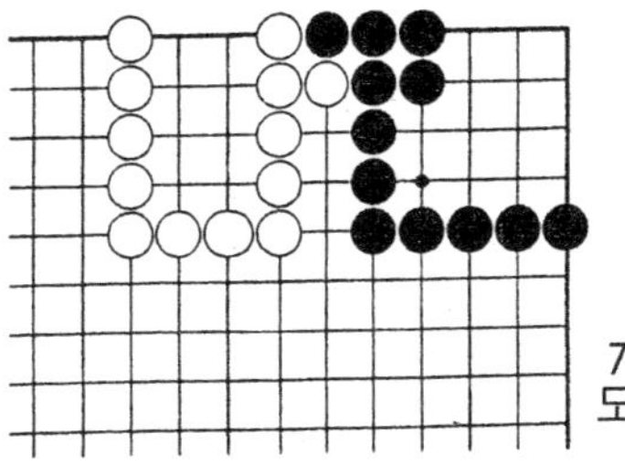

**7 도**

따라서, 백이 바둑판의 다른 부분에 놓고, 흑이 그에 응한 때 '패 세우기'의 수순을 경과하지 않으면──

**5 도**

백1로 되따낼 수 없는 것입니다. 이번에는 흑이 '패 세우기'를 구할 차례일 것입니다.

**6 도**

4 도의 상태에서 백이 패 싸움의 계속을 포기하면 흑1로 잇게 됩니다.

**7 도**

2 도와 비교하면 흑은 백돌을 1개 따내그만큼 이익을 보고 있읍니다. 1집 득을 볼 찬스가 반이라는 의미에서 '반패'인 것입니다.

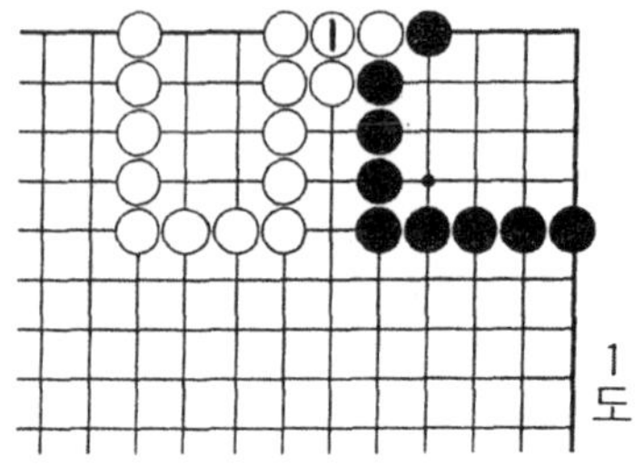

1도

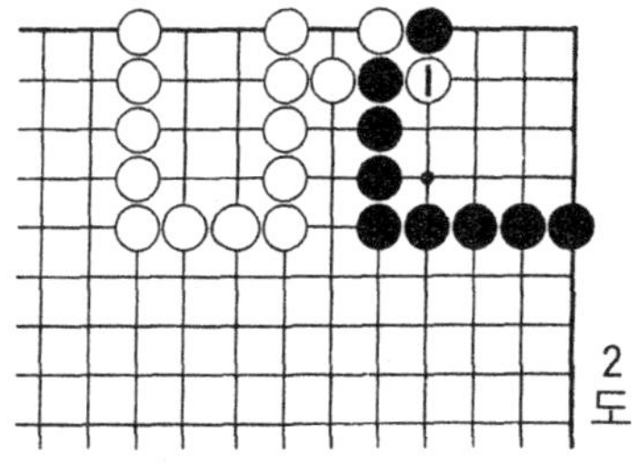

2도

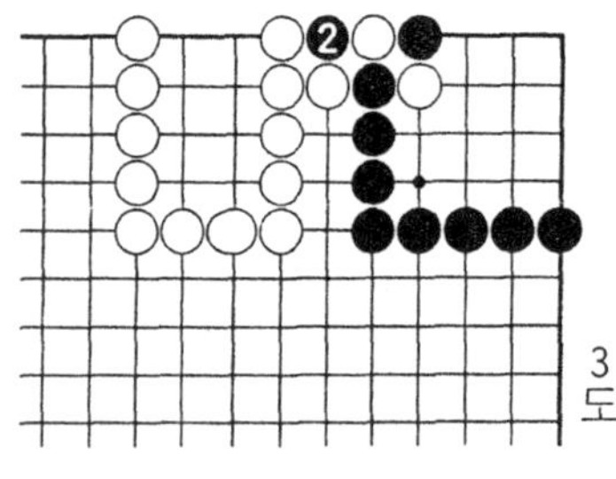

3도

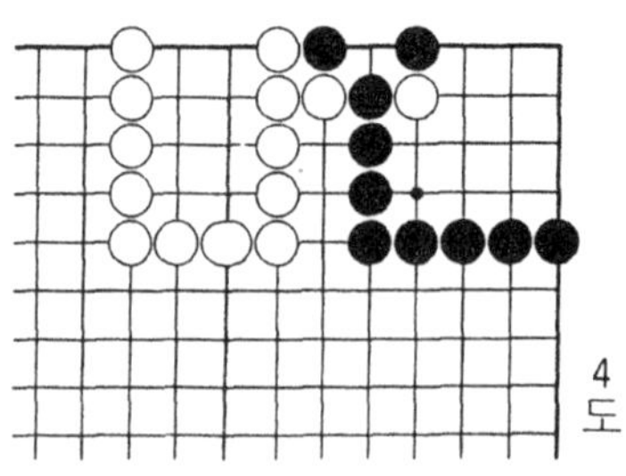

4도

# 큰패

최소는 반패이지만, 최대의 패는 승부에 관계된다.

### 1도

패를 걸 것인가 어떻게 할 것인가는 그 바둑이 이기느냐 지느냐에 관계됩니다. 백은 형세가 유리하면 1로 잇지만——

### 2도

형세가 불리하면 백 1로 끊어 패 싸움을 합니다.

### 3도

흑은 우선 2로 패를 따냅니다.

### 4도

백은 곧 패를 되따내지는 않지만, 패를 건 이상, 패 세우기에 자신이 있는 국면일 것입니다.

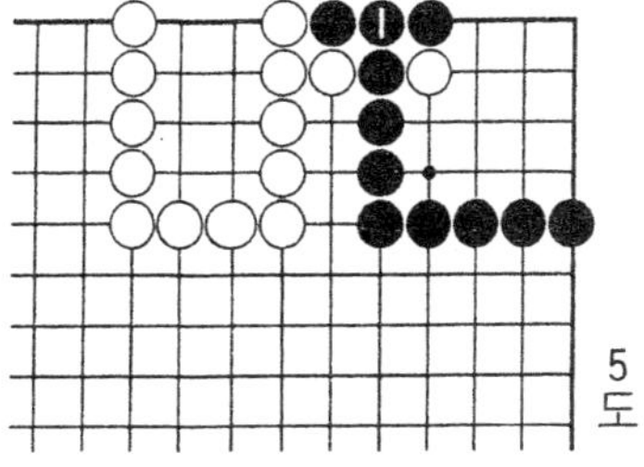

5 도

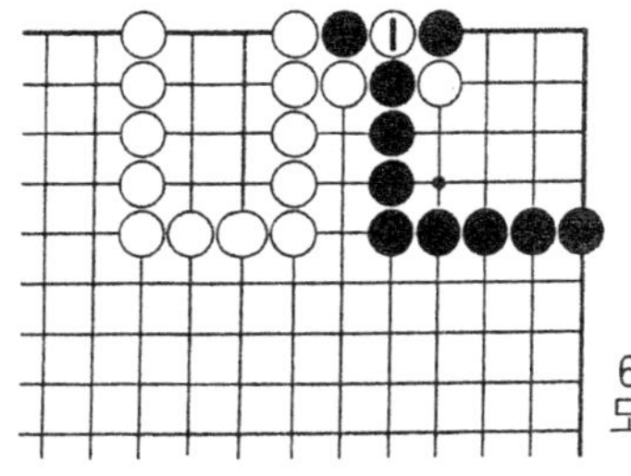

6 도

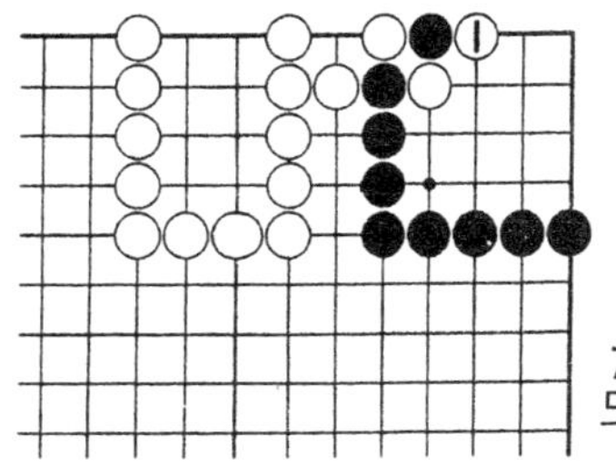

7 도

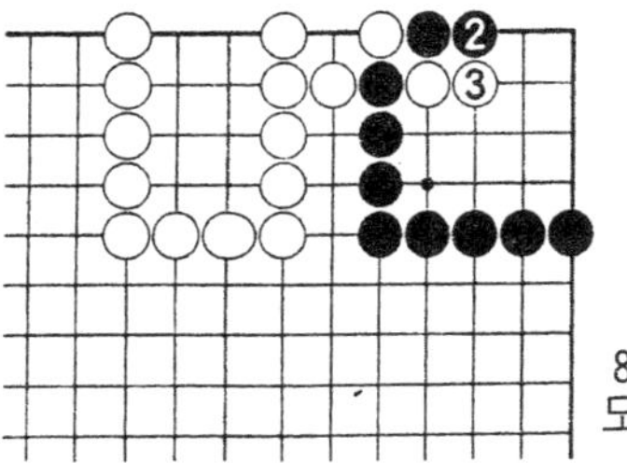

8 도

## 5 도

만일 패 세우기가 계속되지 않고, 흑1로 패를 이어지게 하면, 1도에 비해 3집의 손해가 되는 것입니다. 패를 건다는 것은 진 때의 손해를 각오하고 승부를 건다는 것입니다.

## 6 도

백이 패 세우기를 놓아 1로 패를 되따냈읍니다. 이번에는 흑이 패 세우기를 놓을 차례.

## 7 도

흑의 패 세우기가 듣지 않고, 백1로 따내면 큰 이득. 귀의 흑집을 완전히 깰 수 있읍니다.

## 8 도

달리 적당한 패 세우기가 없는 경우에는

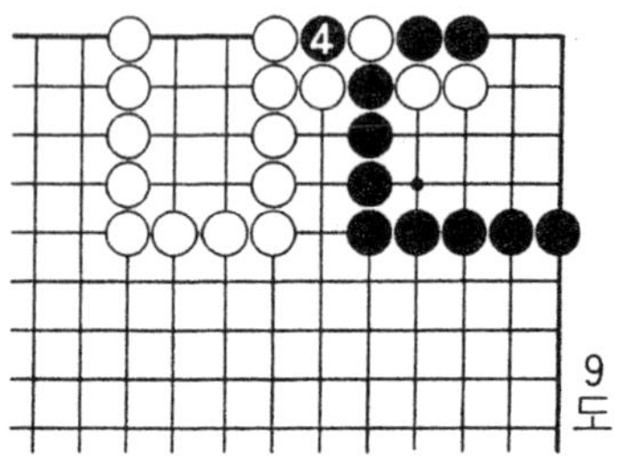

9도

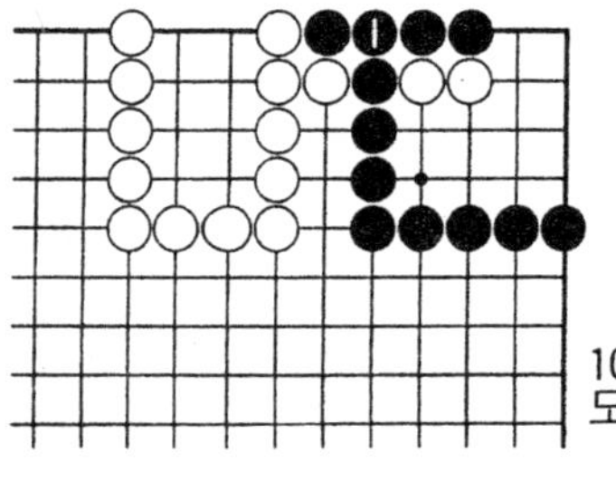

10도

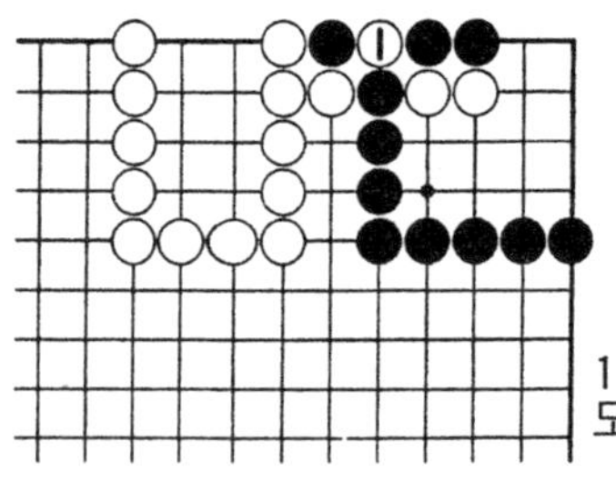

11도

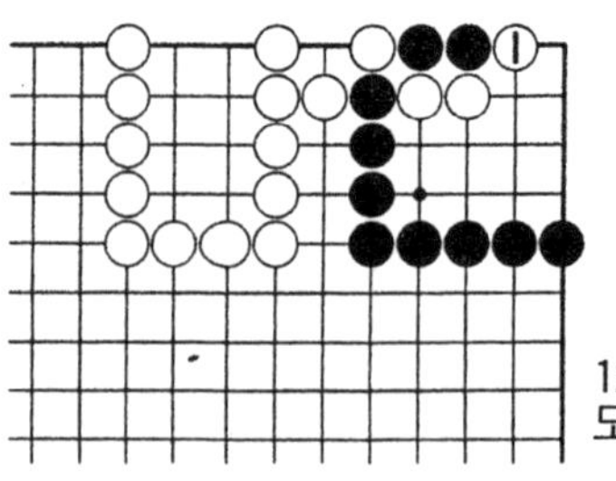

12도

혹2로 도망치는 수를 패 세우기로 할 수도 있읍니다.

**9도**

전도에 이어 혹은 4로 패를 되따내고 패 싸움이 계속됩니다.

**10도**

혹이 패에 승리, 1로 이으면 5도와 같음.

**11도**

백이 패 세우기를 놓고, 1로 되따내면 또 혹의 패 세우기가 필요시 됩니다. 이와 같이 되어 패 싸움이 계속, 어느쪽인가 패 세우기가 없어질 때까지, 또는 한쪽이 포기할 때까지 싸우는 것입니다.

**12도**

백1로 두 점이 잡히면 7도보다 혹의 손해가 큽니다.

## 4. 복잡한 패형

## 본패

양쪽이 한 수로 해결
되는 패형.

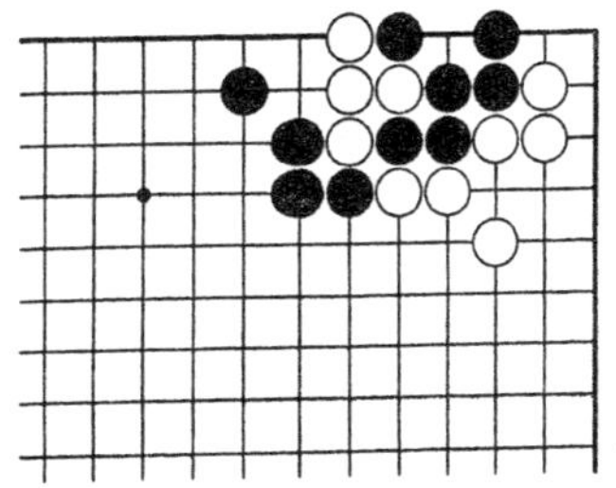

**1도**

흑부터 놓아 패가 됩
니다.

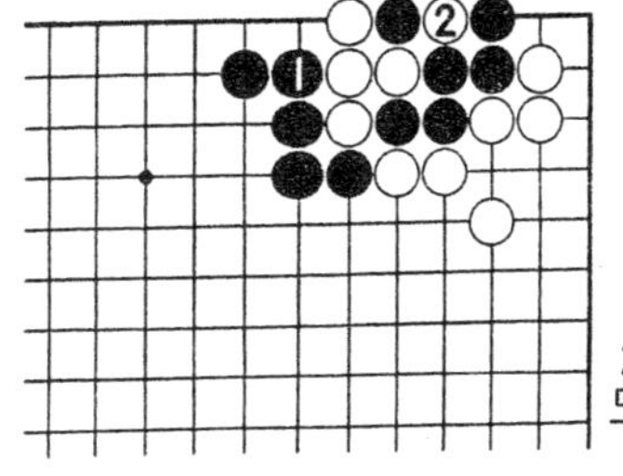

**2도**

흑1로 단수, 백2로
따내 패.

**3도**

양쪽 모두 패에서이
기는 쪽이 이득을 확정
할 수 있는 형입니다.
이런 형을 '본패'라고
부르고, 가장 일반적인
패의 형태라고 할 수 있
읍니다.

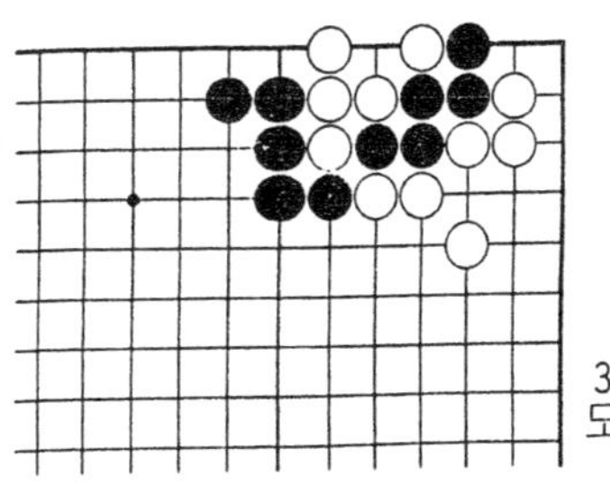

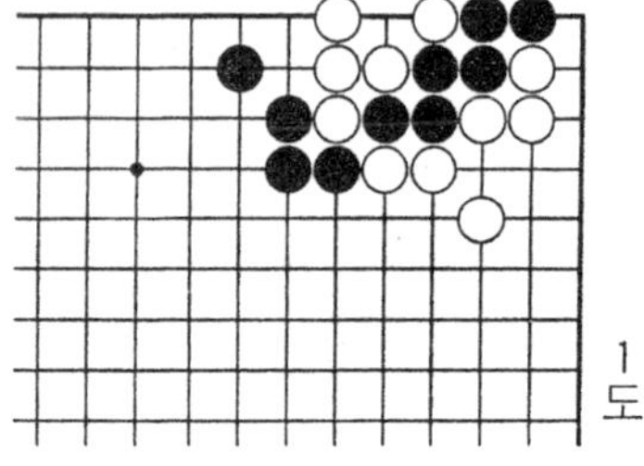

## 종반패

한쪽은 한 수로 해결.
한쪽은 한 수로 해결할
수 없는 패.

### 1도

흑은 단수이므로 패
를 따내는 한 수.

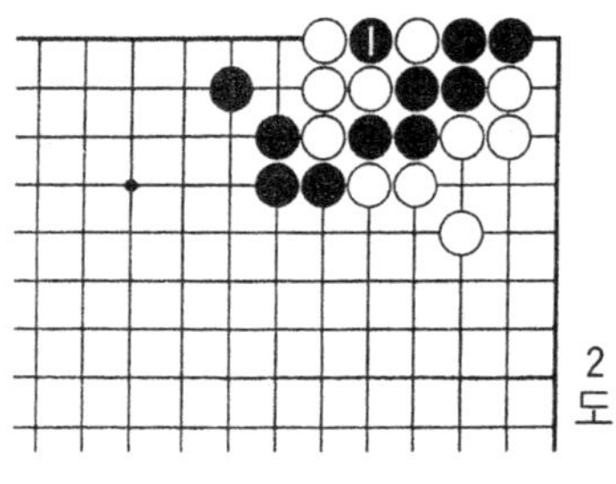

### 2도

흑1로 따내도 아직
백은 손을 빼는 것입니
다.

### 3도

또 한 수, 흑1로 놓
아 본패. 2도와 같은
형은 백 유리한 '한 수
종반패'입니다. 마찬
가지로, 두 수 종반패,
3수 종반패도 생각할
수 있을 것입니다.

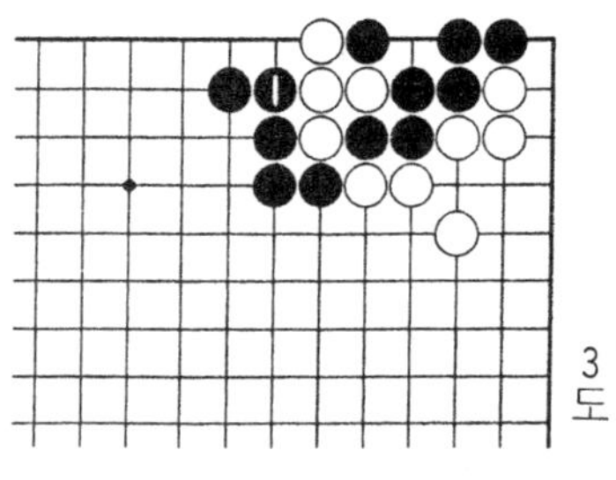

### 4도

2도에서 백이 패 세
우기를 놓아 1로 잡으
면, 한 수 종반패 그대
로입니다.

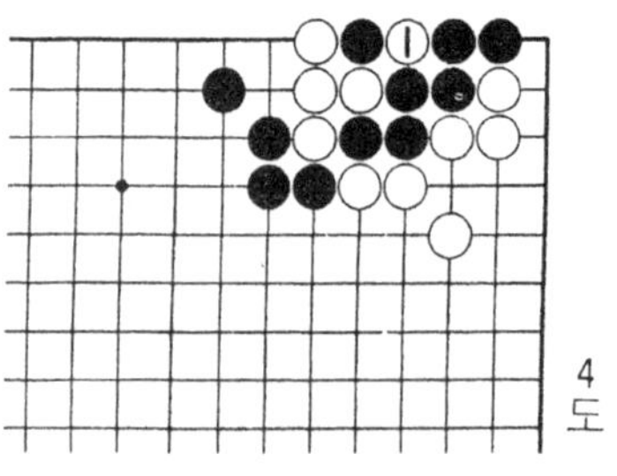

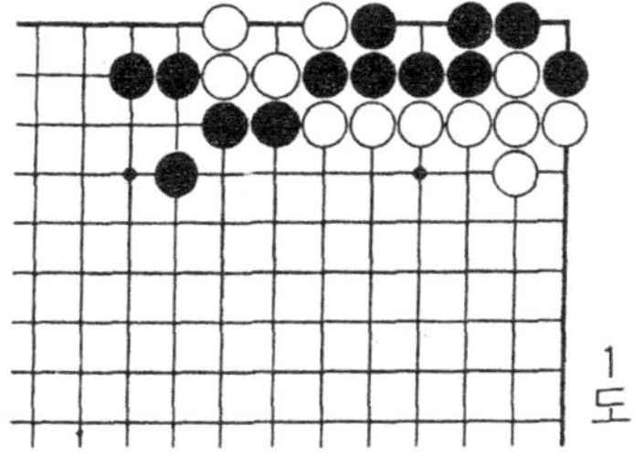

## 양패

돌의 생사나 서로 공격에서 패가 두 개 얽혀, 단숨에 해결할 수 없는 형.

### 1도

상변의 서로 공격은 패 같으나, 실은 백부터 놓아도 서로 공격에서 이길 수 없읍니다.

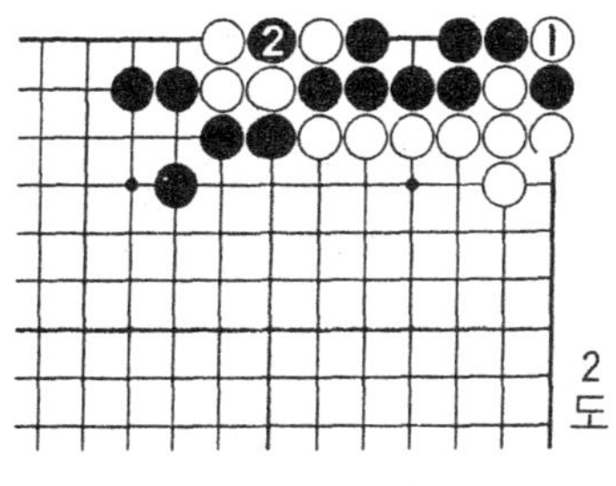

### 2도

백 1 로 패를 따내면 흑 2 입니다.

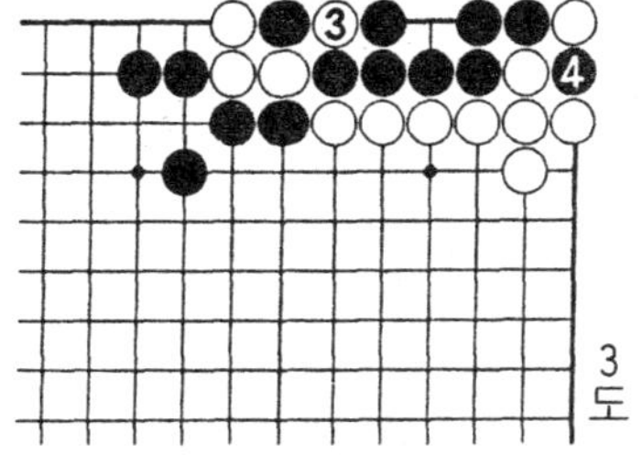

### 3도

백이 패 세우기를 하여 3 으로 되따내면 흑 4 입니다.

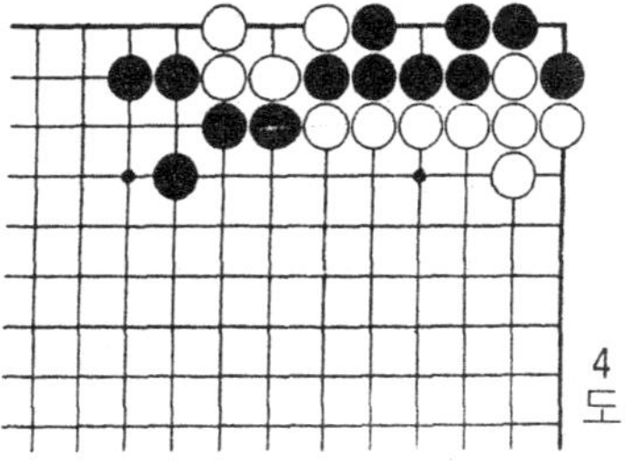

### 4도

1 도와 같은 형으로 되돌아왔읍니다. 백에는 무한한 패 세우기가 필요하여, 물론 불가능. 흑의 무조건 승리와 마찬가지입니다.

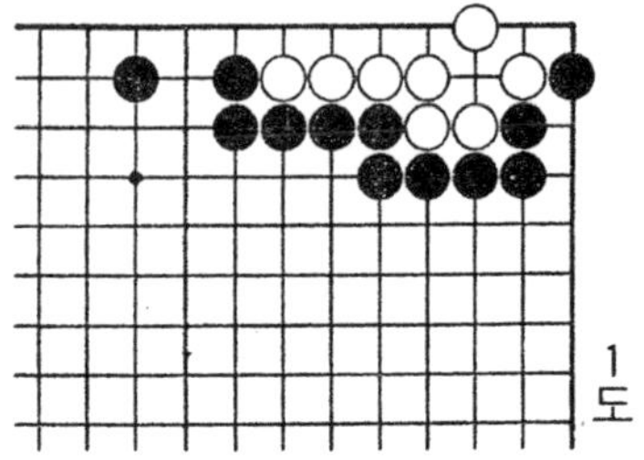

1 도

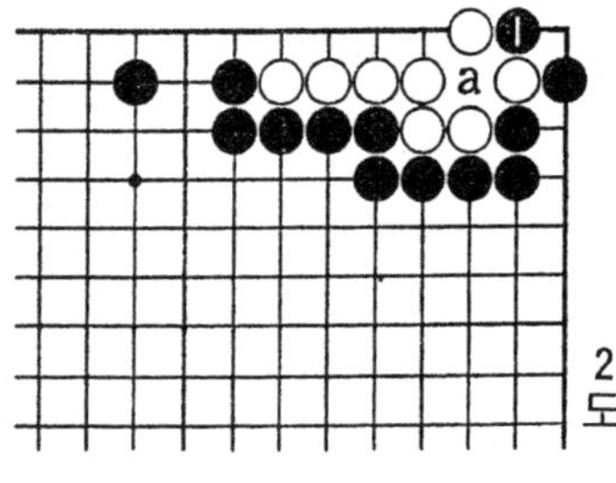

2 도

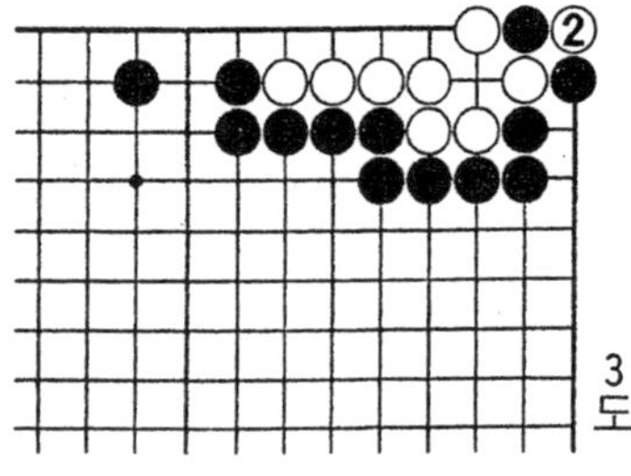

3 도

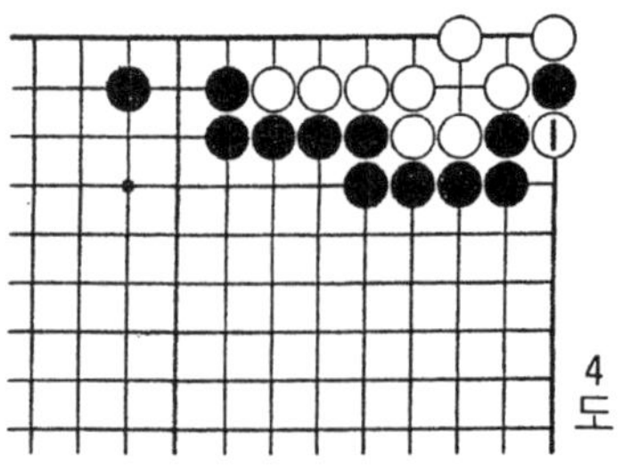

4 도

## 2 단패

하나의 패를 이겨도 아직 패가 계속되는 형.

**1 도**

백은 무조건 살아 있지 않습니다.

**2 도**

흑1로 던져 넣으면 패입니다. 백a로 이으면 그대로 죽읍니다.

**3 도**

따라서 백은 2로 패를 따내러 갈 것입니다. 생사를 건 패싸움이 시작됩니다.

**4 도**

패를 건 이상, 흑은 패 세우기를 놓아 패되따내기를 겨냥하지 않으면 안됩니다. 손을 빼어 백1로 더욱 따내면, 1도의 단계로 부터 상당한 손해를 봅니다.

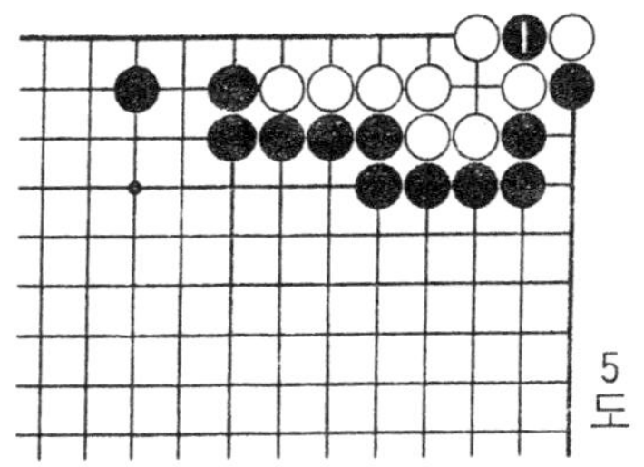

5 도

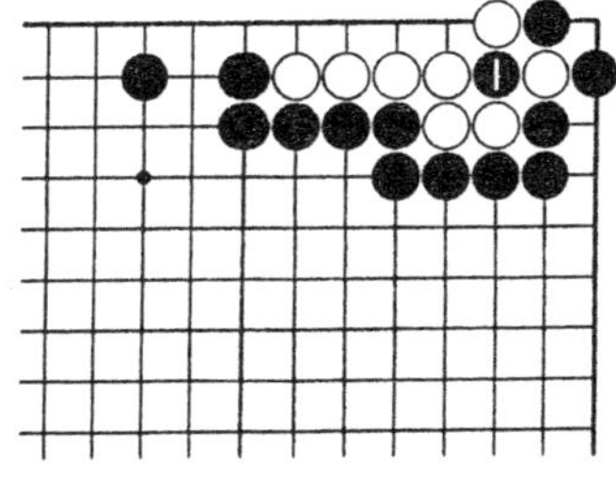

6 도

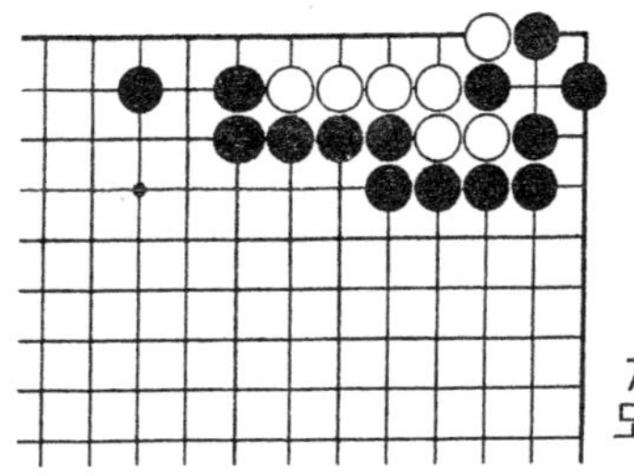

7 도

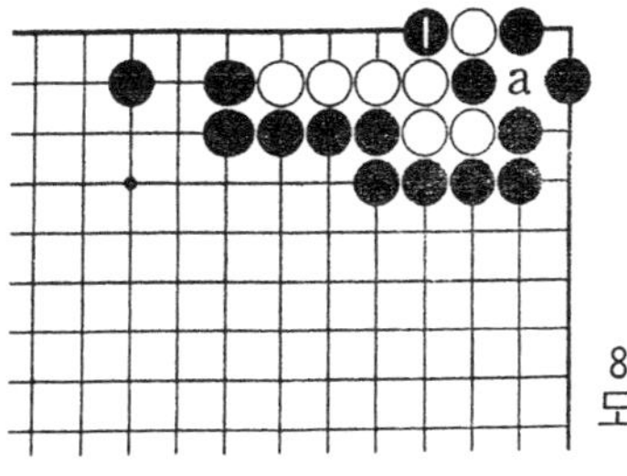

8 도

## 5 도

3 도의 단계에서 흑이 패 세우기를 놓고, 백이 받아 주면 흑 1 로 되따낼 수가 있읍니다. 이번에는 백이 패 세우기를 놓을 차례입니다.

## 6 도

백이 손을 빼고, 흑 1 로 놓아도 아직 패라는 것이 이 패형의 특수함입니다. 패형이 2 단에 있으므로 '2 단패'라고 불리웁니다.

## 7 도

흑에 두 개의 눈의 패가 따내진 시점에서는 백이 불리한 2 단패입니다.

## 8 도

더욱 흑 1 또는 a 로 놓으면 패는 해결할 수 있지만, 본패의 2 수와 달리 3 수가 늡니다.

## 5. 패 세우기

## 내부의 패 세우기

패 세우기가 패형을 몇 가지 포함하고 있는 경우가 있다.

### 1도

흑1로 따낸 패이지만, 백은 바둑판의 다른 부분에, 곧 패 세우기를 구하지 않아도 끝납니다.

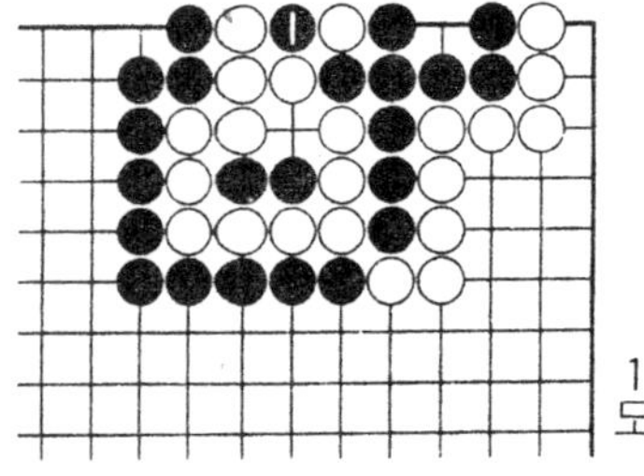

1도

### 2도

백2가 패 세우기 대용.

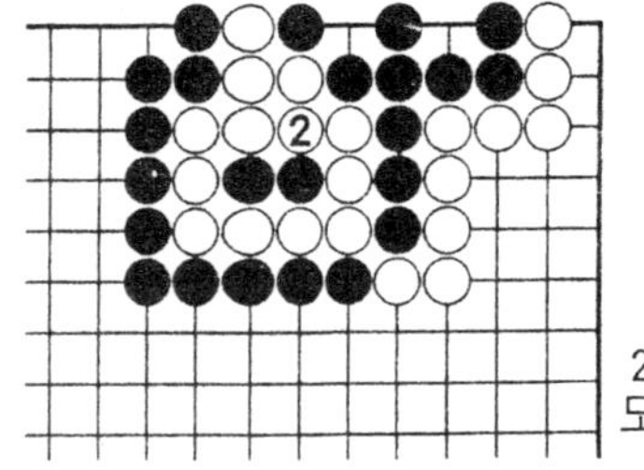

2도

### 3도

흑3으로 단수를 건 때 백4로 따내 흑이 다른 패 세우기를 구하는 형이 됩니다.

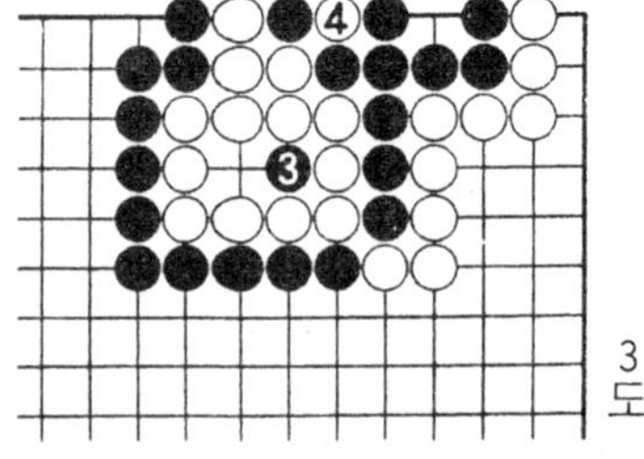

3도

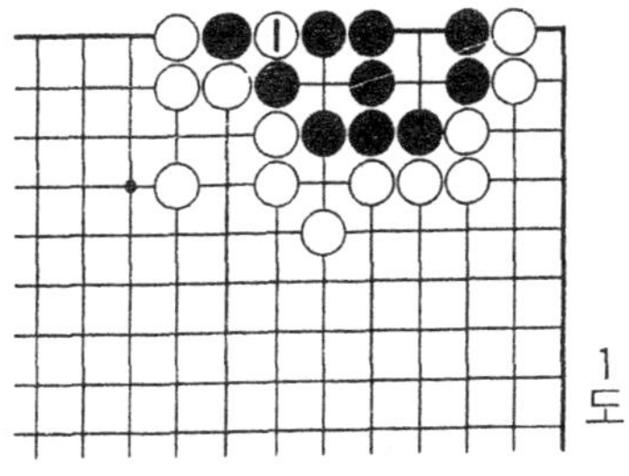

1도

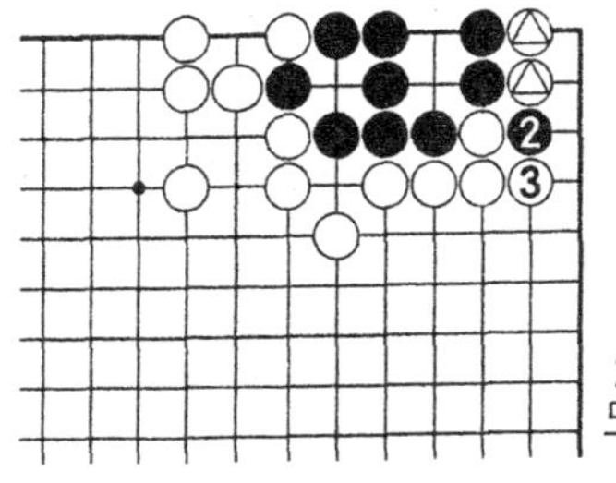

2도

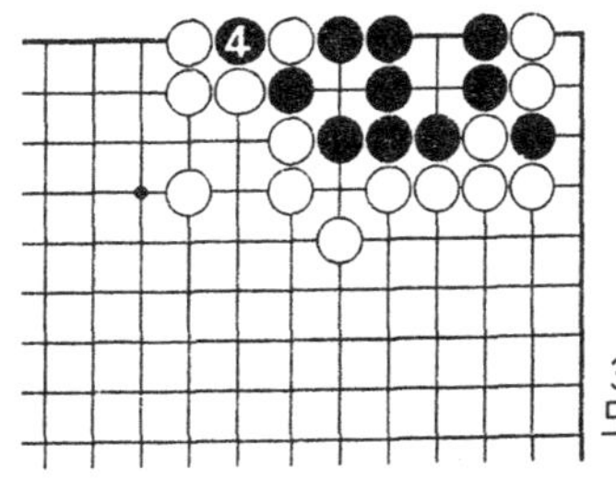

3도

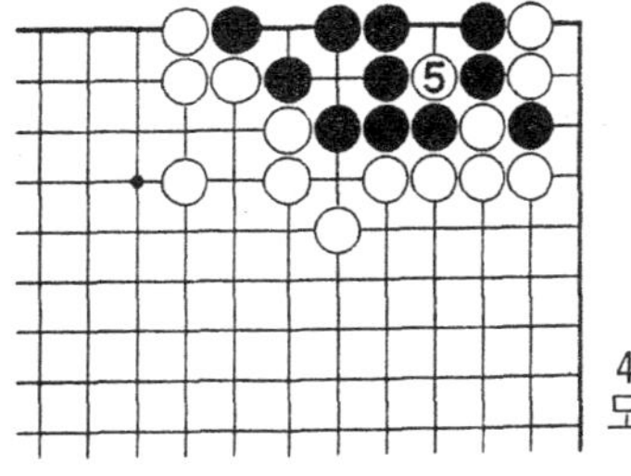

4도

## 사는 패

생사의 패에서, 대상의 돌 가까이 패 세우기가 있으면 좋다.

### 1도

백1로 따내진 패입니다.

### 2도

그러나 흑에는 2로 끊는 절호의 패 세우기가 있어, 다른 방면에 패 세우기를 찾으려 고 생하지 않고 끝납니다. 이런 패 세우기를 '사는 패'라고 부릅니다. ◎ 두 점을 따내면 살므로 백은 3으로 받을 것입니다.

### 3도

그리고 흑4로 패를 되따냅니다. 이 패 싸움을 좀더 봅시다.

### 4도

백은 5에 패 세우기

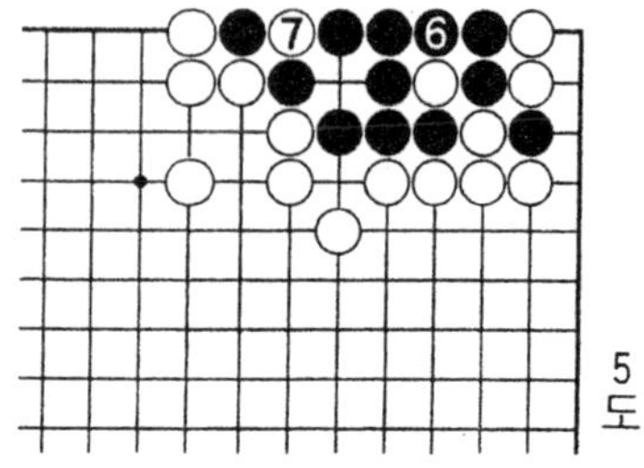

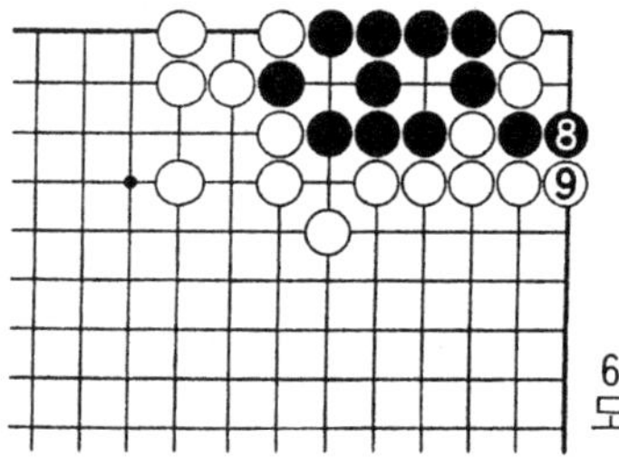

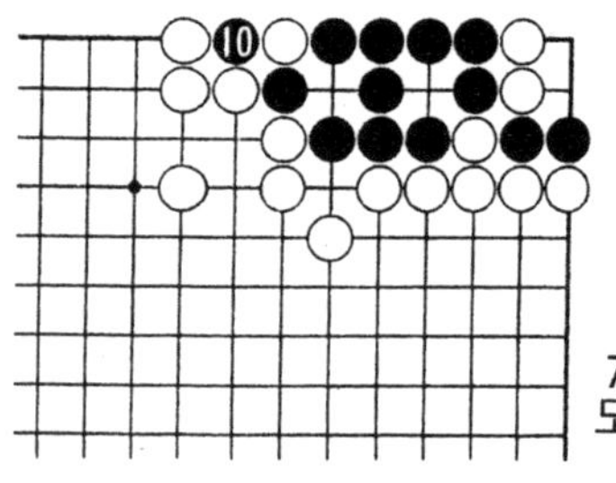

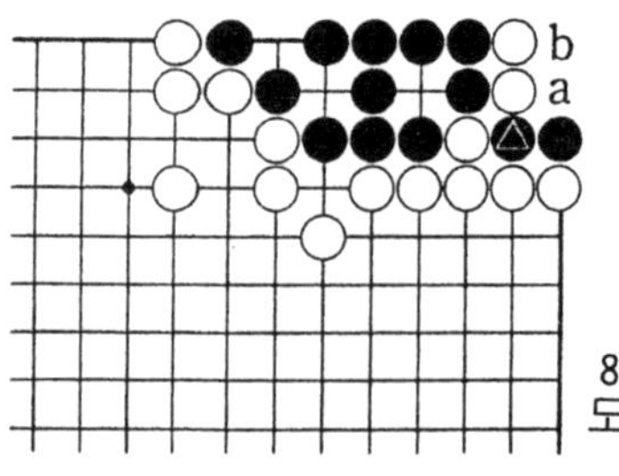

를 했읍니다.

**5도**

흑6으로 따내져, 백7로 패를 되따내는데 ——

**6도**

흑에는 '사는 패'가 풍부하여 8로 놓는 수는 패 세우기가 됩니다. 귀의 두 점을 지키기 위해서는 백9로 받는 수밖에 없읍니다.

**7도**

그리고 흑10으로 패를 되따내고, 백의 패 세울 차례입니다.

**8도**

흑에는 아직 a로 놓는 패 세우기도 있고, 백b의 뒤, ▲ 점에 던져 넣는 패 세우기도 있읍니다. 사는 패가 있으면 패 싸움은 편한 것입니다.

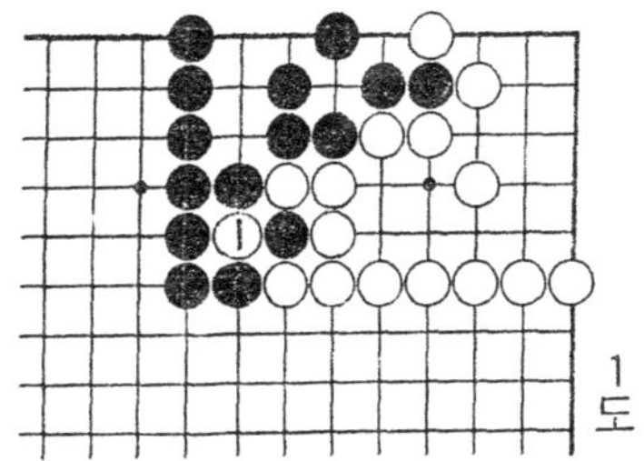

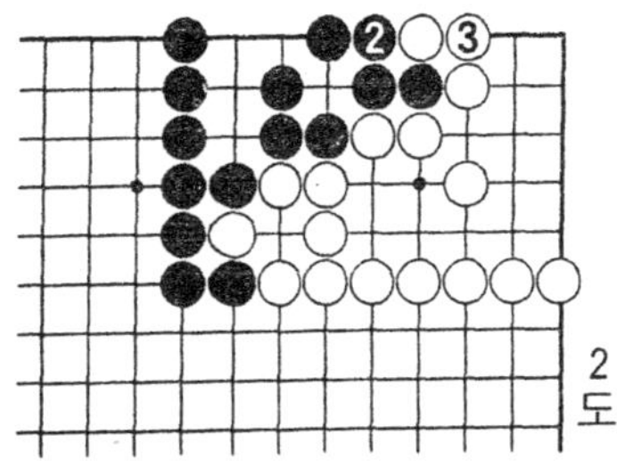

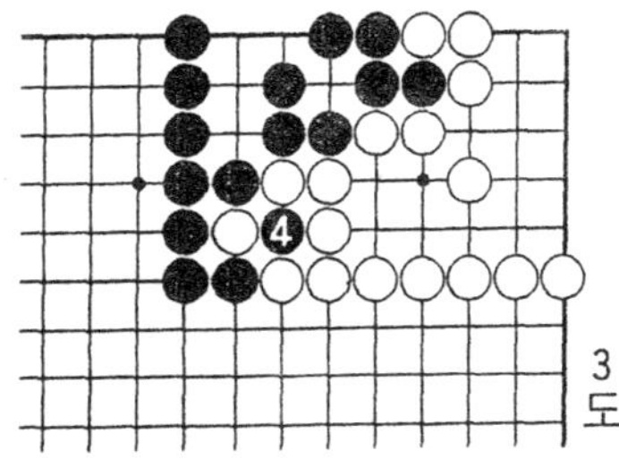

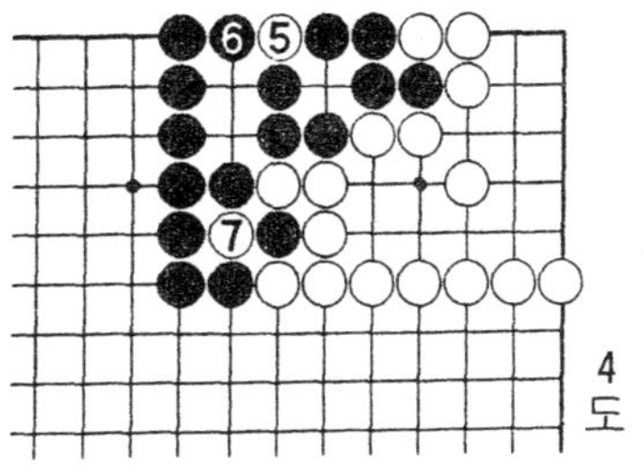

# 패 세우기의 기술

어떻게 패가 싸울까, 한정된 바둑판에서의 실험.

### 1도

백1로 따내고, 이기면 1집 이득의 패. 어느쪽이 이길 것인가는 양쪽 패 세우기의 수와 패 세우기를 놓는 수순에 달렸읍니다.

### 2도

흑2에는 백3으로 잇읍니다. 이것이 패 세우기가 됩니다.

### 3도

흑4로 되따냈읍니다.

### 4도

백에도 5로 던져 넣는 패 세우기가 있읍니다. 흑6으로 따내도 손해는 아닙니다.

### 5도

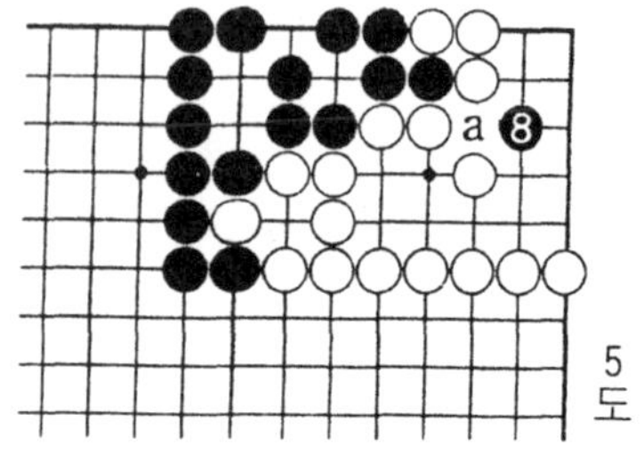

5도

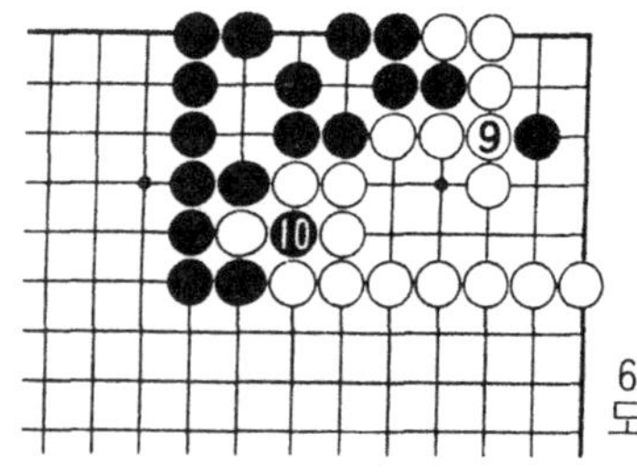

6도

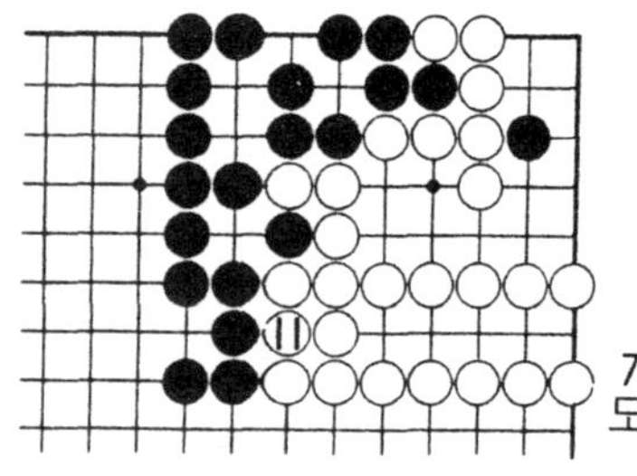

7도

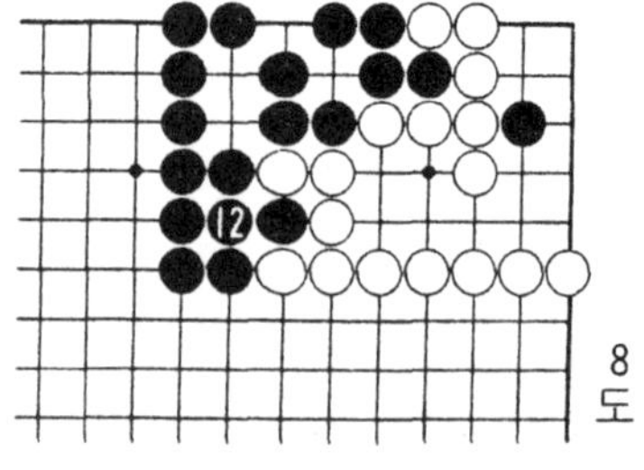

8도

흑8로 놓아 패 세우기입니다. 다음에 a로 끊으면 귀의 백 세 점을 따낼 수 있읍니다.

**6도**

백9로 받게 하고, 흑10으로 패를 따냈읍니다. 이미 백에 패 세우기는 없읍니다.

**7도**

패 세우기가 없으면 어딘가 이익이 되지 않는 장소에 놓게 됩니다. 예를 들면 백11과 같은 곳입니다.

**8도**

흑에 12로 잇는 수가 있읍니다. 이 패 잇기에 의해 흑은 1집의 손해를 초래하는 것입니다.

그러나 여기까지 수순에는 백에 악수가 있어 사실은 이길 수 있

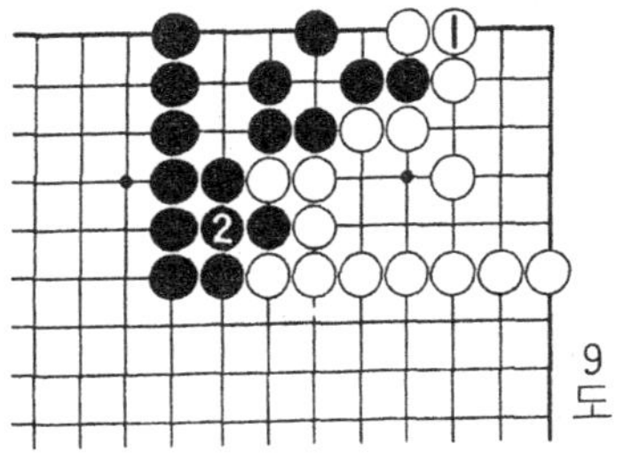

9도

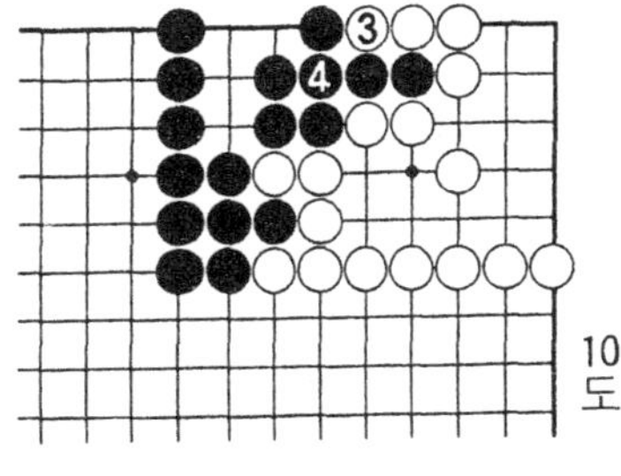

10도

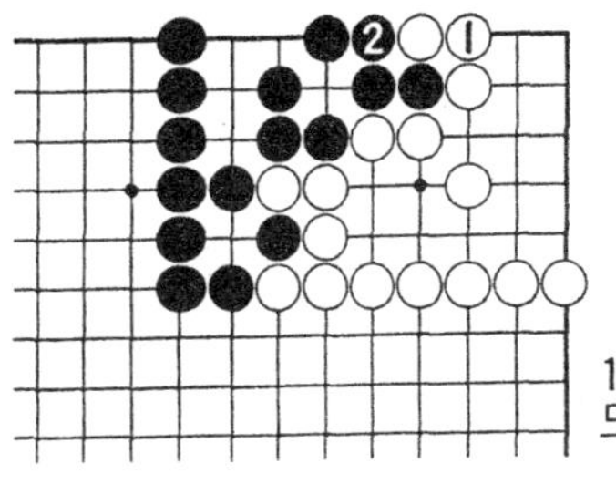

11도

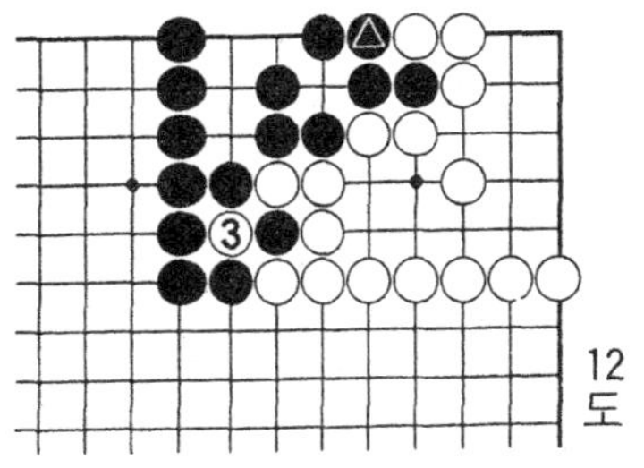

12도

는 패였을 것입니다.

### 9도

1도로 되돌아가, 패 걸기를 하기 전에 백1 의 잇기를 놓아 두는 것 입니다. 패를 따내게 하지 않으려고 흑2로 놓아도 이득이 되지 않 읍니다.

### 10도

백3의 단수를 놓아 흑의 집을 1집 줄였 기 때문입니다.

### 11도

따라서 백1에는 흑 2로 잇게 됩니다. 이 교환이 어떤 의미를 갖 는가는 이미 알 것입 니다.

### 12도

백3으로 패를 따낸 때, 흑부터 ▲에 놓는 2도 흑2의 패 세우기 를 백은 미연에 방지한

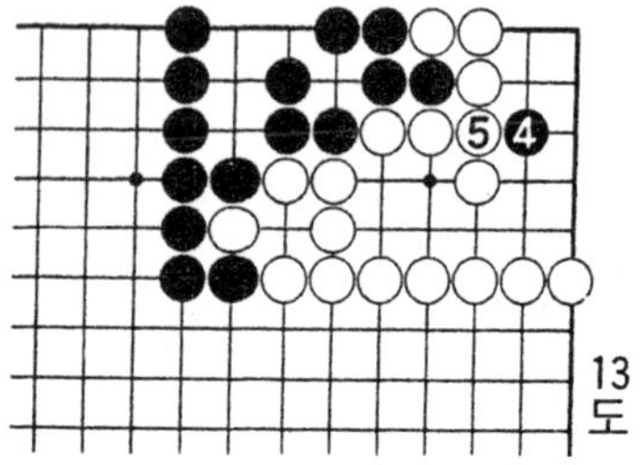

13도

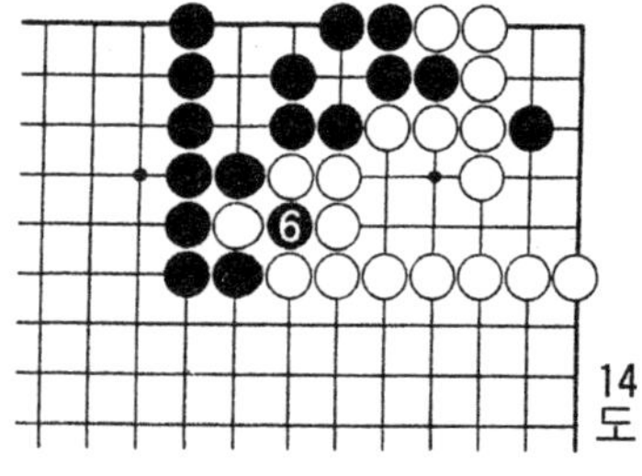

14도

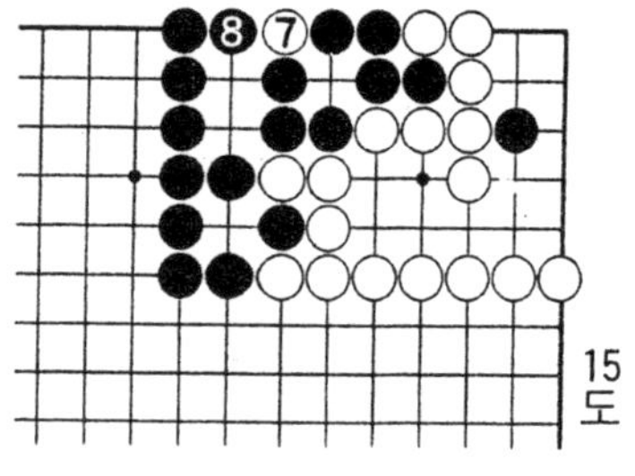

15도

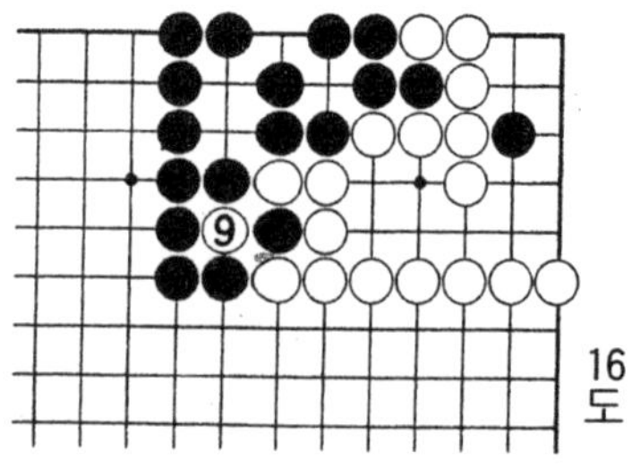

16도

것입니다. 작은 배려에 의해 패 세우기의 수가 달라져 갑니다.

**13도**

패 싸움의 실제를 계속해 봅시다. 흑은 4로 패 세우기를 했읍니다.

**14도**

흑6으로 따내어 백이 패 세울 차례입니다.

**15도**

백7이 패 세우기가 됩니다.

**16도**

백9로 패를 되따내고, 잘 보면 흑에는 패 세우기가 없읍니다. 8도와의 차로 백은 바른 수순을 밟음으로써 패에 이겨 1집의 득을 본 것입니다.

판 권
본사
소 유

## 돌은 이렇게 잡는다

2012년  2월 25일 인쇄
2012년  2월 28일 펴냄

엮은이/ 프로바둑연구회
펴낸이/ 최   상   일
펴낸곳/ 太乙出版社
서울특별시 중구 신당6동 52-107 (동아빌딩내)
등록/1973년 1월 10일(제4-10호)

＊잘못된 책은 구입하신 곳에서 교환해 드립니다.

■주문 및 연락처

우편번호 100-456
서울특별시 중구 신당6동 52-107 (동아빌딩 내)
전화 / 2237-5577  팩스 / 2233-6166
ISBN 89-493-0358-2        13690